FFURFIAU CRYNO
Berfau Arferol Rheolaidd heb ·i· yn eu bôn

Person	Pres	Amherff	Gorff	Gorb	Gorch	Dib
Unigol						
1 fi/i	·af	·wn	·ais	·aswn	—	·wyf
2 ti/di	·i	·it/·*et*	·aist	·asit	·a	·ych
3 ef/hi	·a	·ai	·odd	·asai	·ed	·o
Lluosog						
1 ni	·wn	·em	·asom/·*som*/·*on*	·asem	·wn	·om
2 chi	·wch	·ech	·asoch/·*soch*/·*och*	·asech	·wch	·och
3 hwy/*nhw*	·ant	·ent	·asant/·*son*/·*on*	·asent	·ent/·*en*	·ont
Amhers	·ir	·id	·wyd	·asid	·er	·er

Dangosir y terfyniadau anffurfiol cyfoes mewn print ysgafn.

gwenu bôn gwen·

	Presennol			*Gorberffaith*	
Unigol	*Lluosog*		*Unigol*	*Lluosog*	
1 gwenaf	gwenwn		1 gwenaswn	gwenasem	
2 gweni	gwenwch		2 gwenasit	gwenasech	
3 gwena	gwenant		3 gwenasai	gwenasent	
Amhersonol: gwenir			*Amhersonol*: gwenasid		

Amherffaith
Unigol
1 gwenwn
2 gwenit, *gwenet*
3 gwenai
Amhersonol: gwenid

Lluosog
gwenem
gwenech
gwenent

Gorffennol
Unigol
1 gwenais
2 gwenaist
3 gwenodd

Lluosog
gwenasom, *gwensom, gwenon ni*
gwenasoch, *gwensoch, gwenoch*
gwenasant, *gwenson nhw,*
gwenon nhw

Amhersonol: gwenwyd

Gorchmynnol
Unigol
1 —
2 gwena
3 gwened

Lluosog
gwenwn
gwenwch
gwenent,
gwenen nhw

Amhersonol: gwener

Dibynnol
Unigol
1 gwenwyf
2 gwenych
3 gweno

Lluosog
gwenom
gwenoch
gwenont

Amhersonol: gwener

FFURFIAU CRYNO
Berfau Arferol Rheolaidd ag ·i· yn eu bôn

Person	Pres	Amherff	Gorff	Gorb	Gorch	Dib
Unigol						
1 fi/i	·iaf	·iwn	·iais	·iaswn	—	·iwyf
2 ti/di	·i	·it/·*iet*	·iaist	·iasit	·ia	·iech
3 ef/hi	·ia	·iai	·iodd	·iasai	·ied	·io
Lluosog						
1 ni	·iwn	·iem	·iasom/·*ion*	·iasem	·iwn	·iom
2 chi	·iwch	·iech	·iasoch/·*ioch*	·iasech	·iwch	·ioch
3 hwy/*nhw*	·iant	·ient	·iasant/·*ion*	·iasent	·ient/·*ien*	·iont
Amhers	·ir	·id	·iwyd	·iasid	·ier	·ier

Dangosir y terfyniadau anffurfiol cyfoes mewn print ysgafn.

cofio bôn cof·i·

Presennol		*Gorberffaith*	
Unigol	*Lluosog*	*Unigol*	*Lluosog*
1 cofiaf	cofiwn	1 cofiaswn	cofiasem
2 cofi	cofiwch	2 cofiasit	cofiasech
3 cofia	cofiant	3 cofiasai	cofiasent
Amhersonol: cofir		*Amhersonol*: cofiasid	

Amherffaith	
Unigol	*Lluosog*
1 cofiwn	cofiem
2 cofit, *cofiet*	cofiech
3 cofiai	cofient
Amhersonol: cofid	

Gorffennol	
Unigol	*Lluosog*
1 cofiais	cofiasom, *cofion ni*
2 cofiaist	cofiasoch, *cofioch*
3 cofiodd	cofiasant, *cofion nhw*
Amhersonol: cofiwyd	

Gorchmynnol		*Dibynnol*	
Unigol	*Lluosog*	*Unigol*	*Lluosog*
1 —	cofiwn	1 cofiwyf	cofiom
2 cofia	cofiwch	2 cofiech	cofioch
3 cofied	cofient, *cofien nhw*	3 cofio	cofiont
Amhersonol: cofier		*Amhersonol*: cofier	

Y LLYFR BERFAU
A Check-list of Welsh Verbs

Y Llyfr Berfau
A Check-list of Welsh Verbs

D. Geraint Lewis

Gomer

Argraffiad Cyntaf—1995
Ail argraffiad—1996
Trydydd argraffiad—2000
Pedwerydd argraffiad—2003
Pumed argraffiad—2007

ISBN 978 1 85902 138 5

ⓗ D. Geraint Lewis ©

Dymuna'r cyhoeddwyr gydnabod cymorth
Adrannau Cyngor Llyfrau Cymru.

Argraffwyd gan
Wasg Gomer, Llandysul, Ceredigion

I

Delyth fy nith,

am gadw'r fflam ynghynn

Contents

Cynnwys

Foreword

I became very aware of Welsh verb forms which bore little resemblance to their verb-nouns while preparing *Geiriadur Gomer i'r Ifanc* (e.g. *aeth* from 'mynd'; *ceir* from 'cael'; *eteil* from 'atal') and at the same time began to appreciate, for example, how important the inflected forms in the *Past Tense* were in narrative forms for even the youngest children. I determined to include at least one example of any major change to the verb in the *Dictionary* and drew heavily on the manuscript of Dr Kathryn Klingebiel's unpublished work *A Book of Welsh Verbs*. However it became increasingly clear that there was a need for a straightforward introduction to the field for both learners and native Welsh speakers.

I am aware that, by concentrating on the literary forms and attempting to identify two literary registers—the formal and the informal—and then leaving it to the reader to determine the appropriate register, I am assuming a linguistic awareness beyond that which the novice learner could be expected to have attained. Again the discussion of the different Tenses is made more complex by the lack of uniformity in the English terms used by grammarians. Thus the *Iterative Present* and the *Consuetudinal Present* are used for one aspect of the *Present Tense*, and the *Aorist* and *Preterite* for an aspect of the *Past Tense*. These considerations would logically lead me to a purely Welsh text, yet in the absence of any other simple guidelines for Welsh learners I have compromised and produced for the most part a bilingual text, whilst conducting the discussion on the niceties of written and oral language and their effect on different tenses, through the medium of Welsh alone. I would urge a learner using this book to be aware that the inflected forms of the Welsh verb cannot be used willy nilly, and require a degree of care in their use.

During the course of preparing this book I have drawn heavily on the time and expertise of Dr Rhisiart Hincks and Mr Tedi Millward of the University of Wales Aberystwyth, and Mr Dafydd Glyn Jones of the University of Wales Bangor. The Welsh Spell-Check project CySill housed at the University of Wales Bangor also gave me access to its data-base on the verb forms.

My thanks to Gomer Press for their help in determining the page design and every other courtesy.

This is also an opportunity to thank other friends—editors, librarians and lexicographers—who have offered advice and information which have shaped this volume.

I appreciate that I have wandered here into uncharted territory, and have been struck on numerous occasions by whether or not this is the first time that a particular verb form has appeared in print.

I must therefore take responsibility for any misdirection contained between these two covers, and hope that any resulting discussion may lead to a consensus which will clarify matters for the future.

Llangwyryfon 1994   D. Geraint Lewis

Rhagair

Wrth gynllunio *Geiriadur Gomer i'r Ifanc,* yr oeddwn yn ymwybodol iawn o broblem ffurfiau berfol nad oeddynt yn debyg i'w berfenwau, e.e. *aeth* o 'mynd', *ceir* o 'cael', *eteil* o 'atal' ac ati. Penderfynais gynnwys enghreifftiau o'r prif newidiadau yn y Geiriadur, a chael cymorth mawr o lawysgrif *A Book of Welsh Verbs* gan yr Americanes Dr Kathryn Klingebiel. Ond po fwyaf yr oeddwn yn ymwneud â'r berfau amlycaf oedd yr angen am ryw fath o arweinlyfr i'r maes.

Wrth gyfyngu'r llyfr i ffurfiau llenyddol, gan adael i'r darllenydd benderfynu pa ffurf (draddodiadol neu gyfoes) sydd fwyaf addas ar gyfer ei ofynion, rwy'n sylweddoli bod angen mwy o ymwybyddiaeth iaith nag y gellid disgwyl oddi wrth ddysgwr pur. Ar ben hynny, y mae'r drafodaeth ar amserau'r ferf a geir yng nghefn y llyfr dipyn yn fwy astrus yn Saesneg, gan nad yw'r arbenigwyr yn hollol gytûn ar y termau a ddefnyddir; y mae *Presennol Parhaol* y Gymraeg yn mynd yn *Iterative Present* gan rai a *Consuetudinal Present* gan eraill, a'r *Amser Gorffennol* yn *Aorist Past* gan rai a *Preterite* gan eraill. Fy nghasgliad cyntaf felly oedd mai yn Gymraeg yn unig y dylwn drafod y materion hyn, ond wrth sylweddoli nad oedd dim cyffelyb i gynnig arweiniad i ddysgwyr, penderfynais ddilyn yr un patrwm â'r *Treigladur* a chyflwyno'r wybodaeth yn ddwyieithog, ac eithrio'r drafodaeth ar amserau'r ferf ar ddiwedd y gyfrol. Cynhwysais ddigon o rybuddion rwy'n gobeithio nad ffurfiau i'w defnyddio yn ddiwarafun mo ffurfiau cryno y ferf Gymraeg.

Rwyf wedi tynnu'n helaeth ar wybodaeth a chyngor tri gŵr hael eu hamynedd a'u hamser, sef Dr Rhisiart Hincks a Mr Tedi Millward, Prifysgol Cymru, Aberystwyth, a Mr Dafydd Glyn Jones, Prifysgol Cymru, Bangor. Ar ben hynny mae Prosiect CySill sydd wedi'i leoli ym Mhrifysgol Bangor wedi caniatáu imi ymgynghori â'i gronfa ddata gynhwysfawr ar y berfau.

Rhaid diolch i Wasg Gomer am bob cymorth gyda diwyg y llyfr, ac am lendid arferol y gwaith argraffu.

Diolchaf hefyd i gyfeillion eraill sydd wedi cynghori a chynnig sylwadau ar y gwaith, yn olygyddion, llyfrgellwyr a geiriadurwyr, gan ddiolch i bawb am eu parodrwydd a chan gydnabod gwaith Dr Klingebiel fel sbardun a ffynhonnell gychwynnol.

Wedi dweud hynny, rwy'n sylweddoli fy mod wedi mentro i dir digon corsog; yn wir, rwy'n amau mai dyma'r tro cyntaf i rai o'r ffurfiau mwyaf anarferol weld golau dydd mewn print. Felly os oes camarwain yma, rhaid imi dderbyn y cyfrifoldeb am hynny, gan obeithio y bydd yr arolwg cychwynnol hwn yn arwain at gonsensws a wna'r sefyllfa yn llai dyrys at y dyfodol.

Llangwyryfon 1994   D. Geraint Lewis

9

Introduction

Welsh verbs are surrounded by a minefield of difficulties for those seeking to provide simple guidelines, and it would be as well to set out the limited aims of this book at the earliest juncture. It will concentrate on standard verb patterns for use in the contemporary written language.

Anyone looking into this field will be struck by the variety of verb forms that exist, ranging from traditional literary forms, via those intended for language learners to the wide range of vernacular forms (e.g. *gwelais; gweles; welish*). It should be noted however, that one particular verb form is not necessarily more 'correct' than another, rather it is more appropriate in certain circumstances.

Even within the written language, to which this book will confine itself, there are a variety of forms. One would hardly send a postcard to a friend set out in the same terms as a job application, yet forms used in both are appropriate when used in context. In Welsh, two words which can help define this boundary are *hwy* and *nhw*; one can see such forms as *canasant, chwerddwch, eteil ef, adnebydd di* etc. settling on the *hwy* side of the border, while *canson, chwerthaf, atalia* and *adnabyddais*, for example, would lie more comfortably on the *nhw* side.

A convenient term for this linguistic division is language 'register', and for the purpose of this book, written verbal forms are divided into two registers, and it is left to the reader to decide which is the more appropriate for his or her needs at any time.

1.0 Formal, traditional, literary Welsh

Included here are *hwy*, and the verb endings *·asom, ·asoch, ·asant*, in the *Past Tense* and the verb ending *·it* in the *Imperfect Tense* (e.g. *cysgasant hwy; canasom ni; adnabyddit ti*). In this register the root of the verb 'chwerthin' is *chwardd· (chwarddaf i)*, and that of 'aredig' *ardd· (arddaf i)*.

This is the register used in writing literary criticism, or in applying for a post as teacher of Welsh, for example. These are the forms called on by the poet, the literary critic, the preacher and the lawyer.

2.0 Informal, contemporary, literary Welsh

This would include *nhw*, the verb endings *·(s)on ni, ·(s)och, ·(s)on nhw* in the *Past Tense* and *·et* in the *Imperfect Tense* (e.g. *cysgon ni; canson nhw; adnabyddet ti*). The forms *chwerthaf i* and *aredaf i* would fall into this register. This is the informal written language of the educated Welshperson, the language of contemporary magazines and newspapers and popular novels.

Although I have laboured somewhat to define these two levels of language, even a cursory glance at the verb tables would indicate that for the majority of inflected verbs, the same form serves both registers. In those cases where the registers differ (whether in verb ending or in the stem of the verb) informal, contemporary forms are printed in *italic script*.

10

Rhagymadrodd

Maes astrus yw maes y berfau Cymraeg a man a man gwneud yn glir ar y dechrau nad yw'n fwriad trafod yr holl faes a'i gymhlethdodau, ond yn hytrach, geisio canfod llwybr drwy'r cyfan a fydd yn cynnig cyngor ynglŷn â ffurfiau berfol cydnabyddedig mewn Cymraeg ysgrifenedig heddiw.

Wrth geisio cynnig cyngor, un o'r problemau yw bod cynifer o ffurfiau i'r ferf Gymraeg, yn amrywio o'r ffurfiau traddodiadol llenyddol i'r ffurfiau a argymhellir at ddefnydd dysgwyr yn ogystal â'r holl amrywiaethau tafodieithol (e.e. *gwelais*; *gweles*; *welish*). Y peth cyntaf y dylid ei nodi yw fod rhai ffurfiau nid o angenrheidrwydd yn gywirach na'i gilydd ond yn hytrach yn fwy addas na'i gilydd ar gyfer rhai mathau o ddefnydd.

Hyd yn oed o fewn yr iaith ysgrifenedig y canolbwyntir arni yma, ceir amrywiaeth o ffurfiau. Go brin, er enghraifft, y defnyddiech yr un ffurfiau ysgrifenedig ar garden bost at gyfaill ag a wnaech wrth lunio cais am swydd, ac eto mae ffurfiau'r naill mor ddilys â'r llall yn eu priod le. Dau air bach cyffredin sy'n gymorth wrth ddiffinio'r ffin rhwng ffurfiau ysgrifenedig yr iaith yw *hwy* a *nhw*; gellir gweld ffurfiau megis *canasant, chwerddwch, eteil ef, adnebydd di* yn syrthio ar ochr *hwy* i'r ffin, a ffurfiau megis *canson, chwerthaf, atalia* ac *adnabyddais*, ar ochr *nhw* i'r ffin.

Label hwylus ar y gwahanol fathau o iaith a ddefnyddir ar wahanol achlysuron yw 'cywair', ac ar gyfer y gyfrol hon dosberthir ffurfiau ysgrifenedig yr iaith yn ddau gywair. Disgwylir i'r darllenydd benderfynu pa un sydd fwyaf addas at ei ddibenion.

1.0 Cymraeg llenyddol, ffurfiol, traddodiadol

Cynhwysir yma *hwy*, y terfyniadau ·*asom*, ·*asoch*, ·*asant*, yn y *Gorffennol*, a'r terfyniad ·*it* yn yr *Amherffaith* (e.e. *cysgasant hwy*; *canasom ni*; *adnabyddit ti*). Yn y cywair hwn, bôn y ferf 'chwerthin' yw 'chwardd·' (*chwarddaf i*), a bôn 'aredig' yw 'ardd·' (*arddaf i*).

Dyma'r Cymraeg y byddech yn ei ddefnyddio wrth ysgrifennu beirniadaeth lenyddol neu pe baech chi'n cynnig am swydd athro Cymraeg. Y ffurfiau hyn sydd wrth law y bardd, y llenor, y pregethwr, y beirniad a'r cyfreithiwr.

2.0 Cymraeg llenyddol, anffurfiol, cyfoes

Cynhwysir yma *nhw*, y terfyniadau ·*(s)on ni*, ·*(s)och*, ·*(s)on nhw* yn y *Gorffennol*, ac ·*et* yn yr *Amherffaith* (*cysgon ni*; *canson nhw*; *adnabyddet ti*). Yn y cywair hwn, ceir *chwerthaf i* ac *aredaf i*. Dyma Gymraeg anffurfiol Cymro diwylliedig, Cymraeg cylchgrawn a phapur newydd, a Chymraeg nofelau cyfoes.

Er ceisio manylu ar y gwahaniaeth yma, gwelir yn fuan nad oes gwahaniaeth rhwng y ddau gywair yn y mwyafrif llethol o ffurfiau cryno'r berfau a restrir. Lle mae gwahaniaeth (mewn terfyniad neu ym môn y ferf), dangosir y ffurfiau anffurfiol, cyfoes mewn print ysgafn (*italig*).

Nodir rhai ffurfiau hynafol â *, a hefyd nodir ffurfiau y gellid eu defnyddio mewn ysgrifennu ffurfiol iawn dan y pennawd *Sylwch ar y ffurfiau tra llenyddol*.

How to use this book

The verbs fall into three categories:
1.0 regular verbs with ·i· in the stem (e.g. cofio);
2.0 regular verbs with no ·i· in the stem (e.g. gwenu);
3.0 irregular verbs or those with stem changes.

As regular verbs by definition take the same verb endings, these have not been repeated *ad nauseam* but are set out within the front and rear end-papers of the book. The verb stem is followed by · to which may be added the appropriate verb ending (e.g. cerdd·ed; *cerddaf, cerddai*, etc., cof·i·o; *cofiaf, cofiai* etc.) any exceptions to these are noted in the body of the text.

All irregular verbs and those in which changes occur to the verb stem are conjugated in full, while in the case of verbs in which only the *Past Tense* and *Pluperfect* are affected (e.g. in doubling the 'n' or not) only those tenses are set out, as all the other forms behave as for a regular verb.

Before setting out to use these forms remember that you will normally have a choice of three forms:
1.0 The periphrastic construction based on the verb-noun. All the forms using BOD are set out at the beginning of this book (see p.22).
2.0 The formal, traditional, inflected literary forms as set out in ordinary Roman type.
3.0 The informal, contemporary inflected literary forms shown in *italic type*. For the type of occasion when 2.0 is more appropriate than 3.0 see p.11.

WARNING
Although this book sets out a comprehensive list of inflected verb forms, it should not be assumed that these forms may be used with impunity. In the case of many of the less frequently used examples, the natural reaction of the native Welsh speaker and writer would be to shy away and seek an alternative means of expression—by means of the periphrastic construction most probably. Some of our master poets have made striking use of these more unusual forms, but their usage requires masterly treatment, and for the majority of us, discretion should form the better part of valour.

Sut i ddefnyddio'r llyfr hwn

Rhennir y berfau yn dri dosbarth:
1.0 berfau rheolaidd ag ·i· yn eu bôn (e.e. cofio);
2.0 berfau rheolaidd heb ·i· yn eu bôn (e.e. gwenu);
3.0 berfau afreolaidd a rhai y ceir newidiadau yn eu bôn.

Gan mai'r un terfyniadau sydd gan ferfau rheolaidd bob tro, nid ailadroddir y terfyniadau hyn, ond eu gosod yn llawn ar ddechrau ac ar ddiwedd y llyfr. Nodir bôn y ferf o flaen y nod ·, a'r cyfan y mae angen ei wneud wedyn yw ychwanegu'r terfyniad priodol at y bôn hwnnw (e.e. cerdd·ed; *cerddaf, cerddai* etc.; cof·i·o; *cofiaf; cofiai* etc.).

Dangosir unrhyw eithriad i'r terfyniadau hyn.

Rhedir y berfau â chyfnewidiadau yn eu bôn, a'r berfau afreolaidd, yn llawn yng nghorff y testun.

Yn achos y berfau hynny lle y mae symud yr acen yn yr amser *Gorffennol* a'r amser *Gorberffaith* yn effeithio ar sillafiad yr amserau hynny, ni ddangosir yr holl amserau, dim ond y ffurfiau hynny yn y *Gorffennol* a'r *Gorberffaith* sy'n amrywio o fôn y ferf.

Wrth fynd ati i ysgrifennu, cofiwch y bydd gennych, gan amlaf, ddewis o dair ffurf:
1.0 Y gystrawen gwmpasog sy'n defnyddio'r berfenw. Rhestrir yr holl amserau wedi'u seilio ar y ferf BOD gw. t.22.
2.0 Ffurfiau cryno, llenyddol, ffurfiol, traddodiadol y ferf, a ddangosir mewn llythrennau arferol.
3.0 Ffurfiau cryno, llenyddol, anffurfiol, cyfoes y ferf (yn derfyniadau i ferfau rheolaidd, ac yn amrywiaethau ar fôn y ferf), a ddangosir mewn *llythrennau italig*.

Ar y gwahanol adegau pryd y mae 2.0 yn fwy addas na 3.0, gw. t.11.

RHYBUDD

Er bod y llyfr hwn yn rhestru ffurfiau cryno gwahanol ferfau Cymraeg, nid yw hynny'n golygu bod pob un o'r ffurfiau hyn ar gael i'w defnyddio yn ddiwarafun. Yn achos llawer o'r ffurfiau mwyaf anarferol, greddf y Cymro a'r llenor fyddai eu hosgoi a chael hyd i ffordd arall i fynegi'r peth—trwy ddefnyddio'r gystrawen gwmpasog yn aml. Wedi dweud hynny, gellir hefyd nodi enghreifftiau o ddefnyddio ffurfiau anarferol, gan feirdd yn arbennig, lle daw'r ffurf anarferol â grym arbennig i'r iaith. Meddyliwch am:

'Wylit, wylit, Lywelyn,
Wylit waed pe gwelit hyn' gan Gerallt Lloyd Owen,

neu

'Oet ddyn y grefft, oet ddawn gre'
Oet y galon, oet Gilie' gan Dic Jones.

Ond, os nad ydych, fel y ddau yma, yn feistr ar yr iaith, byddwch yn wyliadwrus iawn wrth ddefnyddio'r ffurfiau cryno anarferol hyn.

INFLECTED VERB FORMS
Verb endings of Regular Verbs with no ·i· in the stem of the verb

Person	Pres	Amherff	Gorff	Gorb	Gorch	Dib
Singular						
1 fi/i†	·af	·wn	·ais	·aswn	—	·wyf
2 ti/di†	·i	·it/·et	·aist	·asit	·a	·ych
3 ef/hi	·a	·ai	·odd	·asai	·ed	·o
Plural						
1 ni	·wn	·em	·asom/·som/·on*	·asem	·wn	·om
2 chi†	·wch	·ech	·asoch/·soch/·och*	·asech	·wch	·och
3 hwy/*nhw*	·ant	·ent	·asant/·son/·on*	·asent	·ent/·en**	·ont
Amhers	·ir	·id	·wyd	·asid	·er	·er

Pres(ennol) Present; Amherff(aith) Imperfect; Gorff(ennol) Past; Gorb(erffaith) Pluperfect; Gorch(mynnol) Imperative; Dib(ynnol) Subjunctive; Amhers(onol) Impersonol

Informal, contemporary literary forms are shown in *italic type.*

†fi/i—use either *fi* or *i* if the verb form ends in '-f' and *i* alone if it doesn't
ti/di—only use *ti* if the verb form ends with '-t', use *di* if it doesn't
  chi—older texts use *chwi* as well as *chi,* but *chwi,* by now, is rarely used.

* ·*som,* ·*soch* and ·*sont* are the formal literary verb endings of verbs whose stems end with ·*al,* ·*aw,* ·*el,* ·*ew,* ·*oe* and ·*yw* (*cawsom, gwelsom, clywsom* etc.). In the case of most other regular verbs one may choose between ·*som/·on;* ·*soch/·och;* ·*son/·on* as informal verb endings, e.g. *canasom* (formal); *cansom* (formal/ informal); *canon ni* (informal).

** If the informal *3rd Person Plural* verb endings ·*son; ·on;* or ·*en* are used, these should always be followed by *nhw,* and the informal *1st Person Plural* ending in the *Past Tense* ·*on* should always be followed by *ni,* e.g. *rhedon ni; rhedon nhw.*
  The option of using ·*an nhw (3rd Person Plural Present Tense)* or ·*sen nhw* in the *Pluperfect* as informal endings is not given here as these vernacular forms immediately turn the *Present Tense* meaning into a *Future Tense,* and the *Pluperfect* into a *Conditional Tense* (see p. 224).

14

FFURFIAU CRYNO
Berfau Arferol Rheolaidd heb ·i· yn eu bôn

Person	Pres	Amherff	Gorff	Gorb	Gorch	Dib
Unigol						
1 fi/i†	·af	·wn	·ais	·aswn	—	·wyf
2 ti/di†	·i	·it/·*et*	·aist	·asit	·a	·ych
3 ef/hi	·a	·ai	·odd	·asai	·ed	·o
Lluosog						
1 ni	·wn	·em	·asom/·*som*/·*on*★	·asem	·wn	·om
2 chi†	·wch	·ech	·asoch/·*soch*/·*och*★	·asech	·wch	·och
3 hwy/*nhw*★★	·ant	·ent	·asant/·*son*/·*on*★	·asent	·ent/·*en*★★	·ont
Amhers	·ir	·id	·wyd	·asid	·er	·er

Dangosir y terfyniadau anffurfiol cyfoes mewn *print ysgafn*.

†fi/i—defnyddiwch *fi* neu *i* os bydd '-f' yn niwedd y terfyniad ac *i* bob tro arall
ti/di—defnyddiwch *ti* os bydd '-t' yn niwedd y terfyniad a *di* bob tro arall
chi—defnyddir y ffurf *chwi* mewn testunau hŷn, ond anaml yw ei defnyddd heddiw.

★ ·*som*, ·*soch*, ·*sont* yw terfyniadau ffurfiol berfau â'u bôn yn gorffen yn ·*al*, ·*aw*, ·*el*, ·*ew*, ·*oe* ac ·*yw* *(cawsom, gwelsom, clywsom etc.)*. Mewn nifer helaeth o ferfau arferol rheolaidd gellir dewis defnyddio ·*som*/·*on;* ·*soch*/·*och;* ·*son*/·*on* yn derfyniadau anffurfiol, e.e. *canasom* (ffurfiol); *cansom* (ffurfiol/anffurfiol); *canon ni* (anffurfiol).

★★ Os defnyddir y terfyniadau anffurfiol 3ydd lluosog ·*son*, ·*on*, ·*en*, dylid eu dilyn bob tro â'r ffurf 'nhw', a'r terfyniad anffurfiol 1 LLUOSOG *Gorffennol* ·*on* â'r ffurf 'ni', e.e. *rhedon ni; rhedon nhw*.
Ni ddangosir y ffurfiau ·*an nhw (Pres. 3 Lluos)* neu ·*sen nhw (Gorberffaith)* yn ddewisiadau ar gyfer terfyniadau anffurfiol gan fod y ffurfiau llafar hyn yn troi'r ystyr o'r *Presennol* i'r *Dyfodol* yn achos ·*an*, ac o'r *Gorberffaith* i'r *Amherffaith Amodol* yn achos ·*sen nhw*, e.e. gw. t. 224.

15

gwenu root gwen·

	Presennol		*Gorberffaith*
Unigol	*Lluosog*	*Unigol*	*Lluosog*
1 gwenaf	gwenwn	1 gwenaswn	gwenasem
2 gweni	gwenwch	2 gwenasit	gwenasech
3 gwena	gwenant	3 gwenasai	gwenasent
Amhersonol: gwenir		*Amhersonol*: gwenasid	

Amherffaith

Unigol	*Lluosog*
1 gwenwn	gwenem
2 gwenit, *gwenet*	gwenech
3 gwenai	gwenent
Amhersonol: gwenid	

Gorffennol

Unigol	*Lluosog*
1 gwenais	gwenasom, *gwensom, gwenon ni*
2 gwenaist	gwenasoch, *gwensoch, gwenoch*
3 gwenodd	gwenasant, *gwenson nhw, gwenon nhw*
Amhersonol: gwenwyd	

	Gorchmynnol		*Dibynnol*
Unigol	*Lluosog*	*Unigol*	*Lluosog*
1 —	gwenwn	1 gwenwyf	gwenom
2 gwena	gwenwch	2 gwenych	gwenoch
3 gwened	gwenent, *gwenen nhw*	3 gweno	gwenont
Amhersonol: gwener		*Amhersonol*: gwener	

gwenu bôn gwen·

Presennol

Unigol	Lluosog
1 gwenaf	gwenwn
2 gweni	gwenwch
3 gwena	gwenant

Amhersonol: gwenir

Unigol	Lluosog
1 gwenwn	gwenem
2 gwenit, *gwenet*	gwenech
3 gwenai	gwenent

Amhersonol: gwenid

Gorffennol

Unigol	Lluosog
1 gwenais	gwenasom, *gwensom, gwenon ni*
2 gwenaist	gwenasoch, *gwensoch, gwenoch*
3 gwenodd	gwenasant, *gwenson nhw, gwenon nhw*

Amhersonol: gwenwyd

Gorchmynnol

Unigol	Lluosog
1 —	gwenwn
2 gwena	gwenwch
3 gwened	gwenent, *gwenen nhw*

Amhersonol: gwener

Gorberffaith

Unigol	Lluosog
1 gwenaswn	gwenasem
2 gwenasit	gwenasech
3 gwenasai	gwenasent

Amhersonol: gwenasid

Amherffaith

Unigol	Lluosog
1	gwenem
2	gwenech
3	gwenent

Dibynnol

Unigol	Lluosog
1 gwenwyf	gwenom
2 gwenych	gwenoch
3 gweno	gwenont

Amhersonol: gwener

INFLECTED VERB FORMS
Regular Verbs containing ·i· in their stem

Person	Pres	Amherff	Gorff	Gorb	Gorch	Dib
Singular						
1 fi/i†	·iaf	·iwn	·iais	·iaswn	—	·iwyf
2 ti/di†	·i	·it/·*iet*	·iaist	·iasit	·ia	·iech
3 ef/hi	·ia	·iai	·iodd	·iasai	·ied	·io
Plural						
1 ni	·iwn	·iem	·iasom/·*ion*★	·iasem	·iwn	·iom
2 chi†	·iwch	·iech	·iasoch/·*ioch*★	·iasech	·iwch	·ioch
3 hwy/*nhw*	·iant	·ient	·iasant/·*ion*★	·iasent	·ient/·*ien*★★	·iont
Amhers	·ir	·id	·iwyd	·iasid	·ier	·ier

Informal, contemporary, literary forms are shown in *italic type*.

†fi/i—use either *fi* or *i* if the verb form ends in '-f' and *i* alone if it doesn't
ti/di—only use *ti* if the verb form ends with '-t', use *di* if it doesn't
chi—older texts use *chwi* as well as *chi*, but *chwi*, by now, is rarely used.

★ In the case of many regular verbs the endings ·*ion ni*, ·*ioch*, ·*ion nhw* may be used as informal verb endings, e.g. *anobeithiasom/anobeithion ni*; *apeliasoch/ apelioch*; *archwiliasant/archwilion nhw*.

★★ If the informal *3rd Person Plural* endings ·*ion* or ·*ien* are used, they should always be followed by *nhw*, and the informal ending of the *1st Person Plural* in the *Past Tense* (·*ion*) by *ni*, e.g. *cofion ni*; *cofion nhw*; *cofien nhw*.

The informal endings ·*ian nhw (3rd Person Plural Present)* and ·*iasen nhw (3rd Person Plural Imperfect)* are not shown as options, as these vernacular forms immediately transform the *Present* into the *Future Tense* and the *Pluperfect* into a *Conditional Tense* (see p. 224).

18

FFURFIAU CRYNO

Berfau Arferol Rheolaidd ag ·i· yn eu bôn

Person	Pres	Amherff	Gorff	Gorb	Gorch	Dib
Unigol						
1 fi/i†	·iaf	·iwn	·iais	·iaswn	—	·iwyf
2 ti/di†	·i	·it/·iet	·iaist	·iasit	·ia	·iech
3 ef/hi	·ia	·iai	·iodd	·iasai	·ied	·io
Lluosog						
1 ni	·iwn	·iem	·iasom/·ion*	·iasem	·iwn	·iom
2 chi†	·iwch	·iech	·iasoch/·ioch*	·iasech	·iwch	·ioch
3 hwy/nhw**	·iant	·ient	·iasant/·ion*	·iasent	·ient/·ien**	·iont
Amhers	·ir	·id	·iwyd	·iasid	·ier	·ier

Dangosir y terfyniadau anffurfiol cyfoes mewn *print ysgafn*.

†fi/i—defnyddiwch *fi* neu *i* os bydd '-f' yn niwedd y terfyniad ac *i* bob tro arall
ti/di—defnyddiwch *ti* os bydd '-t' yn niwedd y terfyniad a *di* bob tro arall
  chi—defnyddir y ffurf *chwi* mewn testunau hŷn, ond anaml yw ei defnydd
    heddiw.

* Mewn nifer helaeth o ferfau arferol rheolaidd gellir dewis defnyddio ·*ion ni,*
·*ioch,* ·*ion nhw* yn derfyniadau anffurfiol, e.e. *anobeithiasom, anobeithion ni;*
apeliasoch, apelioch; archwiliasant, archwilion nhw.

** Os defnyddir y terfyniadau anffurfiol 3ydd lluosog ·*ion;* ·*ien,* dylid eu dilyn
bob tro â'r ffurf 'nhw', a'r person cyntaf lluosog yn yr *Amser Gorffennol* â 'ni',
e.e. *cofion ni; cofion nhw; cofien nhw.*

Ni ddangosir y ffurfiau ·*ian nhw (Pres. 3 Lluos)* neu ·*ien nhw (Amherffaith)* yn
ddewisiadau ar gyfer terfyniadau anffurfiol, gan fod y ffurfiau llafar hyn yn
troi'r ystyr o'r *Presennol* i'r *Dyfodol* yn achos ·*ian,* ac o'r *Amherffaith* i'r *Amodol*
yn achos ·*ien nhw,* gw. t. 224.

19

cofio verb stem cof·i·

	Presennol		*Gorberffaith*
Unigol	*Lluosog*	*Unigol*	*Lluosog*
1 cofiaf	cofiwn	1 cofiaswn	cofiasem
2 cofi	cofiwch	2 cofiasit	cofiasech
3 cofia	cofiant	3 cofiasai	cofiasent
Amhersonol: cofir		*Amhersonol*: cofiasid	

Amherffaith

Unigol	*Lluosog*
1 cofiwn	cofiem
2 cofit, *cofiet*	cofiech
3 cofiai	cofient
Amhersonol: cofid	

Gorffennol

Unigol	*Lluosog*
1 cofiais	cofiasom, *cofion ni*
2 cofiaist	cofiasoch, *cofioch*
3 cofiodd	cofiasant, *cofion nhw*
Amhersonol: cofiwyd	

	Gorchmynnol		*Dibynnol*
Unigol	*Lluosog*	*Unigol*	*Lluosog*
1 —	cofiwn	1 cofiwyf	cofiom
2 cofia	cofiwch	2 cofiech	cofioch
3 cofied	cofient, *cofien nhw*	3 cofio	cofiont
Amhersonol: cofier		*Amhersonol*: cofier	

cofio bôn cof·i·

	Presennol		Gorberffaith
Unigol	*Lluosog*	*Unigol*	*Lluosog*
1 cofiaf	cofiwn	1 cofiaswn	cofiasem
2 cofi	cofiwch	2 cofiasit	cofiasech
3 cofia	cofiant	3 cofiasai	cofiasent
Amhersonol: cofir		*Amhersonol*: cofiasid	

Amherffaith

Unigol	*Lluosog*
1 cofiwn	cofiem
2 cofit, *cofiet*	cofiech
3 cofiai	cofient
Amhersonol: cofid	

Gorffennol

Unigol	*Lluosog*
1 cofiais	cofiasom, *cofion ni*
2 cofiaist	cofiasoch, *cofioch*
3 cofiodd	cofiasant, *cofion nhw*
Amhersonol: cofiwyd	

	Gorchmynnol		Dibynnol
Unigol	*Lluosog*	*Unigol*	*Lluosog*
1 —	cofiwn	1 cofiwyf	cofiom
2 cofia	cofiwch	2 cofiech	cofioch
3 cofied	cofient, *cofien nhw*	3 cofio	cofiont
Amhersonol: cofier		*Amhersonol*: cofier	

21

Y FFURFIAU CWMPASOG:
THE PERIPHRASTIC CONSTRUCTION

(ffurf ar BOD) + yn/wedi + berfenw

Presennol (Present)
Yr wyf yn, Rwy'n (gwenu/cofio)
I am smiling/remembering, I smile/remember

UNIGOL	LLUOSOG
1 wyf, *rwyf*	ydym, *rydym*
2 wyt, *rwyt*	ydych, *rydych*
3 mae	ydynt, *ydyn nhw*
	maent, *maen nhw*

AMHERSONOL: ydys

Presennol Arferiadol/Dyfodol
(Habitual Present/Future)
Byddaf yn (gwenu/cofio)
I will be smiling/remembering, I habitually smile/remember

UNIGOL	LLUOSOG
1 byddaf	byddwn
2 byddi	byddwch
3 bydd	byddant, *byddan nhw*

AMHERSONOL: byddir

Amherffaith (Imperfect)
Yr oeddwn yn, Roeddwn yn (gwenu/cofio)
I was smiling/remembering

UNIGOL	LLUOSOG
1 oeddwn, *roeddwn*	oeddem, *roeddem*
2 oeddit, *oeddet, roeddet*	oeddech, *roeddech*
3 oedd, *roedd*	oeddynt, *oeddent, oedden,*
	roedden

AMHERSONOL: oeddid

Amherffaith Arferiadol (Habitual Imperfect)
Byddwn yn (gwenu/cofio)
I used to smile/remember

UNIGOL	LLUOSOG
1 byddwn	byddem
2 byddit, byddet	byddech
3 byddai	byddent, *bydden nhw*

AMHERSONOL: byddid

Perffaith (Perfect)
Yr wyf wedi (gwenu/cofio)
I have smiled/remembered

UNIGOL

1 wyf wedi, *rwyf wedi*
2 wyt wedi, *rwyt wedi*
3 mae wedi
AMHERSONOL: ydys wedi

LLUOSOG

ydym wedi, *rydym wedi*
ydych wedi, *rydych wedi*
maent wedi, *maen nhw wedi*

Perffaith Parhaol (Perfect Continuous)
Yr wyf wedi bod yn (gwenu/cofio)
I have been smiling/remembering

UNIGOL

1 wyf wedi bod, *rwyf wedi bod*
2 wyt wedi bod, *rwyt wedi bod*
3 mae wedi bod

AMHERSONOL: ydys wedi bod

LLUOSOG

ydym wedi bod, *rydym wedi bod*
ydych wedi bod, *rydych wedi bod*
maent wedi bod, *maen nhw wedi bod*

Dyfodol Perffaith (Future Perfect)
Byddaf wedi (gwenu/cofio)
I will/shall have smiled/remembered

UNIGOL

1 byddaf wedi
2 byddi wedi
3 bydd wedi
AMHERSONOL: byddir wedi

LLUOSOG

byddwn wedi
byddwch wedi
byddant wedi, *byddan nhw wedi*

Dyfodol Perffaith Parhaol (Future Perfect Continuous)
Byddaf wedi bod yn (gwenu/cofio)
I shall have been smiling/remembering

UNIGOL

1 byddaf wedi bod
2 byddi wedi bod
3 bydd wedi bod

AMHERSONOL: byddir wedi bod

LLUOSOG

byddwn wedi bod
byddwch wedi bod
byddant wedi bod, *byddan nhw wedi bod*

Gorffennol (Past)
Bûm yn (gwenu/cofio), bu imi (wenu/gofio)
I smiled/remembered

UNIGOL	LLUOSOG
1 bûm	buom
2 buost	buoch
3 bu	buont, *buon nhw*

AMHERSONOL: buwyd

Amodol (Conditional)
Buaswn yn (gwenu/cofio)
I would smile/remember

UNIGOL	LLUOSOG
1 buaswn	buasem
2 buasit	buasech
3 buasai	buasent, *buasen nhw*

AMHERSONOL: buasid

Gorberffaith (Pluperfect)
Yr oeddwn wedi (gwenu/cofio)
I had smiled/remembered

UNIGOL	LLUOSOG
1 oeddwn wedi	oeddem wedi
2 oeddit wedi, *oeddet wedi*	oeddech wedi
3 oedd wedi	oeddent wedi, *oedden nhw wedi*

AMHERSONOL: oeddid wedi

Gorberffaith Parhaol (Continuous Pluperfect)
Yr oeddwn wedi bod yn (gwenu/cofio)
I had been smiling/remembering

UNIGOL	LLUOSOG
1 oeddwn wedi bod	oeddem wedi bod
2 oeddit wedi bod, *oeddet wedi bod*	oeddech wedi bod
3 oedd wedi bod	oeddent wedi bod, *oedden nhw wedi bod*

AMHERSONOL: oeddid wedi bod

Amodol Perffaith (Perfect Conditional)
Byddwn wedi (gwenu/cofio)
I would have smiled/remembered

UNIGOL	LLUOSOG
1 byddwn wedi	byddem wedi
2 byddit/byddet wedi	byddech wedi
3 byddai wedi	byddent, *bydden nhw* wedi

AMHERSONOL: byddid wedi

Amodol Perffaith Parhaol (Continuous Perfect Conditional)
Byddwn wedi bod yn (gwenu/cofio)
I would have been smiling/remembering

UNIGOL	LLUOSOG
1 byddwn wedi bod	byddem wedi bod
2 byddit/byddet wedi bod	byddech wedi bod
3 byddai wedi bod	byddent wedi bod, *bydden nhw wedi bod*

AMHERSONOL: byddid wedi bod

Dibynnol Amodol (Subjunctive Conditional)
Pe bawn yn (gwenu/cofio)
Were I smiling/remembering

UNIGOL	LLUOSOG
1 (pe) bawn	(pe) baem
2 (pe) bait	(pe) baech
3 (pe) bai	(pe) baent, *baen nhw*

AMHERSONOL: (pe) byddid, bid

Gorchmynnol

UNIGOL	LLUOSOG
1 —	byddwn
2 bydd	byddwch
3 bydded, boed, bid	byddent

AMHERSONOL: bydder

CHANGES THAT OCCUR IN THE VERB STEM

Although all cases of changes in the verb stem are listed in the text, it will be observed that the vast majority follow these rules:

1. 'a' becomes 'e' under the influence of a following 'i'. This is termed affection and can be seen at work in verbs such as *canu, caru, barnu* etc. The verb endings which cause this change are:

·*i*	*2nd Person Singular Present Tense*	ceni di
·*wch*	*2nd Person Plural Present Tense*	cenwch chi
	2nd Person Plural Imperative	cenwch!
·*ir*	*Impersonal, Present Tense*	cenir
·*id*	*Impersonal, Imperfect Tense*	cenid
·*ais*	*1st Person Singular Past Tense*	cenais i
·*aist*	*2nd Person Singular Past Tense*	cenaist ti
·*ych*	*2nd Person Singular Subjunctive*	cenych di

This is the pattern of formal literary Welsh, but in the informal language, the tendency is to limit the affection to the most literary inflections, i.e. the *Impersonal* and *Subjunctive Mood* and sometimes the *2nd person singular Present*. However in more modern borrowings, e.g. *bancio, cario* etc. no affection takes place at all.

Note: the literary form of the *2nd Person Singular* in the *Imperfect Tense* ·*it* does not trigger this change (*canit ti* not 'cenit ti'). (Originally the ending was ·*ut* not ·*it*.) The informal ending ·*et* does not create this ambiguity.

2. In many verbs the *3rd Person Singular* in the *Present Tense* and the *2nd Person Singular* in the *Imperative Mood* share the same form, e.g. *amcana ef/hi, amcana di; edrych ef/hi, edrych di*. However if a change occurs to the vowel of the verb stem in the *3rd Person Singular*, e.g. *daliaf i, deli di, deil ef/hi*, this change is not carried over into the Imperative which remains *dal di*.

3. 'n' and 'r' are doubled when these letters are accented and precede a vowel. If the accent shifts the double letter reverts to a single 'n' or 'r', e.g. *gofynnodd* but *gofynasom; gyrrwn* but *gyrasant*.

4. 'n' is doubled if it falls under the accent and is followed by a consonantal 'i' which is absorbed into the verb ending, e.g. *darluniaf, darlunni di, darlunnir, darlunnit ti, darlunnid*; likewise *soniaf, sonni di, sonnir, sonnit ti, sonnid*.

5. Where an 'h' is interjected between a consonant and a vowel which falls under the accent, the 'h' is lost should the accent shift, e.g. *amau, amheuais* but *ameuasom; cymhennais* but *cymenasant*.

THE CIRCUMFLEX ACCENT

The circumflex accent should be placed:

6. On a long vowel preceding ·*nt* and ·*m*, e.g. *parhânt, nesânt, deffrônt; canfûm; gwybûm* (which denotes a combining of vowels, i.e. *gwybu-um* etc.).

7. On any long or accented vowel at the end of a word where there is no 'h' to place the accent, e.g. *byrha* but *agosâ; gwanha* but *gwacâ*. *Note*: esmwythâ.

8. On the long diphthongs *âi, ôi*, e.g. *glanhâi (ef/hi); trôi (ef/hi)* as compared with *troi di*, for example where the diphthong is short.

NEWIDIADAU YM MÔN Y FERF

Nodir yng nghorff y testun pan ddigwydd newid ym môn y ferf. Fe welwch fod mwyafrif llethol y newidiadau yn cydymffurfio â'r rheolau canlynol:

1. 'a' yn troi yn 'e' dan ddylanwad 'i' ddilynol. Gelwir y newid yma yn *affeithiad*, gw. *canu, caru, barnu* i'w weld ar waith. Y terfyniadau sy'n achosi'r affeithiad yw:

·*i*	*Pres. 2 Unig.*	ceni di
·*wch*	*Pres. 2 Lluos.*	cenwch chi
	Gorch. 2 Lluos.	cenwch!
·*ir*	*Pres. Amhers.*	cenir
·*id*	*Amher. Amhers.*	cenid
·*ais*	*Gorff. 1 Unig.*	cenais i
·*aist*	*Gorff. 2 Unig*	cenaist ti
·*ych*	*Dibyn. 2 Unig.*	cenych di

Dyma'r patrymau llenyddol, ond mewn Cymraeg anffurfiol, y duedd yw cyfyngu'r affeithiad i'r ffurfiau mwy llenyddol, h.y. y ffurfiau *Amhersonol* a'r *Dibynnol*, ac weithiau i'r *Pres. 2 Unig.*

Mewn geiriau mwy diweddar, e.e. *bancio, cario* etc., nid affeithir bôn y ferf.

Sylwch: nid yw'r ffurf lenyddol ffurfiol ·*it Amher. 2 Unig*, e.e. *canit ti* yn achosi'r newid yma, gan mai ·*ut* oedd y ffurf wreiddiol, dyma un rheswm, efallai, pam y mae'r ffurf anffurfiol ·*et*, e.e. *canet*, mor eang ei defnydd.

2. Gan amlaf yr un yw ffurf y *Pres. 3 Unig.* a'r *Gorch. 2 Unig (amcana (ef/hi); amcana (di); edrych (ef/hi); edrych (di))*. Ond os digwydd newid i lafariad y *Pres. 3 Unig.*; e.e. *dal, daliaf, deil (ef/hi)*, nid yw'r newid hwn yn digwydd yn y *Gorch. 2 Unig. (dal (di))*.

3. Dyblir 'n' ac 'r' pan ddaw'r llythrennau hyn dan yr acen ac o flaen llafariad. Un 'n' neu 'r' a geir os symudir yr acen, e.e. *gofynnodd* ond *gofynasom; gyrrwn* ond *gyrasant*.

4. Dyblir 'n' hefyd os daw dan yr acen, ac o flaen 'i' gytsain sy'n cael ei llyncu gan derfyniad y ferf, e.e. *darluniaf, darlunni di, darlunnir, darlunnit ti, darlunnid; soniaf, sonni di, sonnir, sonnit ti, sonnid.*

5. Yn yr achosion hynny pan ddaw 'h' ymwthiol rhwng cytsain a llafariad dan yr acen, collir yr 'h' pan symudir yr acen, e.e. *amau, amheuais* ond *ameuasom; cymhennais* ond *cymenasant*.

RHAI RHEOLAU YNGLŶN Â'R TO BACH

Dylid ei roi:

6. Ar lafariad hir o flaen ·*nt* ac ·*m*, e.e. *parhânt, nesânt; deffrônt; canfûm; gwybûm* (sy'n dynodi cyfuniad o sillafau, h.y. *gwybu-um* etc.).

7. Ar bob llafariad unigol acennog derfynol lle nad oes 'h' i ddynodi'r acen, e.e. *byrha* ond *agosâ; gwanha*, ond *gwacâ. Sylwch:* esmwythâ.

8. Ar y deuseiniaid hir *âi, ôi*; e.e. *glanhâi (ef/hi); trôi (ef/hi)*, o'u cymharu â *troi (di)* sy'n ddeusain fer.

A

aberth·u to sacrifice   *Pres. 3 Unig.* aberth, *abertha* (ef/hi)
acenn·u to accentuate   acennaf etc.

Gorffennol   *Gorberffaith*

LLUOSOG	UNIGOL	LLUOSOG
1 acenasom, *acensom, acennon ni*	1 acenaswn	acenasem
2 acenasoch, *acensoch, acennoch*	2 acenasit	acenasech
3 acenasant, *acenson, acennon nhw*	3 acenasai	acenasent
AMHERSONOL: acennwyd	AMHERSONOL: acenasid	

act·i·o to act   actiaf etc.
achos·i to cause
achub· to save   *Pres. 3 Unig.* achub, *achuba* (ef/hi)
achwyn· to complain   *Pres. 3 Unig.* achwyn, *achwyna* (ef/hi)
adeilad·u to build
adfer· to restore   *Pres. 3 Unig.* *edfryd, adfer, *adfera* (ef/hi)

adfyw·i·o to revive   adfywiaf etc.
ad·i·o to add   adiaf etc.
adnabod to know

Presennol   *Dyfodol*

UNIGOL	LLUOSOG	UNIGOL	LLUOSOG
1 adwaen	adwaenom	1 adnabyddaf	adnabyddwn
2 adwaenost	adwaenoch	2 adnabyddi	adnabyddwch
3 adwaen	adwaenant	3 adnebydd	adnabyddant
AMHERSONOL: adwaenir		AMHERSONOL: adnabyddir	

Amherffaith

UNIGOL	LLUOSOG
1 adwaenwn, *adnabyddwn*	adwaenem, *adnabyddem*
2 adwaenit, *adnabyddet*	adwaenech, *adnabyddech*
3 adwaenai, *adnabyddai*	adwaenent
AMHERSONOL: adwaenid	

Gorffennol

UNIGOL	LLUOSOG
1 adnabûm, *adnabyddais*	adnabuom, *adnabyddon ni*
2 adnabuost, *adnabyddaist*	adnabuoch, *adnabyddoch*
3 adnabu, *adnabyddodd*	adnabuont, *adnabyddon nhw*
AMHERSONOL: adnabuwyd, *adnabyddwyd*	

*ffurf hynafol, archaic form.

	Gorberffaith		*Gorchmynnol*	
	UNIGOL	LLUOSOG	UNIGOL	LLUOSOG
1	adnabuaswn	adnabuasem	—	adnabyddwn
2	adnabuasit	adnabuasech	adnebydd, *adnabydda*	adnabyddwch
3	adnabuasai	adnabuasent	adnabydded	adnabyddent

AMHERSONOL: adnabuasid   AMHERSONOL: adnabydder

Dibynnol

	UNIGOL	LLUOSOG
1	adnabyddwyf	adnabyddom
2	adnabyddych	adnabyddoch
3	adnabyddo	adnabyddont

AMHERSONOL: adnabydder

adnewydd·u	to renew
adolyg·u	to review
adrodd·	to recite
adun·o	to reunite
adweith·i·o	to react
addas·u	to adapt

Pres. 3 Unig. edrydd, *adrodda* (ef/hi)

adweithiaf etc.

	Presennol		*Gorberffaith*	
	UNIGOL	LLUOSOG	UNIGOL	LLUOSOG
1	addasaf	addaswn	addasaswn	addasasem
2	addesi, *addasi*	addaswch	addasasit	addasasech
3	addasa	addasant	addasasai	addasasent

AMHERSONOL: addesir, *addasir*   AMHERSONOL: addasasid

	Amherffaith		*Gorffennol*	
	UNIGOL	LLUOSOG	UNIGOL	LLUOSOG
1	addaswn	addasem	addasais	addasom
2	addasit, *addaset*	addasech	addasaist	addasoch
3	addasai	addasent	addasodd	addasant, *addason nhw*

AMHERSONOL: addesid, *addasid*   AMHERSONOL: addaswyd

	Gorchmynnol		*Dibynnol*	
	UNIGOL	LLUOSOG	UNIGOL	LLUOSOG
1	—	addaswn	addaswyf	addasom
2	addasa	addaswch	addesych	addasoch
3	addased	addasent	addaso	addasont

AMHERSONOL: addaser   AMHERSONOL: addaser

addef·	to admit
addo	to promise

Pres. 3 Unig. *eddyf, *addefa* (ef/hi)

*ffurf hynafol, archaic form.

30

	Presennol			*Gorberffaith*	
UNIGOL	LLUOSOG		UNIGOL	LLUOSOG	
1 addawaf	addawn, *addwn*		1 addawswn	addawsem	
2 addewi	addewch, *addwch*		2 addawsit	addawsech	
3 addawa	addawant		3 addawsai	addawsent	
AMHERSONOL: addewir			AMHERSONOL: addawsid		

	Amherffaith			*Gorffennol*	
UNIGOL	LLUOSOG		UNIGOL	LLUOSOG	
1 addawn	addawem		1 addewais	addawsom	
2 addawit,	addawech		2 addewaist	addawsoch	
addawet					
3 addawai	addawent		3 addawodd	addawsant,	
				addawson nhw	
AMHERSONOL: addewid			AMHERSONOL: addawyd		

	Gorchmynnol			*Dibynnol*	
UNIGOL	LLUOSOG		UNIGOL	LLUOSOG	
1 —	addawn		1 addawyf	addawom	
2 addawa	addewch, *addwch*		2 addawych	addawoch	
3 addawed	addawent		3 addawo	addawont	
AMHERSONOL: addawer			AMHERSONOL: addawer		

addol·i to worship
adduned·u to vow
addurn·o to decorate
addysg·u to educate
aflonydd·u to disturb
afradu to spoil

	Presennol			*Gorberffaith*	
UNIGOL	LLUOSOG		UNIGOL	LLUOSOG	
1 afradaf	afradwn		1 afradaswn	afradasem	
2 afredi,	afredwch,		2 afradasit	afradasech	
afradi	afradwch				
3 afrada	afradant		3 afradasai	afradasent	
AMHERSONOL: afredir			AMHERSONOL: afradesid		

	Amherffaith			*Gorffennol*	
UNIGOL	LLUOSOG		UNIGOL	LLUOSOG	
1 afradwn	afradem		1 afredais,	afradasom	
			afradais		
2 afradit,	afradech		2 afredaist,	afradasoch	
afradet			afradaist		
3 afradai	afradent		3 afradodd	afradasant	
AMHERSONOL: afredid			AMHERSONOL: afradwyd		

	Gorchmynnol			Dibynnol
UNIGOL	LLUOSOG		UNIGOL	LLUOSOG
1 —	afradwn		1 afradwyf	afradom
2 afrada	afredwch		2 afredych	afradoch
3 afraded	afradent		3 afrado	afradont
AMHERSONOL: afrader			AMHERSONOL: afrader	

agor·   to open   *Pres. 3 Unig.* egyr, *agora* (ef/hi)
agosáu   to approach

	Presennol			Gorberffaith
UNIGOL	LLUOSOG		UNIGOL	LLUOSOG
1 agosâf	agosawn		1 agosaswn	agosasem
2 agosei	agosewch		2 agosasit	agosasech
3 agosâ	agosânt		3 agosasai	agosasent
AMHERSONOL: agoseir			AMHERSONOL: agosasid	

	Amherffaith			Gorffennol
UNIGOL	LLUOSOG		UNIGOL	LLUOSOG
1 agosawn	agosaem		1 agoseais	agosasom, agosaon ni
2 agosait, *agosaet*	agosaech		2 agoseaist	agosasoch, *agosaoch*
3 agosâi	agosaent		3 agosaodd	agosasant, *agosaon nhw*
AMHERSONOL: agoseid			AMHERSONOL: agosawyd	

	Gorchmynnol			Dibynnol
UNIGOL	LLUOSOG		UNIGOL	LLUOSOG
1 —	agosawn		1 agosawyf	agosaom
2 agosâ	agosewch		2 agoseych	agosaoch
3 agosaed	agosaent		3 agosao	agosaont
AMHERSONOL: agosaer			AMHERSONOL: agosaer	

anghof·i·o   to forget   anghofiaf etc.
anghydwel·d   to disagree   *Pres. 3 Unig.* anghydwêl (ef/hi)
anghytun·o   to disagree
angor·i   to anchor
ailadrodd·   to repeat
ailgylchyn·u   to recycle
ailosod·   to reset
ailwamp·i·o   to rework   ailwampiaf etc.
                                Sylwch ar y ffurfiau tra llenyddol:
                                ailwempi, ailwempwch, ailwempir,
                                ailwempid, ailwempais, ailwempaist,
                                ailwempych (di)
ailystyr·i·ed   to reconsider   ailystyriaf etc.

alaru to be fed up

Presennol

UNIGOL	LLUOSOG
1 alaraf	alarwn
2 aleri, *alari*	alerwch, *alarwch*
3 alara	alarant

AMHERSONOL: alerir

Amherffaith

UNIGOL	LLUOSOG
1 alarwn	alarem
2 alarit, *alaret*	alarech
3 alarai	alarent

AMHERSONOL: alerid

Gorchmynnol

UNIGOL	LLUOSOG
1 —	alarwn
2 alara	alerwch, *alarwch*
3 alared	alarent

AMHERSONOL: alarer

Gorberffaith

UNIGOL	LLUOSOG
1 alaraswn	alarasem
2 alarasit	alarasech
3 alarasai	alarasent

AMHERSONOL: alarasid

Gorffennol

UNIGOL	LLUOSOG
1 alerais	alarasom, *alaron ni*
2 aleraist	alarasoch, *alaroch*
3 alarodd	alarasant, *alaron nhw*

AMHERSONOL: alarwyd

Dibynnol

UNIGOL	LLUOSOG
1 alarwyf	alarom
2 alerych	alaroch
3 alaro	alaront

AMHERSONOL: alarer

alin·i·o to align aliniaf etc.
Sylwch: alinni (di); alinnir; alinnit ti; alinnid

allfor·i·o to export allforiaf etc.
amaeth·u to cultivate
amau to doubt
amheu· *Pres. 3 Unig.* amau, *amheua* (ef/hi)

Gorffennol

LLUOSOG
1 ameuasom, *amheuon ni*
2 ameuasoch, *amheuoch*
3 ameuasant, *amheuon nhw*

AMHERSONOL: amheuwyd

Gorberffaith

UNIGOL	LLUOSOG
1 ameuaswn	ameuasem
2 ameuasit	ameuasech
3 ameuasai	ameuasent

AMHERSONOL: ameuasid

amcangyfrif· to estimate
amcanu to aim

Presennol

UNIGOL	LLUOSOG
1 amcanaf	amcanwn
2 amceni, *amcani*	amcenwch, *amcanwch*
3 amcana	amcanant

AMHERSONOL: amcenir

Gorberffaith

UNIGOL	LLUOSOG
1 amcanaswn	amcanasem
2 amcanasit	amcanasech
3 amcanasai	amcanasent

AMHERSONOL: amcenid

Amherffaith

UNIGOL	LLUOSOG
1 amcanwn	amcanem
2 amcanit, *amcanet*	amcanech
3 amcanai	amcanent

AMHERSONOL: amcenid

Gorffennol

UNIGOL	LLUOSOG
1 amcenais, *amcanaist*	amcanasom, *amcansom,* *amcanon ni*
2 amcenaist, *amcanaist*	amcanasoch, *amcansoch,* *amcanoch*
3 amcanodd	amcanasant, *amcanson nhw,* *amcanon nhw*

AMHERSONOL: amcanwyd

Gorchmynnol

UNIGOL	LLUOSOG
1 —	amcanwn
2 amcana	amcenwch, *amcanwch*
3 amcaned	amcanent

AMHERSONOL: amcaner

Dibynnol

UNIGOL	LLUOSOG
1 amcanwyf	amcanom
2 amcenych	amcanoch
3 amcano	amcanont

AMHERSONOL: amcaner

amddifadu   to deprive

Presennol

UNIGOL	LLUOSOG
1 amddifadaf	amddifadwn
2 amddifedi, *amddifadi*	amddifedwch, *amddifadwch*
3 amddifada	amddifadant

AMHERSONOL: amddifedir

Amherffaith

UNIGOL	LLUOSOG
1 amddifadwn	amddifadem
2 amddifadit, *amddifadet*	amddifadech
3 amddifadai	amddifadent

AMHERSONOL: amddifedid

Gorffennol

UNIGOL	LLUOSOG
1 amddifedais, *amddifadais*	amddifadasom, *amddifadsom,* *amddifadon ni*
2 amddifedaist, *amddifadaist*	amddifadasoch, *amddifadsoch,* *amddifadoch*

3 amddifadodd   amddifadasant, *amddifadson,*
amddifadon nhw

AMHERSONOL: amddifadwyd

Gorberffaith

UNIGOL	LLUOSOG
1 amddifadaswn	amddifadasem
2 amddifadasit	amddifadasech
3 amddifadasai	amddifadasent

AMHERSONOL: amddifadasid

Gorchmynnol		*Dibynnol*	
UNIGOL	LLUOSOG	UNIGOL	LLUOSOG
1 —	amddifadwn	1 amddifadwyf	amddifadom
2 amddifada	amddifedwch,	2 amddifedych	amddifadoch
	amddifadwch		
3 amddifaded	amddifadent	3 amddifado	amddifadont
AMHERSONOL: amddifader		AMHERSONOL: amddifader	

amddiffyn   to defend

amddiffynn·   amddiffynnaf etc   *Pres. 3 Unig.* amddiffyn, *amddiffynna*
(ef/hi)

Gorffennol	*Gorberffaith*	
LLUOSOG	UNIGOL	LLUOSOG
1 amddiffynasom, *amddiffynsom,*	amddiffynaswn	amddiffynasem
amddiffynnon ni		
2 amddiffynasoch, *amddiffynsoch,*	2 amddiffynasit	amddiffynasech
amddiffynnoch		
3 amddiffynasant, *amddiffynson*	3 amddiffynasai	amddiffynasent
nhw, amddiffynnon nhw		
AMHERSONOL: amddiffynnwyd	AMHERSONOL: amddiffynasid	

amgáu   to enclose

Presennol		*Gorberffaith*	
UNIGOL	LLUOSOG	UNIGOL	LLUOSOG
1 amgaeaf	amgaewn	1 amgaeaswn	amgaeasem
2 amgaei	amgaewch	2 amgaeasit	amgaeasech
3 amgae	amgaeant	3 amgaeasai	amgaeasent
AMHERSONOL: amgaeir		AMHERSONOL: amgaeasid	

Amherffaith

UNIGOL	LLUOSOG
1 amgaewn	amgaeem
2 amgaeit, *amgaeet*	amgaeech
3 amgaeai	amgaeent

AMHERSONOL: amgaeid

Gorffennol

UNIGOL	LLUOSOG
1 amgaeais	amgaeasom, *amgaesom*, *amgaeon ni*
2 amgaeaist	amgaeasoch, *amgaesoch*, *amgaeoch*
3 amgaeodd	amgaeasant, *amgaeson nhw*, *amgaeon nhw*

AMHERSONOL: amgaewyd

Gorchmynnol

UNIGOL	LLUOSOG
1 —	amgaewn
2 amgáu, *amgaea*	amgaewch
3 amgaeed	amgaeent

AMHERSONOL: amgaeer

Dibynnol

UNIGOL	LLUOSOG
1 amgaewyf	amgaeom
2 amgaeych	amgaeoch
3 amgaeo	amgaeont

AMHERSONOL: amgaeer

amgyffred·	to comprehend
amgylchyn·u	to surround
amharch·u	to dishonour

Pres. 3 Unig. amgyffred (ef/hi)

Sylwch ar y ffurfiau tra llenyddol:
amherchi; amherchir; amherchid;
amherchais; amherchaist;
amherchych (di)

Gorffennol

LLUOSOG
1 amarchasom, *amharchon ni*
2 amarchasoch, *amharchoch*
3 amarchasant, *amharchon nhw*

AMHERSONOL: amharchwyd

Gorberffaith

UNIGOL	LLUOSOG
1 amarchaswn	amarchasem
2 amarchasit	amarchasech
3 amarchasai	amarchasent

AMHERSONOL: amarchasid

amharu to spoil

Presennol

UNIGOL	LLUOSOG
1 amharaf	amharwn
2 amheri, *amhari*	amherwch, *amharwch*
3 amhara	amharant

AMHERSONOL: amherir

Gorberffaith

UNIGOL	LLUOSOG
1 amaraswn	amarasem
2 amarasit	amarasech
3 amarasai	amarasent

AMHERSONOL: amarasid

Amherffaith

UNIGOL	LLUOSOG
1 amharwn	amharem
2 amharit, *amharet*	amharech
3 amharai	amharent

AMHERSONOL: amherid

36

UNIGOL	LLUOSOG
1 amherais, *amharais*	amarasom, *amharsom, amharon ni*
2 amheraist, *amharaist*	amarasoch, *amharsoch, amharoch*
3 amharodd	amarasant, *amharson nhw, amharon nhw*

AMHERSONOL: amharwyd

	Gorchmynnol			*Dibynnol*	
UNIGOL	LLUOSOG		UNIGOL	LLUOSOG	
1 —	amharwn		1 amharwyf	amharom	
2 amhara	amherwch, *amharwch*		2 amherych	amheroch	
3 amhared	amharent		3 amharo	amharont	
AMHERSONOL: amharer			AMHERSONOL: amharer		

amlhau to increase

	Presennol			*Gorberffaith*	
UNIGOL	LLUOSOG		UNIGOL	LLUOSOG	
1 amlhaf	amlhawn		1 amlhaswn	amlhasem	
2 amlhei	amlhewch		2 amlhasit	amlhasech	
3 amlha	amlhânt		3 amlhasai	amlhasent	
AMHERSONOL: amlheir			AMHERSONOL: amlhesid		

	Amherffaith			*Gorffennol*	
UNIGOL	LLUOSOG		UNIGOL	LLUOSOG	
1 amlhawn	amlhaem		1 amlheais	amlhasom, *amlhaon ni*	
2 amlhait, *amlhaet*	amlhaech		2 amlheaist	amlhasoch, *amlhaoch*	
3 amlhâi	amlhaent		3 amlhaodd	amlhasant, *amlhaon nhw*	
AMHERSONOL: amlheid			AMHERSONOL: amlhawyd		

	Gorchmynnol			*Dibynnol*	
UNIGOL	LLUOSOG		UNIGOL	LLUOSOG	
1 —	amlhawn		1 amlhawyf	amlhaom	
2 amlha	amlhewch		2 amlheych	amlhaoch	
3 amlhaed	amlhaent		3 amlhao	amlhaont	
AMHERSONOL: amlhaer			AMHERSONOL: amlhaer		

amlyg·u	to reveal	
amneid·i·o	to nod	amneidiaf etc.
amryfus·o	to err	
amryw·i·o	to vary	amrywiaf etc.

amser·u	to time	
amsugn·o	to absorb	
anadl·u	to breathe	*Sylwch ar y ffurfiau tra llenyddol:* anedli; anedlir; anedlid; anedlais; anedlaist; anedlych (di)
anaf·u	to injure	
andwy·o	to spoil	*Dibyn. 2 Unig.* andwyech (di)
anel·u	to aim	
anesmwyth·o	to become restless	
anfarwol·i	to immortalize	
anfon·	to send	*Pres. 3 Unig.* enfyn, anfona (ef/hi)
anhudd·o	to bank up	
annerch	to address	
anerch·	anerchaf etc.	*Pres. 3 Unig.* annerch (ef/hi); *Gorch. 2 Unig.* annerch (di)
annog	to urge	
anog·	anogaf etc.	*Pres. 3 Unig.* annog (ef/hi)
anobeith·i·o	to despair	anobeithiaf etc.
anrheith·i·o	to plunder	anrheithiaf etc.
anrhydedd·u	to honour	
antur·i·o	to venture	anturiaf etc.
anufuddhau	to disobey	

Presennol

UNIGOL	LLUOSOG
1 anufuddhaf	anufuddhawn
2 anufuddhei	anufuddhewch
3 anufuddha	anufuddhânt

AMHERSONOL: anufuddheir

Gorberffaith

UNIGOL	LLUOSOG
1 anufuddaswn	anufuddasem
2 anufuddasit	anufuddasech
3 anufuddasai	anufuddasent

AMHERSONOL: anufuddasid

Amherffaith

UNIGOL	LLUOSOG
1 anufuddhawn	anufuddhaem
2 anufuddhait, *anufuddhaet*	anufuddhaech
3 anufuddhâi	anufuddhaent

AMHERSONOL: anufuddheid

Gorffennol

UNIGOL	LLUOSOG
1 anufuddheais	anufuddasom, *anufuddhaon ni*
2 anufuddheaist	anufuddasoch, *anufuddhaoch*
3 anufuddhaodd	anufuddasant, *anufuddhaon nhw*

AMHERSONOL: anufuddhawyd

Gorchmynnol

UNIGOL	LLUOSOG
1 —	anufuddhawn

Dibynnol

UNIGOL	LLUOSOG
1 anufuddhawyf	anufuddhaom

38

2 anufuddha	anufuddhewch	2 anufuddheych	anufuddhaoch
3 anufuddhaed	anufuddhaent	3 anufuddhao	anufuddhaont

AMHERSONOL: anufuddhaer   AMHERSONOL: anufuddhaer

anwes·u   to fondle

anwybydd·u   to ignore   Rhedwch fel berf reolaidd ac eithrio'r

Gorberffaith

UNIGOL	LLUOSOG
1 anwybuaswn	1 anwybuasem
2 anwybuasit, *anwybuaset*	2 anwybuasech
3 anwybuasai	3 anwybuasent

AMHERSONOL: anwybuasid

anwyl·o	to fondle	
apel·i·o	to appeal	apeliaf etc.
apwynt·i·o	to appoint	apwyntiaf etc.
araf·u	to slow	*Sylwch ar y ffurfiau tra llenyddol*: arefi; arefir; arefid; arefych (di)
aralleir·i·o	to paraphrase	aralleiriaf etc.
arbed·	to save	*Pres. 3 Unig.* arbed (ef/hi)
arbenig·o	to specialize	
arbrof·i	to experiment	
archaf etc.	gw. erchi	
archeb·u	to order	
archwil·i·o	to inspect	archwiliaf etc.
arddangos·	to display	arddangosaf etc.
arddel·	to acknowledge	*Pres. 3 Unig.* arddel (ef/hi)
ar-ddweud	to dictate	
arddywed·		*Pres. 3 Unig.* arddywed (ef/hi)

aredig   to plough

Presennol		*Gorberffaith*	
UNIGOL	LLUOSOG	UNIGOL	LLUOSOG
1 arddaf	arddwn	1 arddaswn	arddasem
2 erddi	erddwch	2 arddasit	arddasech
3 ardd	arddant	3 arddasai	arddasent
AMHERSONOL: erddir		AMHERSONOL: arddasid	

Amherffaith		*Gorffennol*	
UNIGOL	LLUOSOG	UNIGOL	LLUOSOG
1 arddwn	arddem	1 erddais	arddasom
2 arddit, *arddet*	arddech	2 erddaist	arddasoch
3 arddai	arddent	3 arddodd	arddasant
AMHERSONOL: erddid		AMHERSONOL: arddwyd	

	Gorchmynnol			*Dibynnol*	
UNIGOL	LLUOSOG		UNIGOL	LLUOSOG	
1 —	arddwn		1 arddwyf	arddom	
2 ardda	erddwch		2 erddych	arddoch	
3 ardded	arddent		3 arddo	arddont	
AMHERSONOL: ardder			AMHERSONOL: ardder		

Gellir hefyd ei hystyried yn ferf reolaidd â'r bôn *ared·*

areith·i·o	to make a speech	areithiaf etc.
arest·i·o	to arrest	arestiaf etc.
arfaeth·u	to intend	
arfer·	to use	*Pres. 3 Unig.* arfer (ef/hi)
arfog·i	to arm	
arglwyddiaeth·u	to govern	
argraffu	to print	

	Presennol		*Gorberffaith*	
UNIGOL	LLUOSOG	UNIGOL	LLUOSOG
1 argraffaf	argraffwn	1 argraffaswn	argraffasem
2 argreffi,	argreffwch,	2 argraffasit	argraffasech
argraffi	*argraffwch*		
3 argraffa	argraffant	3 argraffasai	argraffasent
AMHERSONOL: argreffir		AMHERSONOL: argraffasid	

Amherffaith

UNIGOL	LLUOSOG
1 argraffwn	argraffem
2 argraffit, *argraffet*	argraffech
3 argraffai	argraffent
AMHERSONOL: argreffid	

Gorffennol

UNIGOL	LLUOSOG
1 argreffais, *argraffais*	argraffasom, *argraffsom*, *argraffon ni*
2 argreffaist, *argraffaist*	argraffasoch, *argraffsoch*, *argraffoch*
3 argraffodd	argraffasant, *argraffson nhw*, *argraffon nhw*
AMHERSONOL: argraffwyd	

	Gorchmynnol		*Dibynnol*	
UNIGOL	LLUOSOG	UNIGOL	LLUOSOG
1 —	argraffwn	1 argraffwyf	argraffom
2 argraffa	argraffwch	2 argreffych	argraffoch
3 argraffed	argraffent	3 argraffo	argraffont
AMHERSONOL: argraffer		AMHERSONOL: argraffer	

40

argyhoedd·i to convince
argymell to recommend
argymhell·

Pres. 3 Unig. argymell, *argymhella*

Gorffennol		*Gorberffaith*	
LLUOSOG		UNIGOL	LLUOSOG
1 argymellasom, *argymhellon ni*		1 argymellaswn	argymellasem
2 argymellasoch, *argymhelloch*		2 argymellasit	argymellasech
3 argymellasant, *argymhellon nhw*		3 argymellasai	argymellasent
AMHERSONOL: argymhellwyd		AMHERSONOL: argymellasid	

arhol·i to examine

ariannu to finance

Presennol		*Gorberffaith*	
UNIGOL	LLUOSOG	UNIGOL	LLUOSOG
1 ariannaf	ariannwn	1 arianaswn	arianasem
2 arienni, *arianni*	ariennwch, *ariannwch*	2 arianasit	arianasech
3 arianna	ariannant	3 arianasai	arianasent
AMHERSONOL: ariennir		AMHERSONOL: arianasid	

Amherffaith	
UNIGOL	LLUOSOG
1 ariannwn	ariannem
2 ariannit, *ariannet*	ariannech
3 ariannai	ariannent
AMHERSONOL: ariennid	

Gorffennol	
UNIGOL	LLUOSOG
1 ariennais, *ariannais*	arianasom, *ariansom, ariannon ni*
2 ariennaist, *ariannaist*	arianasoch, *ariansoch, ariannoch*
3 ariannodd	arianasant, *arianson, ariannon nhw*
AMHERSONOL: ariannwyd	

Gorchmynnol		*Dibynnol*	
UNIGOL	LLUOSOG	UNIGOL	LLUOSOG
1 —	ariannwn	1 ariannwyf	ariannom
2 arianna	ariennwch, *ariannwch*	2 ariennych	ariannoch
3 arianned	ariannent	3 arianno	ariannont
AMHERSONOL: arianner		AMHERSONOL: arianner	

arloes·i to pioneer

arlun·i·o	to paint	Sylwch: arlunni (di); arlunnir; arlunnit ti; arlunnid

arlwy·o	to prepare food	
arllwys·	to pour	*Pres. 3 Unig.* arllwys (ef/hi)
arnof·i·o	to float	arnofiaf etc.
arogl·i	to smell	
arolyg·u	to supervise	
aros	to wait	
arhos·		*Pres. 3 Unig.* erys, *arhosa* (ef/hi)

Gorffennol		*Gorberffaith*	
LLUOSOG		UNIGOL	LLUOSOG
1 arosasom, *arhoson ni*		1 arosaswn	arosasem
2 arosasoch, *arhosoch*		2 arosasit	arosasech
3 arosasant, *arhoson nhw*		3 arosasai	arosasent
AMHERSONOL: arhoswyd		AMHERSONOL: arosasid	

arswyd·o	to dread	
arteith·i·o	to torture	arteithiaf etc.
arth·i·o	to growl	arthiaf etc.
arwain	to lead	
arwein·i·	arweiniaf etc.	*Pres. 3 Unig.* arwain, *arweinia* (ef/hi) *Gorch. 2 Unig.* arwain (di)

arwydd·o	to sign	
ases·u	to assess	
as·i·o	to join	asiaf etc.
astud·i·o	to study	astudiaf etc.
atafael·u	to sequester	
atal	to prevent	

Presennol		*Gorberffaith*	
UNIGOL	LLUOSOG	UNIGOL	LLUOSOG
1 ataliaf	ataliwn	1 ataliaswn	ataliasem
2 ateli, *atali*	ateliwch, *ataliwch*	2 ataliasit	ataliasech
3 *eteil, *atalia*	ataliant	3 ataliasai	ataliasent
AMHERSONOL: atelir		AMHERSONOL: ataliasid	

Amherffaith

UNIGOL	LLUOSOG
1 ataliwn	ataliem
2 atalit, *ataliet*	ataliech
3 ataliai	atalient
AMHERSONOL: atelid	

*ffurf hynafol, archaic form.

42

UNIGOL	LLUOSOG
1 ateliais, *ataliais*	ataliasom, *atalion ni*
2 ateliaist, *ataliaist*	ataliasoch, *atalioch*
3 ataliodd	ataliasant, *atalion nhw*
AMHERSONOL: ataliwyd	

Gorchmynnol

UNIGOL	LLUOSOG
1 —	ataliwn
2 atalia	ataliwch
3 atalied	atalient
AMHERSONOL: atalier	

Dibynnol

UNIGOL	LLUOSOG
1 ataliwyf	ataliom
2 ataliech	atalioch
3 atalio	ataliont
AMHERSONOL: atalier	

atalnod·i	to punctuate	
ateb·	to answer	*Pres. 3 Unig.* *etyb, ateb, *ateba* (ef/hi)
ateg·u	to support	
atgyfnerth·u	to replenish	
atgyfod·i	to resurrect	
atgynhyrch·u	to reproduce	
atgyweir·i·o	to repair	atgyweiriaf etc.
atod·i	to append	
atsein·i·o	to resound	atseiniaf etc.
athronydd·u	to philosophize	
awdurdod·i	to authorize	
awgrym·u	to suggest	

B

bac·i·o	to back	baciaf etc.
bach·u	to hook	
baedd·u	to soil	
bagl·u	to trip	
baldordd·i	to babble	
banc·i·o	to bank	banciaf etc.
barcut·a	to hang-glide	
barddon·i	to write poetry	
bargein·i·o	to bargain	bargeiniaf etc.
bar·i·o	to bar	bariaf

*ffurf hynafol, archaic form.

43

barnu   to judge

	Presennol		*Gorberffaith*	
UNIGOL	LLUOSOG	UNIGOL	LLUOSOG	
1 barnaf	barnwn	1 barnaswn	barnasem	
2 berni, *barni*	bernwch, *barnwch*	2 barnasit	barnasech	
3 barn	barnant	3 barnasai	barnasent	
AMHERSONOL: bernir		AMHERSONOL: barnasid		

Amherffaith

UNIGOL	LLUOSOG
1 barnwn	barnem
2 barnit, *barnet*	barnech
3 barnai	barnent
AMHERSONOL: bernid	

Gorffennol

UNIGOL	LLUOSOG
1 bernais, *barnais*	barnasom, *barnon ni*
2 bernaist, *barnaist*	barnasoch, *barnoch*
3 barnodd	barnasant, *barnon nhw*
AMHERSONOL: barnwyd	

	Gorchmynnol		*Dibynnol*	
UNIGOL	LLUOSOG	UNIGOL	LLUOSOG	
1 —	barnwn	1 barnwyf	barnom	
2 barn, *barna*	bernwch, *barnwch*	2 bernych	barnoch	
3 barned	barnent	3 barno	barnont	
AMHERSONOL: barner		AMHERSONOL: barner		

basged·u	to put in a basket
bat·i·o	to bat batiaf etc.
bath·u	to coin
bedydd·i·o	to baptize bedyddiaf etc.
beg·i·an	to beg begiaf etc.
beic·i·o	to cycle beiciaf etc.
beich·i·o	to sob beichiaf etc.
beidd·i·o	to dare beiddiaf etc. *Pres. 3 Unig.* baidd, *beiddia*
bei·o	to blame *Sylwch:* beii; beiid; beiir; beiit
beirniadu	to criticize

	Presennol		*Gorberffaith*	
UNIGOL	LLUOSOG	UNIGOL	LLUOSOG	
1 beirniadaf	beirniadwn	1 beirniadaswn	beirniadasem	
2 beirniedi, *beirniadi*	beirniedwch, *beirniadwch*	2 beirniadasit	beirniadasech	
3 beirniada	beirniadant	3 beirniadasai	beirniadasent	
AMHERSONOL: beirniedir		AMHERSONOL: beirniadasid		

UNIGOL	LLUOSOG
1 beirniadwn	beirniadem
2 beirniadit, *beirniadet*	beirniadech
3 beirniadai	beirniadent

AMHERSONOL: beirniedid

Gorffennol

UNIGOL	LLUOSOG
1 beirniedais, *beirniadais*	beirniadasom, *beirniadon ni*
2 beirniedaist, *beirniadaist*	beirniadasoch, *beirniadoch*
3 beirniadodd	beirniadasant, *beirniadon nhw*

AMHERSONOL: beirniadwyd

Gorchmynnol

UNIGOL	LLUOSOG
1 —	beirniadwn
2 beirniada	beirniedwch, *beirniadwch*
3 beirniaded	beirniadent

AMHERSONOL: beirniader

Dibynnol

UNIGOL	LLUOSOG
1 beirniadwyf	beirniadom
2 beirniedych	beirniadoch
3 beirniado	beirniadont

AMHERSONOL: beirniader

bendith·i·o	to bless	bendithiaf etc.
benthyc·a	to lend	*Pres. 3 Unig.* benthyg (ef/hi)
benthyc·i·		hefyd benthyciaf etc.
berw·i	to boil	
bet·i·o	to bet	betiaf etc.
bihaf·i·o	to behave	bihafiaf etc.
blagur·o	to sprout	
blas·u	to taste	
bling·o	to skin	
blin·o	to tire	
bloc·i·o	to block	blociaf etc.
blodeu·o	to flower	
bloedd·i·o	to shout	bloeddiaf etc.
blot·i·o	to blot	blotiaf etc.
blys·i·o	to crave	blysiaf etc.
bocs·i·o	to box	bocsiaf etc.
bod	to be	gw. hefyd t. 22

Presennol

UNIGOL	LLUOSOG
1 wyf, ydwyf, *rwyf*	ŷm, ydym, *rydym*
2 wyt, ydwyt, *rwyt*	ych, ydych, *rydych*
3 mae, ydyw, *yw*, oes	ŷnt, ydynt, *ydyn nhw*, maent, *maen nhw*

AMHERSONOL: ydys

Dyfodol

UNIGOL	LLUOSOG
1 byddaf	byddwn
2 byddi	byddwch
3 bydd	byddant, *byddan nhw*

AMHERSONOL: byddir

Amherffaith

UNIGOL	LLUOSOG
1 oeddwn, *roeddwn*	oeddem, *roeddem*
2 oeddit, oeddet, *roeddet*	oeddech, *roeddech*
3 oedd, ydoedd, *roedd*	oeddynt, oeddent, *oedden, roedden*

AMHERSONOL: oeddid

Amherffaith Arferiadol

UNIGOL	LLUOSOG
1 byddwn	byddem
2 byddit, *byddet*	byddech
3 byddai	byddent, *bydden nhw*

AMHERSONOL: byddid

Gorffennol

UNIGOL	LLUOSOG
1 bûm	buom
2 buost	buoch
3 bu	buont, *buon nhw*

AMHERSONOL: buwyd

Amodol

UNIGOL	LLUOSOG
1 buaswn	buasem
2 buasit	buasech
3 buasai	buasent, *buasen nhw*

AMHERSONOL: buasid

Dibynnol Presennol

UNIGOL	LLUOSOG
1 bwyf, *byddwyf*	bôm, byddom
2 byddych byddech	boch, byddoch
3 bo, byddo	bônt, byddont

AMHERSONOL: bydder

Dibynnol Amherffaith

UNIGOL	LLUOSOG
1 bawn	baem
2 bait	baech
3 bai	baent, *baen nhw*

AMHERSONOL: byddid, bid

Gorchmynnol gw. t. 25

bod·i·o	to thumb	bodiaf etc
bodlon·i	to satisfy	
bodol·i	to exist	

boddhau   to please

Presennol

UNIGOL	LLUOSOG
1 boddhaf	boddhawn
2 boddhei	boddhewch
3 boddha	boddhânt

AMHERSONOL: boddheir

Amherffaith

UNIGOL	LLUOSOG
1 boddhawn	boddhaem
2 boddhait, boddhaet	boddhaech
3 boddhâi	boddhaent

AMHERSONOL: boddheid

Gorchmynnol

UNIGOL	LLUOSOG
1 —	boddhawn
2 boddha	boddhewch
3 boddhaed	boddhaent

AMHERSONOL: boddhaer

Gorberffaith

UNIGOL	LLUOSOG
1 boddhaswn	boddhasem
2 boddhasit	boddhasech
3 boddhasai	boddhasent

AMHERSONOL: boddhasid

Gorffennol

UNIGOL	LLUOSOG
1 boddheais	boddhasom, boddhaon ni
2 boddheaist	boddhasoch, boddhaoch
3 boddhaodd	boddhasant, boddhaon nhw

AMHERSONOL: boddhawyd

Dibynnol

UNIGOL	LLUOSOG
1 boddhawyf	boddhaom
2 boddheych	boddhaoch
3 boddhao	boddhaont

AMHERSONOL: boddhaer

bodd·i	to drown	*Pres. 3 Unig.* bawdd, bodda (ef/hi)
bolaheul·o	to sunbathe	
bollt·i·o	to bolt	bolltiaf etc.
bom·i·o	to bomb	bomiaf etc.
botym·u	to button	
bowl·i·o	to bowl	bowliaf etc.
bradych·u	to betray	
braenaru	to fallow	

Presennol

UNIGOL	LLUOSOG
1 braenaraf	braenarwn
2 braeneri, *braenari*	braenerwch, *braenarwch*
3 braenara	braenarant

AMHERSONOL: braenerir

Amherffaith

UNIGOL	LLUOSOG
1 braenarwn	braenarem
2 braenarit, *braenaret*	braenarech
3 braenarai	braenarent

AMHERSONOL: braenerid

47

Gorffennol

UNIGOL	LLUOSOG
1 braenerais, *braenarais*	braenarasom, *braenaron ni*
2 braeneraist, *braenaraist*	braenarasoch, *braenaroch*
3 braenarodd	braenarasant, *braenaron nhw*

AMHERSONOL: braenarwyd

Gorberffaith

UNIGOL	LLUOSOG
1 braenaraswn	braenarasem
2 braenarasit	braenarasech
3 braenarasai	braenarasent

AMHERSONOL: braenarasid

Gorchmynnol

UNIGOL	LLUOSOG
1 —	braenarwn
2 braenara	braenerwch, *braenarwch*
3 braenared	brenarent

AMHERSONOL: braenarer

Dibynnol

UNIGOL	LLUOSOG
1 braenarwyf	braenarom
2 braenerych	braenaroch
3 braenaro	braenaront

AMHERSONOL: braenarer

---

brag·u   to brew

Sylwch ar y ffurfiau tra llenyddol: bregir; bregid

brasbwyth·o   to baste
brasgam·u   to stride
braslun·i·o   to sketch

gw. camu
brasluniaf etc.
Sylwch: braslunni di; braslunnir; braslunnit ti; braslunnid

brathu   to bite

Presennol

UNIGOL	LLUOSOG
1 brathaf	brathwn
2 brethi, *brathi*	brathwch
3 brath, *bratha*	brathant

AMHERSONOL: brethir, *brathir*

Amherffaith

UNIGOL	LLUOSOG
1 brathwn	brathem
2 brathit, *brathet*	brathech
3 brathai	brathent

AMHERSONOL: brethid, *brathid*

UNIGOL	LLUOSOG
1 brathais	brathasom, *brathon ni*
2 brathaist	brathasoch, *brathoch*
3 brathodd	brathasant, *brathon nhw*

AMHERSONOL: brathwyd

Gorberffaith

UNIGOL	LLUOSOG
1 brathaswn	brathasem
2 brathasit	brathasech
3 brathasai	brathasent

AMHERSONOL: brathasid

Gorchmynnol		*Dibynnol*	
UNIGOL	LLUOSOG	UNIGOL	LLUOSOG
1 —	brathwn	1 brathwyf	brathom
2 brath, *bratha*	brathwch	2 brethych	brathoch
3 brathed	brathent	3 bratho	brathont
AMHERSONOL: brather		AMHERSONOL: brather	

brawddeg·u	to phrase	
brawych·u	to terrify	
brec·i·o	to brake	breciaf etc.
brech·u	to vaccinate	
bref·u	to bleat	
breich·i·o		breichiaf etc.
brein·i·o	to honour	breiniaf etc.
breuddwyd·i·o	to dream	breuddwydiaf etc.
bric·i·o	to brick	briciaf etc.
brid·i·o	to breed	bridiaf etc.
brif·o	to hurt	
brig·o	to sprout	
brith·o	to dapple	
briw·i·o	to mince	briwiaf etc.
briwsion·i	to make crumbs	
brod·i·o	to embroider	brodiaf etc.
brol·i·o	to boast	broliaf etc.
brws·i·o	to brush	brwsiaf etc.
brwydr·o	to fight	
brych·u	to fleck	
brys·i·o	to hurry	brysiaf etc.
buddsodd·i	to invest	
bugeil·i·o	to shepherd	bugeiliaf etc.
busnes·a	to meddle	

bwngler·a to bungle
bwriadu to intend

Presennol

UNIGOL	LLUOSOG
1 bwriadaf	bwriadwn
2 bwriedi	bwriedwch, *bwriadwch*
3 bwriada	bwriadant

AMHERSONOL: bwriedir

Gorberffaith

UNIGOL	LLUOSOG
1 bwriadaswn	bwriadasem
2 bwriadasit	bwriadasech
3 bwriadasai	bwriadasent

AMHERSONOL: bwriadasid

Amherffaith

UNIGOL	LLUOSOG
1 bwriadwn	bwriadem
2 bwriadit, *bwriadet*	bwriadech
3 bwriadai	bwriadent

AMHERSONOL: bwriedid

Gorffennol

UNIGOL	LLUOSOG
1 bwriedais, *bwriadais*	bwriadasom, *bwriadsom, bwriadon ni*
2 bwriedaist, *bwriadaist*	bwriadasoch, *bwriadsoch, bwriadoch*
3 bwriadodd	bwriadasant, *bwriadson, bwriadon nhw*

AMHERSONOL: bwriadwyd

Gorchmynnol

UNIGOL	LLUOSOG
1 —	bwriadwn
2 bwriada	bwriedwch, *bwriadwch*
3 bwriaded	bwriadent

AMHERSONOL: bwriader

Dibynnol

UNIGOL	LLUOSOG
1 bwriadwyf	bwriadom
2 bwriedych	bwriadoch
3 bwriado	bwriadont

AMHERSONOL: bwriader

hefyd bwriaf etc.

bwr·w to strike
bwr·i·
bwyta to eat

Presennol

UNIGOL	LLUOSOG
1 bwytâf	bwytawn
2 bwytei	bwytewch
3 bwyty	bwytânt

AMHERSONOL: bwyteir

Gorberffaith

UNIGOL	LLUOSOG
1 bwytaswn	bwytasem
2 bwytasit	bwytasech
3 bwytasai	bwytasent

AMHERSONOL: bwytasid

50

UNIGOL	LLUOSOG
1 bwytawn	bwytaem
2 bwytait, *bwytaet*	bwytaech
3 bwytâi	bwytaent
AMHERSONOL: bwyteid	

Gorffennol

UNIGOL	LLUOSOG
1 bwyteais	bwytasom, *bwytaon ni*
2 bwyteaist	bwytasoch, *bwytaoch*
3 bwytaodd	bwytasant, *bwytaon nhw*
AMHERSONOL: bwytawyd	

Gorchmynnol

UNIGOL	LLUOSOG
1 —	bwytawn
2 bwyta	bwytâ
3 bwytaed	bwytaent
AMHERSONOL: bwytaer	

Dibynnol

UNIGOL	LLUOSOG
1 bwytawyf	bwytaom
2 bwyteych	bwytaoch
3 bwytao	bwytaont
AMHERSONOL: bwytaer	

bychan·u   to belittle

Sylwch ar y ffurfiau tra llenyddol:
bycheni; bychenir; bychenid;
bychenych (di)

byddar·u   to deafen

Sylwch ar y ffurfiau tra llenyddol:
bydderi; bydderir; bydderid;
bydderych (di)

bygwth   to threaten
bygyth·i·   bygythiaf etc.

Pres. 3 Unig. bygwth, bygythia (ef/hi)

bylch·u   to breach
byrhau   to shorten

Presennol

UNIGOL	LLUOSOG
1 byrhaf	byrhawn
2 byrhei	byrhewch
3 byrha	byrhânt
AMHERSONOL: byrheir	

Gorberffaith

UNIGOL	LLUOSOG
1 byrhaswn	byrhasem
2 byrhasit	byrhasech
3 byrhasai	byrhasent
AMHERSONOL: byrhasid	

Amherffaith

UNIGOL	LLUOSOG
1 byrhawn	byrhaem
2 byrhait, *byrhaet*	byrhaech
3 byrhâi	byrhaent
AMHERSONOL: byrheid	

Gorffennol

UNIGOL	LLUOSOG
1 byrheais	byrhasom, *byrhaon ni*
2 byrheaist	byrhasoch, *byrhaoch*
3 byrhaodd	byrhasant, *byrhaon nhw*
AMHERSONOL: byrhawyd	

| | *Gorchmynnol* | | *Dibynnol* |

	Gorchmynnol			*Dibynnol*	
UNIGOL	LLUOSOG		UNIGOL	LLUOSOG	
1 —	byrhawn		1 byrhawyf	byrhaom	
2 byrha	byrhewch		2 byrheych	byrhaoch	
3 byrhaed	byrhaent		3 byrhao	byrhaont	
AMHERSONOL: byrhaer			AMHERSONOL: byrhaer		

byrlym·u   to bubble
byrst·i·o   to burst   byrstiaf etc.
bysedd·u   to finger
bytheir·i·o   to threaten   bytheiriaf etc.
bywhau   to animate

	Presennol			*Gorberffaith*	
UNIGOL	LLUOSOG		UNIGOL	LLUOSOG	
1 bywhaf	bywhawn		1 bywhaswn	bywhasem	
2 bywhei	bywhewch		2 bywhasit	bywhasech	
3 bywha	bywhânt		3 bywhasai	bywhasent	
AMHERSONOL: bywheir			AMHERSONOL: bywhasid		

	Amherffaith			*Gorffennol*	
UNIGOL	LLUOSOG		UNIGOL	LLUOSOG	
1 bywhawn	bywhaem		1 bywheais	bywhasom, *bywhaon ni*	
2 bywhait, *bywhaet*	bywhaech		2 bywheaist	bywhasoch, *bywhaoch*	
3 bywhâi	bywhaent		3 bywhaodd	bywhasant, *bywhaon nhw*	
AMHERSONOL: bywheid			AMHERSONOL: bywhawyd		

	Gorchmynnol			*Dibynnol*	
UNIGOL	LLUOSOG		UNIGOL	LLUOSOG	
1 —	bywhawn		1 bywhawyf	bywhaom	
2 bywha	bywhewch		2 bywheych	bywhaoch	
3 bywhaed	bywhaent		3 bywhao	bywhaont	
AMHERSONOL: bywhaer			AMHERSONOL: bywhaer		

bywiocáu   to enliven

	Presennol			*Gorberffaith*	
UNIGOL	LLUOSOG		UNIGOL	LLUOSOG	
1 bywiocâf	bywiocawn		1 bywiocaswn	bywiocasem	
2 bywiocei	bywiocewch		2 bywiocasit	bywiocasech	
3 bywiocâ	bywiocânt		3 bywiocasai	bywiocasent	
AMHERSONOL: bywioceir			AMHERSONOL: bywiocasid		

Amherffaith

UNIGOL	LLUOSOG
1 bywiocawn	bywiocaem
2 bywiocait, *bywiocaet*	bywiocaech
3 bywiocâi	bywiocaent
AMHERSONOL: bywioceid	

Gorffennol

UNIGOL	LLUOSOG
1 bywioceais	bywiocasom, *bywiocaon ni*
2 bywioceaist	bywiocasoch, *bywiocaoch*
3 bywiocaodd	bywiocasant, *bywiocaon nhw*
AMHERSONOL: bywiocawyd	

Gorchmynnol

UNIGOL	LLUOSOG
1 —	bywiocawn
2 bywiocâ	bywiocewch
3 bywiocaed	bywiocaent
AMHERSONOL: bywiocaer	

Dibynnol

UNIGOL	LLUOSOG
1 bywiocawyf	bywiocaom
2 bywioceych	bywiocaoch
3 bywiocao	bywiocaont
AMHERSONOL: bywiocaer	

C

---

cablu to blaspheme

Presennol

UNIGOL	LLUOSOG
1 cablaf	cablwn
2 cebli, *cabli*	ceblwch, *cablwch*
3 cabla	cablant
AMHERSONOL: ceblir	

Gorberffaith

UNIGOL	LLUOSOG
1 cablaswn	cablasem
2 cablasit	cablasech
3 cablasai	cablasent
AMHERSONOL: cablasid	

Amherffaith

UNIGOL	LLUOSOG
1 cablwn	cablem
2 cablit, *cablet*	cablech
3 cablai	cablent
AMHERSONOL: ceblid	

Gorffennol

UNIGOL	LLUOSOG
1 ceblais, *cablais*	cablasom, *cablon ni*
2 ceblaist, *cablaist*	cablasoch, *cabloch*
3 cablodd	cablasant, *cablon nhw*
AMHERSONOL: cablwyd	

	Gorchmynnol			*Dibynnol*	
UNIGOL	LLUOSOG		UNIGOL	LLUOSOG	
1 —	cablwn		1 cablwyf	cablom	
2 cabla	ceblwch, *cablwch*		2 ceblych	cabloch	
3 cabled	cablent		3 cablo	cablont	
AMHERSONOL: cabler			AMHERSONOL: cabler		

cabol·i to shine
cach·u to defecate   *Pres. 3 Unig.* cach (ef/hi)
cadarnhau to confirm

	Presennol		*Gorberffaith*
UNIGOL	LLUOSOG	UNIGOL	LLUOSOG
1 cadarnhaf	cadarnhawn	1 cadarnhaswn	cadarnhasem
2 cadarnhei	cadarnhewch	2 cadarnhasit	cadarnhasech
3 cadarnha	cadarnhânt	3 cadarnhasai	cadarnhasent
AMHERSONOL: cadarnheir		AMHERSONOL: cadarnhasid	

Amherffaith

UNIGOL	LLUOSOG
1 cadarnhawn	cadarnhaem
2 cadarnhait, *cadarnhaet*	cadarnhaech
3 cadarnhâi	cadarnhaent
AMHERSONOL: cadarnheid	

Gorffennol

UNIGOL	LLUOSOG
1 cadarnheais	cadarnhasom, *cadarnhaon ni*
2 cadarnheaist	cadarnhasoch, *cadarnhaoch*
3 cadarnhaodd	cadarnhasant, *cadarnhaon nhw*
AMHERSONOL: cadarnhawyd	

	Gorchmynnol		*Dibynnol*
UNIGOL	LLUOSOG	UNIGOL	LLUOSOG
1 —	cadarnhawn	1 cadarnhawyf	cadarnhaom
2 cadarnha	cadarnhewch	2 cadarnheych	cadarnhaoch
3 cadarnhaed	cadarnhaent	3 cadarnhao	cadarnhaont
AMHERSONOL: cadarnhaer		AMHERSONOL: cadarnhaer	

cadeir·i·o to chair   cadeiriaf etc.
cadw to keep

	Presennol		*Gorberffaith*
UNIGOL	LLUOSOG	UNIGOL	LLUOSOG
1 cadwaf	cadwn	1 cadwaswn	cadwasem
2 cedwi	cadwch	2 cadwasit	cadwasech
3 ceidw, *cadwa*	cadwant	3 cadwasai	cadwasent
AMHERSONOL: cedwir		AMHERSONOL: cadwasid	

54

UNIGOL	LLUOSOG
1 cadwn	cadwem
2 cadwet	cadwech
3 cadwai	cadwent

AMHERSONOL: cedwid

Gorffennol

UNIGOL	LLUOSOG
1 cedwais, *cadwais*	cadwasom, *cadwon ni*
2 cedwaist, *cadwaist*	cadwasoch, *cadwoch*
3 cadwodd	cadwasant, *cadwon nhw*

AMHERSONOL: cadwyd

Gorchmynnol

UNIGOL	LLUOSOG
1 —	cadwn
2 cadw	cadwch
3 cadwed	cadwent

AMHERSONOL: cadwer

Dibynnol

UNIGOL	LLUOSOG
1 cadwyf	cadwom
2 cedwych	cadwoch
3 cadwo	cadwont

AMHERSONOL: cadwer

cadwyn·o	to chain
cael	to have

Presennol

UNIGOL	LLUOSOG
1 caf	cawn
2 cei	cewch
3 caiff	cânt

AMHERSONOL: ceir

Gorberffaith

UNIGOL	LLUOSOG
1 cawswn	cawsem
2 cawsit	cawsech
3 cawsai	cawsent

AMHERSONOL: cawsid

Amherffaith

UNIGOL	LLUOSOG
1 cawn	caem
2 caet	caech
3 câi	caent

AMHERSONOL: ceid

Gorffennol

UNIGOL	LLUOSOG
1 cefais	cawsom
2 cefaist	cawsoch
3 cafodd	cawsant, *cawson nhw*

AMHERSONOL: cafwyd

Gorchmynnol

UNIGOL	LLUOSOG
1 —	—
2 —	—
3 caffed, *caed*	caffent, *caent*

AMHERSONOL: caffer

Dibynnol

UNIGOL	LLUOSOG
1 caffwyf	caffom
2 ceffych	caffoch
3 caffo	caffont

AMHERSONOL: caffer

caethglud·o	to deport
caethiw·o	to imprison

calchu   to lime

	Presennol		*Gorberffaith*
UNIGOL	LLUOSOG	UNIGOL	LLUOSOG
1 calchaf	calchwn	1 calchaswn	calchasem
2 celchi, *calchi*	celchwch,	2 calchasit	calchasech
	calchwch		
3 calcha	calchant	3 calchasai	calchasent
AMHERSONOL: celchir, *calchir*		AMHERSONOL: calchasid	

Amherffaith

UNIGOL	LLUOSOG
1 calchwn	calchem
2 calchit, *calchet*	calchech
3 calchai	calchent
AMHERSONOL: celchid, *calchid*	

Gorffennol

UNIGOL	LLUOSOG
1 celchais, *calchais*	calchasom, *calchon ni*
2 celchaist, *calchaist*	calchasoch, *calchoch*
3 calchodd	calchasant, *calchon nhw*
AMHERSONOL: calchwyd	

	Gorchmynnol		*Dibynnol*
UNIGOL	LLUOSOG	UNIGOL	LLUOSOG
1 —	calchwn	1 calchwyf	calchom
2 calcha	celchwch,	2 celchych	calchoch
	calchwch		
3 calched	calchent	3 calcho	calchont
AMHERSONOL: calcher		AMHERSONOL: calcher	

caled·u   to harden

call·i·o   to get wiser   calliaf etc.

Sylwch ar y ffurfiau tra llenyddol: celli; cellir; cellid

camamser·u   to mistime

camarwain   to mislead

camarwein·i·   camarweiniaf etc.

camdreigl·o

camdyb·i·o   to mistake   camdybiaf etc.

camddeall   to misunderstand

Presennol

UNIGOL	LLUOSOG
1 camddeallaf	camddeallwn
2 camddeelli	camddeellwch, *camddeallwch*
3 camddealla	camddeallant
AMHERSONOL: camddeellir	

56

Amherffaith

UNIGOL	LLUOSOG
1 camddeallwn	camddeallem
2 camddeallit, *camddeallet*	camddeallech
3 camddeallai	camddeallent

AMHERSONOL: camddeellid

Gorffennol

UNIGOL	LLUOSOG
1 camddeellais, *camddeallais*	camddeallasom, *camddeallsom, camddeallon ni*
2 camddeellaist, *camddeallaist*	camddeallasoch, *camddeallsoch, camddealloch*
3 camddeallodd	camddeallasant, *camddeallson nhw, camddeallon nhw*

AMHERSONOL: camddeallwyd

Gorberffaith

UNIGOL	LLUOSOG
1 camddeallaswn	camddeallasem
2 camddeallasit	camddeallasech
3 camddeallasai	camddeallasent

AMHERSONOL: camddeallasid

Gorchmynnol		Dibynnol	
UNIGOL	LLUOSOG	UNIGOL	LLUOSOG
1 —	camddeallwn	1 camddeallwyf	camddeallom
2 camddealla	camddeellwch, *camddeallwch*	2 camddeellych	camddealloch
3 camddealled	camddeallent	3 camddeallo	camddeallont
AMHERSONOL: camddealler		AMHERSONOL: camddealler	

camddefnydd·i·o	to misuse	camddefnyddiaf etc.
camfarn·u	to misjudge	Gw. 'barnu' am y rhediad traddodiadol; gellir hefyd ei hystyried yn ferf reolaidd
camfihaf·i·o	to misbehave	camfihafiaf etc.
camgymryd	to mistake	
camgymer·		camgymeraf etc.
camochr·i	to go off-side	
camrif·o	to miscount	
camsefyll	to stand in the wrong place	Am y ffurfiau cryno, gw. 'sefyll'
camsyn·i·o	to mistake	camsyniaf etc.
		Sylwch: camsynni di, camsynnir, camsynnit ti, camsynnid

57

cam·u	to step	*Sylwch ar y ffurfiau tra llenyddol:* cemi; cemir; cemid; cemais; cemaist; cemych (di)
camymddwyn	to misbehave	Am y ffurfiau cryno, gw. 'ymddwyn'
canfas·i·o	to canvass	canfasiaf etc.
canfod	to perceive	

Presennol

UNIGOL	LLUOSOG
1 canfyddaf	canfyddwn
2 canfyddi	canfyddwch
3 cenfydd, canfydda	canfyddant

AMHERSONOL: canfyddir

Gorberffaith

UNIGOL	LLUOSOG
1 canfuaswn	canfuasem
2 canfuasit	canfuasech
3 canfuasai	canfuasent

AMHERSONOL: canfuasid

Amherffaith

UNIGOL	LLUOSOG
1 canfyddwn	canfyddem
2 canfyddit, *canfyddet*	canfyddech
3 canfyddai	canfyddent

AMHERSONOL: canfyddid

Gorffennol

UNIGOL	LLUOSOG
1 canfûm, *canfyddais*	canfuom, *canfyddon ni*
2 canfuost, *canfyddaist*	canfuoch, *canfyddoch*
3 canfu, *canfyddodd*	canfuant, *canfyddon nhw*

AMHERSONOL: canfuwyd

Gorchmynnol

UNIGOL	LLUOSOG
1 —	canfyddwn
2 cenfydd, canfydda	canfyddwch
3 canfydded	canfyddent

AMHERSONOL: canfydder

Dibynnol

UNIGOL	LLUOSOG
1 canfyddwyf	canfyddom
2 canfyddych	canfyddoch
3 canfyddo	canfyddont

AMHERSONOL: canfydder

caniatáu	to allow

Presennol

UNIGOL	LLUOSOG
1 caniatâf	caniatawn
2 caniatei	caniatewch
3 caniatâ	caniatânt

AMHERSONOL: caniateir

Gorberffaith

UNIGOL	LLUOSOG
1 caniataswn	caniatasem
2 caniatasit	caniatasech
3 caniatasai	caniatasent

AMHERSONOL: caniatasid

Amherffaith

UNIGOL	LLUOSOG
1 caniatawn	caniataem

Gorffennol

UNIGOL	LLUOSOG
1 caniateais	caniatasom, *caniataon ni*

2 caniatait, *caniataet*	caniataech		2 caniateaist	caniatasoch, *caniataoch*
3 caniatâi	caniataent		3 caniataodd	caniatasant, *caniataon nhw*

AMHERSONOL: caniateid   AMHERSONOL: caniatawyd

Gorchmynnol

UNIGOL	LLUOSOG
1 —	caniatawn
2 caniatâ	caniatewch
3 caniataed	caniataent

AMHERSONOL: caniataer

Dibynnol

UNIGOL	LLUOSOG
1 caniatawyf	caniataom
2 caniateych	caniataoch
3 caniatao	caniataont

AMHERSONOL: caniataer

canlyn·   to follow   *Pres. 3 Unig.* canlyn, canlyna (ef/hi); *Gorch. 2 Unig.* canlyn, canlyna (di)

canmol·   to praise
cann·u   to bleach

Gorffennol

LLUOSOG
1 canasom, *cannon ni*
2 canasoch, *cannoch*
3 canasant, *cannon nhw*

AMHERSONOL: cannwyd

Gorberffaith

UNIGOL	LLUOSOG
1 canaswn	canasem
2 canasit	canasech
3 canasai	canasent

AMHERSONOL: canasid

canolbwynt·i·o   to concentrate   canolbwyntiaf etc.
canol·i   to centralize
cansl·o   to cancel
canu   to sing

Presennol

UNIGOL	LLUOSOG
1 canaf	canwn
2 ceni	cenwch, *canwch*
3 cân, *cana*	canant

AMHERSONOL: cenir

Gorberffaith

UNIGOL	LLUOSOG
1 canaswn	canasem
2 canasit	canasech
3 canasai	canasent

AMHERSONOL: canasid

Amherffaith

UNIGOL	LLUOSOG
1 canwn	canem
2 canit, *canet*	canech
3 canai	canent

AMHERSONOL: cenid

Gorffennol

UNIGOL	LLUOSOG
1 cenais, *canais*	canasom, *cansom, canon ni*
2 cenaist, *canaist*	canasoch, *cansoch, canoch*
3 canodd	canasant, *canson, canon nhw*

AMHERSONOL: canwyd

	Gorchmynnol			*Dibynnol*	
UNIGOL	LLUOSOG		UNIGOL	LLUOSOG	
1 —	canwn		1 canwyf	canom	
2 cân, *cana*	cenwch, *canwch*		2 cenych	canoch	
3 caned	canent		3 cano	canont	
AMHERSONOL: caner			AMHERSONOL: caner		

carcharu　　　to imprison

Presennol

UNIGOL	LLUOSOG
1 carcharaf	carcharwn
2 carcheri, *carchari*	carcherwch, *carcharwch*
3 carchara	carcharant
AMHERSONOL: carcherir, carcharir	

Amherffaith

UNIGOL	LLUOSOG
1 carcharwn	carcharem
2 carcharit, *carcharet*	carcharech
3 carcharai	carcharent
AMHERSONOL: carcharid, carcherid	

Gorffennol

UNIGOL	LLUOSOG
1 carcherais, *carcharais*	carcharasom, *carcharsom,* *carcharon ni*
2 carcheraist, *carcharaist*	carcharasoch, *carcharsoch,* *carcharoch*
3 carcharodd	carcharasant, *carcharson,* *carcharon nhw*
AMHERSONOL: carcharwyd	

Gorberffaith

UNIGOL	LLUOSOG
1 carcharaswn	carcharasem
2 carcharasit	carcharasech
3 carcharasai	carcharasent
AMHERSONOL: carcharasid	

	Gorchmynnol			*Dibynnol*	
UNIGOL	LLUOSOG		UNIGOL	LLUOSOG	
1 —	carcharwn		1 carcharwyf	carcharom	
2 carchara	carcherwch, *carcharwch*		2 carcherych	carcharoch	
3 carchared	carcharent		3 carcharo	carcharont	
AMHERSONOL: carcharer			AMHERSONOL: carcharer		

cardot·a	to beg	
car·i·o	to carry	cariaf etc.
carlam·u	to gallop	*Sylwch ar y ffurfiau tra llenyddol:* carlemi; carlemir; carlemid; carlemych (di)
carped·u	to carpet	
cart·i·o	to cart	cartiaf etc.
carth·u	to muck out	*Sylwch ar y ffurfiau tra llenyddol:* certhi; certhir; certhid; certhych (di)
caru	to love	

caru   to love

Presennol

UNIGOL	LLUOSOG
1 caraf	carwn
2 ceri	cerwch, *carwch*
3 câr	carant
AMHERSONOL: cerir	

Gorberffaith

UNIGOL	LLUOSOG
1 caraswn	carasem
2 carasit	carasech
3 carasai	carasent
AMHERSONOL: carasid	

Amherffaith

UNIGOL	LLUOSOG
1 carwn	carem
2 carit, *caret*	carech
3 carai	carent
AMHERSONOL: cerid	

Gorffennol

UNIGOL	LLUOSOG
1 cerais, *carais*	carasom, *caron ni*
2 ceraist, *caraist*	carasoch, *caroch*
3 carodd	carasant, *caron nhw*
AMHERSONOL: carwyd	

Gorchmynnol

UNIGOL	LLUOSOG
1 —	carwn
2 câr	cerwch, *carwch*
3 cared	carent
AMHERSONOL: carer	

Dibynnol

UNIGOL	LLUOSOG
1 carwyf	carom
2 cerych	caroch
3 caro	caront
AMHERSONOL: carer	

casáu   to hate

Presennol

UNIGOL	LLUOSOG
1 casâf	casawn
2 casei	casewch
3 casâ	casânt
AMHERSONOL: caseir	

Gorberffaith

UNIGOL	LLUOSOG
1 casaswn	casasem
2 casasit	casasech
3 casasai	casasent
AMHERSONOL: casasid	

Amherffaith

UNIGOL	LLUOSOG
1 casawn	casaem
2 casait, *casaet*	casaech
3 casâi	casaent
AMHERSONOL: caseid	

Gorffennol

UNIGOL	LLUOSOG
1 caseais	casasom, *casaon ni*
2 caseaist	casasoch, *casaoch*
3 casaodd	casasant, *casaon nhw*
AMHERSONOL: casawyd	

Gorchmynnol

UNIGOL	LLUOSOG
1 —	casawn
2 casâ	casewch
3 casaed	casaent
AMHERSONOL: casaer	

Dibynnol

UNIGOL	LLUOSOG
1 casawyf	casaom
2 caseych	casaoch
3 casao	casaont
AMHERSONOL: casaer	

casglu   to collect

Presennol

UNIGOL	LLUOSOG
1 casglaf	casglwn
2 cesgli, *casgli*	cesglwch
3 casgl	casglant
AMHERSONOL: cesglir	

Gorberffaith

UNIGOL	LLUOSOG
1 casglaswn	casglasem
2 casglasit	casglasech
3 casglasai	casglasent
AMHERSONOL: casglasid	

Amherffaith

UNIGOL	LLUOSOG
1 casglwn	casglem
2 casglit, *casglet*	casglech
3 casglai	casglent
AMHERSONOL: cesglid	

Gorffennol

UNIGOL	LLUOSOG
1 cesglais, *casglais*	casglasom, *casglon ni*
2 cesglaist, *casglaist*	casglasoch, *casgloch*
3 casglodd	casglasant, *casglon nhw*
AMHERSONOL: casglwyd	

Gorchmynnol

UNIGOL	LLUOSOG
1 —	casglwn
2 casgla	cesglwch, *casglwch*
3 casgled	casglent
AMHERSONOL: casgler	

Dibynnol

UNIGOL	LLUOSOG
1 casglwyf	casglom
2 cesglych	casgloch
3 casglo	casglont
AMHERSONOL: casgler	

cast·i·o   to cast   castiaf etc.
cau   to close

Presennol		*Gorberffaith*	
UNIGOL	LLUOSOG	UNIGOL	LLUOSOG
1 caeaf	caewn	1 caeaswn	caeasem
2 caei	caewch	2 caeasit	caeasech
3 cae	caeant	3 caeasai	caeasent
AMHERSONOL: caeir		AMHERSONOL: caeasid, *caeesid*	

Amherffaith	
UNIGOL	LLUOSOG
1 caewn	caeem
2 caeit, *caeet*	caeech
3 caeai	caeent
AMHERSONOL: caeid	

Gorffennol	
UNIGOL	LLUOSOG
1 caeais	caeasom, *caeon ni*
2 caeaist	caeasoch, *caeoch*
3 caeodd	caeasant, *caeon nhw*
AMHERSONOL: caewyd	

Gorchmynnol		*Dibynnol*	
UNIGOL	LLUOSOG	UNIGOL	LLUOSOG
1 —	caewn	1 caewyf	caeom
2 cau, *caea*	caewch	2 caeych	caeoch
3 caeed	caeent	3 caeo	caeont
AMHERSONOL: caeer		AMHERSONOL: caeer	

cawl·i·o   to confuse   cawliaf etc.
cec·i·an   to stutter   ceciaf etc.
cecr·u   to quarrel
cefnog·i   to support
cefn·u   to turn one's back on
ceg·a   to mouth
ceib·i·o   to hack   ceibiaf etc.
ceis·i·o   to seek   ceisiaf etc.
    Pres. 3 Unig. cais (ef/hi)

cel·u   to conceal
cenfigenn·u   to envy   cenfigennaf etc.

Gorffennol	*Gorberffaith*	
LLUOSOG	UNIGOL	LLUOSOG
1 cenfigenasom, *cenfigennon ni*	1 cenfigenaswn	cenfigenasem
2 cenfigenasoch, *cenfigennoch*	2 cenfigenasit	cenfigenasech
3 cenfigenasant, *cenfigennon nhw*	3 cenfigenasai	cenfigenasent
AMHERSONOL: cenfigennwyd	AMHERSONOL: cenfigenasid	

cenhadu to proselytize

Presennol

UNIGOL	LLUOSOG
1 cenhadaf	cenhadwn
2 cenhedi,	cenhedwch,
cenhadi	*cenhadwch*
3 cenhada	cenhadant

AMHERSONOL: cenhedir

Amherffaith

UNIGOL	LLUOSOG
1 cenhadwn	cenhadem
2 cenhadit, *cenhadet*	cenhadech
3 cenhadai	cenhadent

AMHERSONOL: cenhedid

UNIGOL	LLUOSOG
1 cenhedais, *cenhadais*	cenadasom, *cenhadon ni*
2 cenhedaist, *cenhadaist*	cenadasoch, *cenhadoch*
3 cenhadodd	cenadasant, *cenhadon nhw*

AMHERSONOL: cenhadwyd

Gorchmynnol

UNIGOL	LLUOSOG
1 —	cenhadwn
2 cenhada	cenhedwch,
	cenhadwch
3 cenhaded	cenhadent

AMHERSONOL: cenhader

Gorberffaith

UNIGOL	LLUOSOG
1 cenadaswn	cenadasem
2 cenadasit	cenadasech
3 cenadasai	cenadasent

AMHERSONOL: cenadasid

Gorffennol

Dibynnol

UNIGOL	LLUOSOG
1 cenhadwyf	cenhadom
2 cenhedych	cenhadoch
3 cenhado	cenhadont

AMHERSONOL: cenhader

---

cenhedl·u to beget

Gorffennol

LLUOSOG
1 cenedlasom, *cenhedlon ni*
2 cenedlasoch, *cenhedloch*
3 cenedlasant, *cenhedlon nhw*

AMHERSONOL: cenhedlwyd

Gorberffaith

UNIGOL	LLUOSOG
1 cenedlaswn	cenedlasem
2 cenedlasit	cenedlasech
3 cenedlasai	cenedlasent

AMHERSONOL: cenedlasid

cerdd·ed	to walk	
cerf·i·o	to carve	cerfiaf etc.
cerflun·i·o	to sculpt	cerfluniaf etc.
		Sylwch: cerflunni di; cerflunnir;
		cerflunnit ti; cerflunnid
cerydd·u	to scold	
cic·i·o	to kick	ciciaf etc.
ciledrych·	to peep	ciledrychaf etc.

64

cil·i·o   to retreat   ciliaf etc.
cilwen·u   to smirk
ciniawa   to dine

Presennol		*Gorberffaith*	
UNIGOL	LLUOSOG	UNIGOL	LLUOSOG
1 ciniawaf	ciniawn	1 ciniawswn	ciniawsem
2 ciniewi	ciniewch	2 ciniawsit	ciniawsech
3 ciniawa	ciniawant	3 ciniawsai	ciniawsent
AMHERSONOL: ciniewir		AMHERSONOL: ciniawsid	

		Amherffaith	
UNIGOL		LLUOSOG	
1 ciniawn		ciniawem	
2 ciniawit, *ciniawet*		ciniawech	
3 ciniawai		ciniawent	
AMHERSONOL: ciniewid			

		Gorffennol	
UNIGOL		LLUOSOG	
1 ciniewais, *ciniawais*		ciniawsom, *ciniawon ni*	
2 ciniewaist, *ciniawaist*		ciniawsoch, *ciniawoch*	
3 ciniawodd		ciniawsant, *ciniawson nhw*	
AMHERSONOL: ciniawyd			

Gorchmynnol		*Dibynnol*	
UNIGOL	LLUOSOG	UNIGOL	LLUOSOG
1 —	ciniawn	1 ciniawyf	ciniawom
2 ciniawa	ciniewch	2 ciniewych	ciniawoch
3 ciniawed	ciniawent	3 ciniawo	ciniawont
AMHERSONOL: ciniawer		AMHERSONOL: ciniawer	

cip·i·o   to snatch   cipiaf etc.
ciw·i·o   to queue   ciwiaf etc.
claddu   to bury

Presennol		*Gorberffaith*	
UNIGOL	LLUOSOG	UNIGOL	LLUOSOG
1 claddaf	claddwn	1 claddaswn	claddasem
2 cleddi	cleddwch, *claddwch*	2 claddasit	claddasech
3 cladd	claddant	3 claddasai	claddasent
AMHERSONOL: cleddir		AMHERSONOL: claddasid	

		Amherffaith	
UNIGOL		LLUOSOG	
1 claddwn		claddem	
2 claddit, *claddet*		claddech	
3 claddai		claddent	
AMHERSONOL: cleddid			

UNIGOL	LLUOSOG
1 cleddais, *claddais*	claddasom, *claddon ni*
2 cleddaist, *claddaist*	claddasoch, *claddoch*
3 claddodd	claddasant, *claddon nhw*
AMHERSONOL: claddwyd	

Gorchmynnol		*Dibynnol*	
UNIGOL	LLUOSOG	UNIGOL	LLUOSOG
1 —	claddwn	1 claddwyf	claddom
2 cladda	cleddwch, *claddwch*	2 cleddych	claddoch
3 cladded	claddent	3 claddo	claddont
AMHERSONOL: cladder		AMHERSONOL: cladder	

clafych·u	to sicken	
clap·i·an	to tell tales	clapiaf etc.
clap·i·o	to clap	clapiaf etc.
clats·i·an	to crackle	clatsiaf etc.
clebr·an	to prattle	clebraf etc.
cleis·i·o	to bruise	cleisiaf etc.
clens·i·o	to clench	clensiaf etc.
clip·i·o	to clip	clipiaf etc.
clir·i·o	to clear	cliriaf etc.
cloc·i·o	to clock	clociaf etc.
clodfor·i	to praise	
clodd·i·o	to mine	cloddiaf etc.
cloff·i	to limp	
cloi	to lock	

Presennol		*Gorberffaith*	
UNIGOL	LLUOSOG	UNIGOL	LLUOSOG
1 clof, *cloaf*	clown	1 cloeswn	cloesem
2 cloi	clowch	2 cloesit	cloesech
3 *cly, clo	cloant	3 cloesai	cloesent
AMHERSONOL: cloir		AMHERSONOL: cloesid	

Amherffaith

UNIGOL	LLUOSOG
1 clown	cloem
2 cloit, *cloet*	cloech
3 cloai	cloent
AMHERSONOL: cloid	

*ffurf hynafol, archaic form.

	Gorffennol	
UNIGOL		LLUOSOG
1 clois, *cloais*		cloisom
2 cloist, *cloaist*		cloisoch
3 clodd		cloisant, *cloison nhw*
AMHERSONOL: clowyd		

Gorchmynnol		*Dibynnol*	
UNIGOL	LLUOSOG	UNIGOL	LLUOSOG
1 —	clown	1 clowyf	clôm
2 clo	clowch	2 cloech	cloch
3 cloed	cloent	3 clô	clônt
AMHERSONOL: cloer		AMHERSONOL: cloer	

cloriannu   to weigh

	Presennol
UNIGOL	LLUOSOG
1 cloriannaf	cloriannwn
2 clorienni, *clorianni*	cloriennwch, *cloriannwch*
3 clorianna	cloriannant
AMHERSONOL: cloriennir, *cloriannir*	

	Amherffaith
UNIGOL	LLUOSOG
1 cloriannwn	cloriannem
2 cloriannit, *cloriannet*	cloriannech
3 cloriannai	cloriannent
AMHERSONOL: cloriennid, *cloriannid*	

	Gorffennol
UNIGOL	LLUOSOG
1 cloriennais, *cloriannais*	clorianasom, *cloriansom, cloriannon ni*
2 cloriennaist, *cloriannaist*	clorianasoch, *cloriansoch, cloriannoch*
3 cloriannodd	clorianasant, *clorianson, cloriannon nhw*
AMHERSONOL: cloriannwyd	

	Gorberffaith
UNIGOL	LLUOSOG
1 clorianaswn	clorianasem
2 clorianasit	clorianasech
3 clorianasai	clorianasent
AMHERSONOL: clorianesid	

	Gorchmynnol		*Dibynnol*
UNIGOL	LLUOSOG	UNIGOL	LLUOSOG
1 —	cloriannwn	1 cloriannwyf	cloriannom
2 clorianna	cloriennwch,	2 cloriennych	cloriannoch
	cloriannwch		
3 clorianned	cloriannent	3 clorianno	cloriannont
AMHERSONOL: clorianner		AMHERSONOL: clorianner	

clos·i·o	to draw close	closiaf etc.
clud·o	to carry	
clustfein·i·o	to listen hard	clustfeiniaf etc.
clustnod·i	to earmark	
clwyd·o	to roost	
clwyf·o	to wound	
clym·u	to tie	
clyt·i·o	to patch	clytiaf etc.
clyw·ed	to hear	*Pres. 3 Unig.* clyw (ef/hi); *Gorch. 2 Unig.* clyw (di)
cneif·i·o	to shear	cneifiaf etc.
cneu·a	to gather nuts	
cnoc·i·o	to knock	cnociaf etc.
cnoi	to bite	

	Presennol		*Gorberffaith*
UNIGOL	LLUOSOG	UNIGOL	LLUOSOG
1 cnof, *cnoaf*	cnown	1 cnoeswn	cnoesem
2 cnoi	cnowch	2 cnoesit	cnoesech
3 cnoa	cnoant	3 cnoesai	cnoesent
AMHERSONOL: cnoir		AMHERSONOL: cnoesid	

Amherffaith

UNIGOL	LLUOSOG
1 cnown	cnoem
2 cnoit, *cnoet*	cnoech
3 cnoai	cnoent
AMHERSONOL: cnoid	

Gorffennol

UNIGOL	LLUOSOG
1 cnois, *cnoais*	cnoesom
2 cnoist, *cnoaist*	cnoesoch
3 cnôdd	cnoesant, *cnoeson nhw*
AMHERSONOL: cnowyd	

	Gorchmynnol		*Dibynnol*
UNIGOL	LLUOSOG	UNIGOL	LLUOSOG
1 —	cnown	1 cnowyf	cnôm

2 cnoa	cnowch	2 cnoech	cnoch
3 cnoed	cnoent	3 cnô	cnônt
AMHERSONOL: cnoer		AMHERSONOL: cnoer	

coch·i	to blush	
cod·i	to lift	*Pres. 3 Unig.* côd, cwyd, *coda* (ef/hi)
cod·i·o	to code	codiaf etc.
coeg·i·o	to cheat	coegiaf etc.
coel·i·o	to believe	coeliaf etc.
coeth·i	to refine	
cof·i·o	to remember	cofiaf etc.
cofleid·i·o	to embrace	cofleidiaf etc.
cofnod·i	to record	
cofrestr·u	to register	
coffáu	to commemorate	

Presennol / Gorberffaith

UNIGOL	LLUOSOG	UNIGOL	LLUOSOG
1 coffâf	coffawn	1 coffaswn	coffasem
2 coffei	coffewch	2 coffasit	coffasech
3 coffâ	coffânt	3 coffasai	coffasent
AMHERSONOL: coffeir		AMHERSONOL: coffasid	

Amherffaith

UNIGOL	LLUOSOG
1 coffawn	coffaem
2 coffait, *coffaet*	coffaech
3 coffâi	coffaent
AMHERSONOL: coffeid	

Gorffennol

UNIGOL	LLUOSOG
1 coffeais	coffasom, *coffaon ni*
2 coffeaist	coffasoch, *coffaoch*
3 coffaodd	coffasant, *coffaon nhw*
AMHERSONOL: coffawyd	

Gorchmynnol / Dibynnol

UNIGOL	LLUOSOG	UNIGOL	LLUOSOG
1 —	coffawn	1 coffawyf	coffaom
2 coffâ	coffewch	2 coffeych	coffaoch
3 coffaed	coffaent	3 coffao	coffaont
AMHERSONOL: coffaer		AMHERSONOL: coffaer	

cogin·i·o	to cook	coginiaf etc.
		Sylwch: coginni di; coginnir; coginnit ti; coginnid

colad·u	to collate	
coledd·u	to cherish	
colur·o	to colour	
collfarn·u	to condemn	Am ei rhediad traddodiadol gw 'barnu'; gellir hefyd ei hystyried yn ferf reolaidd
coll·i	to lose	*Pres. 3 Unig.* cyll (ef/hi); *Gorch. 2 Unig.* coll (di)
comisiyn·u	to commission	
compiwtereidd·i·o	to computerize	compiwtereiddiaf etc.
condemn·i·o	to condemn	condemniaf etc.
consur·i·o	to conjour	consuriaf etc.
cop·ï·o	to copy	copïaf, copïi etc.
cordedd·u	to twine	
cordd·i	to churn	
corlannu	to pen (sheep)	

Presennol

UNIGOL	LLUOSOG
1 corlannaf	corlannwn
2 corlenni, *corlanni*	corlennwch, *corlannwch*
3 corlanna	corlannant

AMHERSONOL: corlennir, *corlannir*

Amherffaith

UNIGOL	LLUOSOG
1 corlannwn	corlannem
2 corlannit, *corlannet*	corlannech
3 corlannai	corlannent

AMHERSONOL: corlennid, *corlannid*

Gorffennol

UNIGOL	LLUOSOG
1 corlennais, *corlannais*	corlanasom, *corlansom, corlannon ni*
2 corlennaist, *corlannaist*	corlanasoch, *corlansoch, corlannoch*
3 corlannodd	corlanasant, *corlanson, corlannon nhw*

AMHERSONOL: corlannwyd

Gorberffaith

UNIGOL	LLUOSOG
1 corlanaswn	corlanasem
2 corlanasit	corlanasech
3 corlanasai	corlanasent

AMHERSONOL: corlanesid

	Gorchmynnol		*Dibynnol*	
UNIGOL	LLUOSOG		UNIGOL	LLUOSOG
1 —	corlannwn		1 corlannwyf	corlannom
2 corlanna	corlennwch,		2 corlennych	corlannoch
	corlannwch			
3 corlanned	corlannent		3 corlanno	corlannont
AMHERSONOL: corlanner			AMHERSONOL: corlanner	

cornel·u	to corner	
corn·i·o	to gore	corniaf etc.
coron·i	to crown	
cosb·i	to punish	
cos·i	to itch	
cost·i·o	to cost	costiaf etc.
costrel·u	to bottle	
crac·i·o	to crack	craciaf etc.
crafang·u	to claw	*Sylwch ar y ffurfiau tra llenyddol:*
		crafengi; crafengir; crafengid;
		crafengych (di)
craf·u	to scratch	*Pres. 3 Unig.* craf (ef/hi)
craffu	to look intently	

	Presennol		*Gorberffaith*	
UNIGOL	LLUOSOG		UNIGOL	LLUOSOG
1 craffaf	craffwn		1 craffaswn	craffasem
2 creffi, *craffi*	creffwch, *craffwch*		2 craffasit	craffasech
3 craffa	craffant		3 craffasai	craffasent
AMHERSONOL: creffir, *craffir*			AMHERSONOL: craffasid	

	Amherffaith	
UNIGOL		LLUOSOG
1 craffwn		craffem
2 craffit, *craffet*		craffech
3 craffai		craffent
AMHERSONOL: creffid, *craffid*		

	Gorffennol	
UNIGOL		LLUOSOG
1 creffais, *craffais*		craffasom, *craffon ni*
2 creffaist, *craffaist*		craffasoch, *craffoch*
3 craffodd		craffasant, *craffon nhw*
AMHERSONOL: craffwyd		

	Gorchmynnol		*Dibynnol*	
UNIGOL	LLUOSOG		UNIGOL	LLUOSOG
1 —	craffwn		1 craffwyf	craffom
2 craffa	creffwch, *craffwch*		2 creffych	craffoch
3 craffed	craffent		3 craffo	craffont
AMHERSONOL: craffer			AMHERSONOL: craffer	

cras·u	to bake	*Pres. 3 Unig.* crâs, crasa (ef/hi)
		Gorch. 2 Unig. crâs, crasa (di)
		Sylwch ar y ffurfiau tra llenyddol:
		cresi; cresir; cresid; cresych (di)
crebach·u	to shrink	
crechwen·u	to smirk	
cred·u	to believe	*Pres. 3 Unig.* cred, *creda* (ef/hi);
		Gorch. 2 Unig. cred, creda (di)
cref·u	to implore	
crens·i·an	to crunch	crensiaf etc.
cre·u	to create	*Sylwch:* crëwn; crëwch, crëir, crëid, crëwyd
cribddeil·i·o	to plunder	cribddeiliaf etc.
cribin·i·o	to rake	cribiniaf etc. *Sylwch:* cribinni di; cribinnir; cribinnit ti; cribinnid
crib·o	to comb	
crin·o	to wither	
cri·o	to cry	
crip·i·an	to crawl	cripiaf etc.
crisial·u	to crystallize	*Sylwch ar y ffurfiau tra llenyddol:* crisieli; crisielir; crisielid; crisielych (di)
croesawu	to welcome	

Presennol

UNIGOL	LLUOSOG
1 croesawaf	croesawn
2 croesewi, *croesawi*	croesewch
3 croesawa	croesawant

AMHERSONOL: croesewir, *croesawir*

Gorberffaith

UNIGOL	LLUOSOG
1 croesawswn	croesawsem
2 croesawsit	croesawsech
3 croesawsai	croesawsent

AMHERSONOL: croesawsid

Amherffaith

UNIGOL	LLUOSOG
1 croesawn	croesawem
2 croesawit, *croesawet*	croesawech
3 croesawai	croesawent

AMHERSONOL: croesewid, *croesawid*

Gorffennol

UNIGOL	LLUOSOG
1 croesewais, *croesawais*	croesawsom, *croesawon ni*
2 croesewaist, *croesawaist*	croesawsoch, *croesawoch*
3 croesawodd	croesawsant, *croesawon nhw*

AMHERSONOL: croesawyd

Gorchmynnol

UNIGOL	LLUOSOG
1 —	croesawn

Dibynnol

UNIGOL	LLUOSOG
1 croesawyf	croesawom

2 croesawa	croesewch	2 croesewych	croesawoch
3 croesawed	croesawent	3 croesawo	croesawont
AMHERSONOL: croesawer		AMHERSONOL: croesawer	

croes-ddweud	to contradict		
croes-ddywed·			
croesgyfeir·i·o	to cross·refer	croesgyfeiriaf etc.	
croeshoel·i·o	to crucify	croeshoeliaf etc.	
croeshol·i	to cross·question		
croes·i	to cross		
crog·i	to hang		
cronn·i	to amass	*Pres. 3 Unig.* crawn, cronna (ef/hi)	

Gorffennol		*Gorberffaith*	
LLUOSOG		UNIGOL	LLUOSOG
1 cronasom, *cronsom, cronnon ni*		1 cronaswn	cronasem
2 cronasoch, *cronsoch, cronnoch*		2 cronasit	cronasech
3 cronasant, *cronson nhw, cronon nhw*		3 cronasai	cronasent
AMHERSONOL: cronnwyd		AMHERSONOL: cronasid	

crop·i·an	to crawl	cropiaf etc.	
cros·i·o	to crochet	crosiaf etc.	
crwydr·o	to wander		
crybwyll·	to mention		
crych·u	to wrinkle	*Pres. 3 Unig.* crych (ef/hi)	
cryfhau	to strengthen		

Presennol		*Gorberffaith*	
UNIGOL	LLUOSOG	UNIGOL	LLUOSOG
1 cryfhaf	cryfhawn	1 cryfhaswn	cryfhasem
2 cryfhei	cryfhewch	2 cryfhasit	cryfhasech
3 cryfha	cryfhânt	3 cryfhasai	cryfhasent
AMHERSONOL: cryfheir		AMHERSONOL: cryfasid	

Amherffaith	
UNIGOL	LLUOSOG
1 cryfhawn	cryfhaem
2 cryfhait, *cryfhaet*	cryfhaech
3 cryfhâi	cryfhaent
AMHERSONOL: cryfheid	

Gorffennol	
UNIGOL	LLUOSOG
1 cryfheais	cryfhasom, *cryfhaon ni*
2 cryfheaist	cryfhasoch, *cryfhaoch*
3 cryfhaodd	cryfhasant, *cryfhaon nhw*
AMHERSONOL: cryfheid	

Gorchmynnol		*Dibynnol*	
UNIGOL	LLUOSOG	UNIGOL	LLUOSOG
1 —	cryfhawn	1 cryfhawyf	cryfhaom
2 cryfha	cryfhewch	2 cryfheych	cryfhaoch
3 cryfhaed	cryfhaent	3 cryfhao	cryfhaont
AMHERSONOL: cryfhaer		AMHERSONOL: cryfhaer	

cryman·u to slice (a kick)
crynhoi to summarize

Presennol		*Gorberffaith*	
UNIGOL	LLUOSOG	UNIGOL	LLUOSOG
1 crynhof	crynhown	1 crynhoeswn	crynhoesem
2 crynhoi	crynhowch	2 crynhoesit	crynhoesech
3 crynhoa	crynhoant	3 crynhoesai	crynhoesent
AMHERSONOL: crynhoir		AMHERSONOL: crynhoesid	

Amherffaith	
UNIGOL	LLUOSOG
1 crynhown	crynhoem
2 crynhoit, *crynhoet*	crynhoech
3 crynhoai	crynhoent
AMHERSONOL: crynhoid	

Gorffennol	
UNIGOL	LLUOSOG
1 crynhois, *crynhoais*	crynhoesom
2 crynhoist, *crynhoaist*	crynhoesoch
3 crynhodd	crynhoesant
AMHERSONOL: crynhowyd	

Gorchmynnol		*Dibynnol*	
UNIGOL	LLUOSOG	UNIGOL	LLUOSOG
1 —	crynhown	1 crynhowyf	crynhôm
2 crynhoa	crynhowch	2 crynhoych	crynhoch
3 crynhoed	crynhoent	3 crynho	crynhônt
AMHERSONOL: crynhoer		AMHERSONOL: crynhoer	

cryn·u to shiver — *Pres. 3 Unig.* crŷn, cryn (ef/hi)
cuch·i·o to scowl — cuchiaf etc.
cudd·i·o to hide — *Pres. 3 Unig.* cudd (ef/hi)
Gorch. 2 Unig. cudd (di)

cur·o to beat
cusan·u to kiss — *Sylwch ar y ffurfiau tra llenyddol:* cuseni; cusenir; cusenid; cusenych (di)

74

cwblhau   to complete

Presennol		*Gorberffaith*	
UNIGOL	LLUOSOG	UNIGOL	LLUOSOG
1 cwblhaf	cwblhawn	1 cwblhaswn	cwblhasem
2 cwblhei	cwblhewch	2 cwblhasit	cwblhasech
3 cwblha	cwblhânt	3 cwblhasai	cwblhasent
AMHERSONOL: cwblheir		AMHERSONOL: cwblhasid	

Amherffaith

UNIGOL	LLUOSOG
1 cwblhawn	cwblhaem
2 cwblhait, *cwblhaet*	cwblhaech
3 cwblhâi	cwblhaent
AMHERSONOL: cwblheid	

Gorffennol

UNIGOL	LLUOSOG
1 cwblheais	cwblhasom, *cwblhaon ni*
2 cwblheaist	cwblhasoch, *cwblhaoch*
3 cwblhaodd	cwblhasant, *cwblhaon nhw*
AMHERSONOL: cwblhawyd	

Gorchmynnol		*Dibynnol*	
UNIGOL	LLUOSOG	UNIGOL	LLUOSOG
1 —	cwblhawn	1 cwblhawyf	cwblhaom
2 cwblha	cwblhewch	2 cwblheych	cwblhaoch
3 cwblhaed	cwblhaent	3 cwblhao	cwblhaont
AMHERSONOL: cwblhaer		AMHERSONOL: cwblhaer	

cweryl·a   to quarrel
cwff·i·o   to fight   cwffiaf etc.
cwmpas·u   to encompass
cwymp·o   to fall   *Pres. 3 Unig.* cwymp (ef/hi)
cwyn·o   to complain
cychwyn   to start
  cychwynn   cychwynnaf etc.

Gorffennol		*Gorberffaith*
LLUOSOG	UNIGOL	LLUOSOG
1 cychwynasom, *cychwynsom,* *cychwynnon ni*	1 cychwynaswn	cychwynasem
2 cychwynasoch, *cychwynsoch,* *cychwynnoch*	2 cychwynasit	cychwynasech
3 cychwynasant, *cychwynson* *nhw, cychwynnon nhw*	3 cychwynasai	cychwynasent
AMHERSONOL: cychwynnwyd	AMHERSONOL: cychwynasid	

cydbwys·o   to balance

cyd·dynn·u   to co-operate

Gorffennol

LLUOSOG
1 cyd-dynasom, *cyd-dynsom,*
  cyd-dynnon ni
2 cyd-dynasoch, *cyd-dynsoch,*
  cyd-dynnoch
3 cyd-dynasant, *cyd-dynson nhw,*
  cyd-dynnon nhw
AMHERSONOL: cyd-dynnwyd

Gorberffaith

UNIGOL	LLUOSOG
1 cyd-dynaswn	cyd-dynasem
2 cyd-dynasit	cyd-dynasech
3 cyd-dynasai	cyd-dynasent

AMHERSONOL: cyd-dynasid

cyd·i·o   to grasp   cydiaf etc.
cydlyn·u   to co-ordinate
cydnabod   to acknowledge

Presennol

UNIGOL	LLUOSOG
1 cydnabyddaf	cydnabyddwn
2 cydnabyddi	cydnabyddwch
3 cydnebydd	cydnabyddant

AMHERSONOL: cydnabyddir

Gorberffaith

UNIGOL	LLUOSOG
1 cydnabuaswn	cydnabuasem
2 cydnabuasit	cydnabuasech
3 cydnabuasai	cydnabuasent

AMHERSONOL: cydnabuasid

Amherffaith

UNIGOL	LLUOSOG
1 cydnabyddwn	cydnabyddem
2 cydnabyddit, *cydnabyddet*	cydnabyddech
3 cydnabyddai	cydnabyddent

AMHERSONOL: cydnabyddid

Gorffennol

UNIGOL	LLUOSOG
1 cydnabûm, *cydnabyddais*	cydnabuasom, *cydnabyddon ni*
2 cydnabuost, *cydnabyddaist*	cydnabuasoch, *cydnabyddoch*
3 cydnabu, *cydnabyddodd*	cydnabuasant, *cydnabyddon nhw*

AMHERSONOL: cydnabuwyd

Gorchmynnol

UNIGOL	LLUOSOG
1 —	cydnabyddwn
2 cydnabydda	cydnabyddwch
3 cydnabydded	cydnabyddent

AMHERSONOL: cydnabydder

Dibynnol

UNIGOL	LLUOSOG
1 cydnabyddwyf	cydnabyddom
2 cydnabyddych	cydnabyddoch
3 cydnabyddo	cydnabyddont

AMHERSONOL: cydnabydder

cydoes·i   to be contemporary
cydosod·

cydsyn·i·o	to agree	cydsyniaf etc.
		Sylwch: cydsynni di; cydsynnir;
		cydsynnit ti; cydsynnid
cydweith·i·o	to work together	cydweithiaf etc.
cydweithred·u	to co-operate	
cydymdeiml·o	to sympathize	
cydymffurf·i·o	to conform	cydymffurfiaf etc.
cyfaddawd·u	to compromise	
cyfaddef·	to admit	*Pres. 3 Unig.* cyfeddyf, cyfaddef (ef/hi)
cyfang·u	to contract	
cyfamod·i	to covenant	
cyfannu	to make whole	*Sylwch ar y ffurfiau tra llenyddol:*
		cyfenni; cyfennir; cyfennid;
		cyfennych (di)

Gorffennol		*Gorberffaith*	
LLUOSOG		UNIGOL	LLUOSOG
1 cyfanasom, *cyfansom, cyfannon ni*		1 cyfanaswn	cyfanasem
2 cyfanasoch, *cyfansoch, cyfannoch*		2 cyfanasit	cyfanasech
3 cyfanasant, *cyfanson, cyfannon nhw*		3 cyfanasai	cyfanasent
AMHERSONOL: cyfannwyd		AMHERSONOL: cyfanasid	

cyfansodd·i	to compose
cyfanwerth·u	to wholesale
cyfarch	to greet

Presennol		*Gorberffaith*	
UNIGOL	LLUOSOG	UNIGOL	LLUOSOG
1 cyfarchaf	cyfarchwn	1 cyfarchaswn	cyfarchasem
2 cyferchi	cyferchwch,	2 cyfarchasit	cyfarchasech
	cyfarchwch		
3 cyfarch	cyfarchant	3 cyfarchasai	cyfarchasent
AMHERSONOL: cyferchir		AMHERSONOL: cyfarchasid	

Amherffaith	
UNIGOL	LLUOSOG
1 cyfarchwn	cyfarchem
2 cyfarchit, *cyfarchet*	cyfarchech
3 cyfarchai	cyfarchent
AMHERSONOL: cyferchid	

Gorffennol	
UNIGOL	LLUOSOG
1 cyferchais, *cyfarchais*	cyfarchasom, *cyfarchon ni*
2 cyferchaist, *cyfarchaist*	cyfarchasoch, *cyfarchoch*
3 cyfarchodd	cyfarchasant, *cyfarchon nhw*
AMHERSONOL: cyfarchwyd	

	Gorchmynnol			Dibynnol	
UNIGOL	LLUOSOG		UNIGOL	LLUOSOG
1 —	cyfarchwn		1 cyfarchwyf	cyfarchom
2 cyfarcha	cyfarchwch		2 cyferchych	cyfarchoch
3 cyfarched	cyfarchent		3 cyfarcho	cyfarchont
AMHERSONOL: cyfarcher			AMHERSONOL: cyfarcher	

cyfaredd·u   to enchant
cyfarfod   to meet
Defnyddiwch y ffurf gwmpasog *Rwy'n cyfarfod* ar gyfer y *Presennol*.

	Dyfodol			Gorberffaith	
UNIGOL	LLUOSOG		UNIGOL	LLUOSOG
1 cyfarfyddaf	cyfarfyddwn		1 cyfarfuaswn	cyfarfuasem
2 cyfarfyddi	cyfarfyddwch		2 cyfarfuasit	cyfarfuasech
3 cyferfydd	cyfarfyddant		3 cyfarfuasai	cyfarfuasent
AMHERSONOL: cyfarfyddir			AMHERSONOL: cyfarfuasid	

Amherffaith
UNIGOL	LLUOSOG
1 cyfarfyddwn	cyfarfyddem
2 cyfarfyddit, *cyfarfyddet*	cyfarfyddech
3 cyfarfyddai	cyfarfyddent
AMHERSONOL: cyfarfyddid	

Gorffennol
UNIGOL	LLUOSOG
1 cyfarfûm, *cyfarfyddais*	cyfarfuasom, *cyfarfyddon ni*
2 cyfarfuost, *cyfarfyddaist*	cyfarfuasoch, *cyfarfyddoch*
3 cyfarfu, *cyfarfyddodd*	cyfarfuasant, *cyfarfyddon nhw*
AMHERSONOL: cyfarfuwyd	

	Gorchmynnol			Dibynnol	
UNIGOL	LLUOSOG		UNIGOL	LLUOSOG
1 —	cyfarfyddwn		1 cyfarfyddwyf	cyfarfyddom
2 cyfarfydda	cyfarfyddwch		2 cyfarfyddych	cyfarfyddoch
3 cyfarfydded	cyfarfyddent		3 cyfarfyddo	cyfarfyddont
AMHERSONOL: cyfarfydder			AMHERSONOL: cyfarfydder	

cyfarth   to bark

	Presennol			Gorberffaith	
UNIGOL	LLUOSOG		UNIGOL	LLUOSOG
1 cyfarthaf	cyfarthwn		1 cyfarthaswn	cyfarthasem
2 cyferthi	cyferthwch, *cyfarthwch*		2 cyfarthasit	cyfarthasech
3 cyfarth	cyfarthant		3 cyfarthasai	cyfarthasent
AMHERSONOL: cyferthir			AMHERSONOL: cyfarthasid	

Amherffaith

UNIGOL	LLUOSOG
1 cyfarthwn	cyfarthem
2 cyfarthit, *cyfarthet*	cyfarthech
3 cyfarthai	cyfarthent

AMHERSONOL: cyferthid

Gorffennol

UNIGOL	LLUOSOG
1 cyferthais, *cyfarthais*	cyfarthasom, *cyfarthon ni*
2 cyferthaist, *cyfarthaist*	cyfarthasoch, *cyfarthoch*
3 cyfarthodd	cyfarthasant, *cyfarthon nhw*

AMHERSONOL: cyfarthwyd

Gorchmynnol

UNIGOL	LLUOSOG
1 —	cyfarthwn
2 cyfartha	cyfarthwch
3 cyfarthed	cyfarthent

AMHERSONOL: cyfarther

Dibynnol

UNIGOL	LLUOSOG
1 cyfarthwyf	cyfarthom
2 cyferthych	cyfarthoch
3 cyfartho	cyfarthont

AMHERSONOL: cyfarther

cyfarwydd·o	to direct
cyfateb·	to correspond (to)
cyfathrach·u	to mix

Pres. 3 Unig. cyfetyb, cyfateba (ef/hi)
Sylwch ar y ffurfiau tra llenyddol:
cyfathrechi; cyfathrechir;
cyfathrechid; cyfathrechych (di)

cyfathreb·u	to communicate
cyfeddach	to carouse

Defnyddiwch y ffurfiau cwmpasog;
nid yw'n cael ei redeg.

cyfeil·i·o	to accompany
cyfeiliorn·i	to stray
cyfeiriann·u	to orienteer

cyfeiliaf etc.

Gorffennol

LLUOSOG
1 cyfeirianasom, *cyfeiriansom,*
   cyfeiriannon ni
2 cyfeirianasoch, *cyfeiriansoch,*
   cyfeiriannoch
3 cyfeirianasant, *cyfeirianson nhw,*
   cyfeiriannon nhw

AMHERSONOL: cyfeiriannwyd

Gorberffaith

UNIGOL	LLUOSOG
1 cyfeirianaswn	cyfeirianasem
2 cyfeirianasit	cyfeirianasech
3 cyfeirianasai	cyfeirianasent

AMHERSONOL: cyfeirianasid

cyfeir·i·o   to direct   cyfeiriaf etc.

cyferbynnu   to contrast
cyferbyn· *neu* cyferbyn·i·

Presennol

UNIGOL	LLUOSOG
1 cyferbynnaf, cyferbyniaf	cyferbynnwn, cyferbyniwn
2 cyferbynni	cyferbynnwch, cyferbyniwch
3 cyferbynna, cyferbynia	cyferbynnant, cyferbyniant

AMHERSONOL: cyferbynnir

Amherffaith

UNIGOL	LLUOSOG
1 cyferbynnwn, cyferbyniwn	cyferbynnem, cyferbyniem
2 cyferbynnit, *cyferbynnet,*	cyferbynnech, cyferbyniech
cyferbyniet	
3 cyferbynna, cyferbynia	cyferbynnent, cyferbynient

AMHERSONOL: cyferbynnid

Gorffennol

UNIGOL	LLUOSOG
1 cyferbynnais, cyferbyniais	cyferbyn(i)asom,
	cyferbyn(n/i)on ni
2 cyferbynnaist, cyferbyniaist	cyferbyn(i)asoch,
	cyferbyn(n/i)och
3 cyferbynnodd, cyferbyniodd	cyferbyn(i)asant,
	cyferbyn(n/i)on nhw

AMHERSONOL: cyferbynnwyd, cyferbyniwyd

Gorberffaith

UNIGOL	LLUOSOG
1 cyferbyn(i)aswn	cyferbyn(i)asem
2 cyferbyn(i)asit	cyferbyn(i)asech
3 cyferbyn(i)asai	cyferbyn(i)asent

AMHERSONOL: cyferbyn(i)asid

Gorchmynnol

UNIGOL	LLUOSOG
1 —	cyferbynnwn, cyferbyniwn
2 cyferbynna, cyferbynia	cyferbynnwch, cyferbyniwch
3 cyferbynned, cyferbynied	cyferbynnent, cyferbynient

AMHERSONOL: cyferbynner, cyferbynier

Dibynnol

UNIGOL	LLUOSOG
1 cyferbynnwyf, cyferbyniwyf	cyferbynnom, cyferbyniom
2 cyferbynnych, cyferbyniech	cyferbynnoch, cyferbynioch
3 cyferbynno, cyferbynio	cyferbynnont, cyferbyniont

AMHERSONOL: cyferbynner, cyferbynier

cyfiawnhau   to justify

Presennol

UNIGOL	LLUOSOG
1 cyfiawnhaf	cyfiawnhawn
2 cyfiawnhei	cyfiawnhewch
3 cyfiawnha	cyfiawnhânt

AMHERSONOL: cyfiawnheir

Gorberffaith

UNIGOL	LLUOSOG
1 cyfiawnhaswn	cyfiawnhasem
2 cyfiawnhasit	cyfiawnhasech
3 cyfiawnhasai	cyfiawnhasent

AMHERSONOL: cyfiawnhasid

Amherffaith

UNIGOL	LLUOSOG
1 cyfiawnhawn	cyfiawnhaem
2 cyfiawnhait, *cyfiawnhaet*	cyfiawnhaech
3 cyfiawnhâi	cyfiawnhaent

AMHERSONOL: cyfiawnheid

Gorffennol

UNIGOL	LLUOSOG
1 cyfiawnheais	cyfiawnhasom, *cyfiawnhaon ni*
2 cyfiawnheaist	cyfiawnhasoch, *cyfiawnhaoch*
3 cyfiawnhaodd	cyfiawnhasant, *cyfiawnhaon nhw*

AMHERSONOL: cyfiawnhawyd

Gorchmynnol

UNIGOL	LLUOSOG
1 —	cyfiawnhawn
2 cyfiawnha	cyfiawnhewch
3 cyfiawnhaed	cyfiawnhaent

AMHERSONOL: cyfiawnhaer

Dibynnol

UNIGOL	LLUOSOG
1 cyfiawnhawyf	cyfiawnhaom
2 cyfiawnheych	cyfiawnhaoch
3 cyfiawnhao	cyfiawnhaont

AMHERSONOL: cyfiawnhaer

---

cyfieith·u   to translate
cyflawn·i   to fulfil
cyflenwi   to supply

Presennol

UNIGOL	LLUOSOG
1 cyflanwaf, cyflenwaf	cyflanwn, cyflenwn
2 cyflenwi	cyflenwch
3 cyflanwa, cyflenwa	cyflanwant

AMHERSONOL: cyflenwir

Amherffaith

UNIGOL	LLUOSOG
1 cyflanwn, cyflenwn	cyflanwem, cyflenwem
2 cyflanwit, cyflenwit, *cyflanwet, cyflenwet*	cyflanwech, cyflenwech
3 cyflanwai, cyflenwai	cyflanwent, cyflenwent

AMHERSONOL: cyflenwid

81

Gorffennol

UNIGOL	LLUOSOG
1 cyflenwais	cyflanwasom, cyflenwasom, *cyflenwon ni*
2 cyflenwaist	cyflanwasoch, cyflenwasoch, *cyflenwoch*
3 cyflanwodd, cyflenwodd	cyflanwasant, cyflenwasant, *cyflenwon nhw*

AMHERSONOL: cyflanwyd, cyflenwyd

Gorberffaith

UNIGOL	LLUOSOG
1 cyflenwaswn	cyflenwasem
2 cyflenwasit	cyflenwasech
3 cyflenwasai	cyflenwasent

AMHERSONOL: cyflenwir

Gorchmynnol		Dibynnol	
UNIGOL	LLUOSOG	UNIGOL	LLUOSOG
1 —	cyflanwn	1 cyflanwyf	cyflanwom
2 cyflanwa	cyflenwch	2 cyflenwych	cyflanwoch
3 cyflanwed	cyflanwent	3 cyflanwo	cyflanwont
AMHERSONOL: cyflanwer		AMHERSONOL: cyflanwer	

cyfleu   to imply

Presennol

UNIGOL	LLUOSOG
1 cyfleaf	cyflewn
2 cyflei	cyflewch
3 cyflea	cyfleant

AMHERSONOL: cyfleir

Gorberffaith

UNIGOL	LLUOSOG
1 cyfleaswn	cyfleasem
2 cyfleasit	cyfleasech
3 cyfleasai	cyfleasent

AMHERSONOL: cyfleasid

Amherffaith

UNIGOL	LLUOSOG
1 cyflewn	cyfleem
2 cyfleit, *cyfleet*	cyfleech
3 cyfleai	cyfleent

AMHERSONOL: cyfleid

Gorffennol

UNIGOL	LLUOSOG
1 cyfleais	cyfleasom, *cyfleuson ni*
2 cyfleaist	cyfleasoch, *cyfleusoch*
3 cyfleodd	cyfleasant, *cyfleuson nhw*

AMHERSONOL: cyflewyd

<table>
<tr><td colspan="2" align="center">*Gorchmynnol*</td><td colspan="2" align="center">*Dibynnol*</td></tr>
<tr><td>UNIGOL</td><td>LLUOSOG</td><td>UNIGOL</td><td>LLUOSOG</td></tr>
<tr><td>1 —</td><td>cyflewn</td><td>1 cyflewyf</td><td>cyfleom</td></tr>
<tr><td>2 cyflea</td><td>cyflewch</td><td>2 cyfleych</td><td>cyfleoch</td></tr>
<tr><td>3 cyfleed</td><td>cyfleent</td><td>3 cyfleo</td><td>cyfleont</td></tr>
<tr><td colspan="2">AMHERSONOL: cyfleer</td><td colspan="2">AMHERSONOL: cyfleer</td></tr>
</table>

cyflog·i	to employ
cyflwyn·o	to present
cyflym·u	to quicken
cyflyr·u	to condition
cyfnewid	to exchange
cyfnewid·i·	cyfnewidiaf etc.
cyfod·i	to lift *Pres. 3 Unig.* cyfyd (ef/hi)
cyfoethog·i	to enrichen
cyfog·i	to vomit
cyfosod·	to place together
cyfrannu	to contribute

<table>
<tr><td colspan="2" align="center">*Presennol*</td><td colspan="2" align="center">*Gorberffaith*</td></tr>
<tr><td>UNIGOL</td><td>LLUOSOG</td><td>UNIGOL</td><td>LLUOSOG</td></tr>
<tr><td>1 cyfrannaf</td><td>cyfrannwn</td><td>1 cyfranaswn</td><td>cyfranasem</td></tr>
<tr><td>2 cyfrenni</td><td>cyfrennwch,
cyfrannwch</td><td>2 cyfranasit</td><td>cyfranasech</td></tr>
<tr><td>3 cyfranna</td><td>cyfrannant</td><td>3 cyfranasai</td><td>cyfranasent</td></tr>
<tr><td colspan="2">AMHERSONOL: cyfrennir</td><td colspan="2">AMHERSONOL: cyfranasid</td></tr>
</table>

Amherffaith

UNIGOL	LLUOSOG
1 cyfrannwn	cyfrannem
2 cyfrannit, *cyfrannet*	cyfrannech
3 cyfrannai	cyfrannent
AMHERSONOL: cyfrennid	

Gorffennol

UNIGOL	LLUOSOG
1 cyfrennais, *cyfrannais*	cyfranasom, *cyfransom,* *cyfrannon ni*
2 cyfrennaist, *cyfrannaist*	cyfranasoch, *cyfransoch,* *cyfrannoch*
3 cyfrannodd	cyfranasant, *cyfranson,* *cyfrannon nhw*
AMHERSONOL: cyfrannwyd	

	Gorchmynnol		*Dibynnol*
UNIGOL	LLUOSOG	UNIGOL	LLUOSOG
1 —	cyfrannwn	1 cyfrannwyf	cyfrannom
2 cyfranna	cyfrennwch,	2 cyfrennych	cyfrannoch
	cyfrannwch		
3 cyfranned	cyfrannent	3 cyfranno	cyfrannont
AMHERSONOL: cyfranner		AMHERSONOL: cyfranner	

cyfranog·i	to partake	
cyfreithlon·i	to legalize	
cyfrif·	to count	*Pres. 3 Unig.* cyfrif, cyfrifa (ef/hi)
cyfrifiadur·o	to computerize	
cyfrodedd·u	to twist	
cyfrwy·o	to saddle	
cyfun·o	to combine	
cyf-wel·d	to interview	cyfwelaf etc.
cyfyng·u	to limit	
cyffeith·i·o	to pickle	cyffeithiaf etc.
cyffes·u	to confess	
cyff·i·o	to become stiff	Y duedd fyddai i beidio â'i rhedeg ond i ddefnyddio'r ffurfiau cwmpasog.
cyffredinol·i	to generalize	
cyffroi	to excite	

	Presennol		*Gorberffaith*
UNIGOL	LLUOSOG	UNIGOL	LLUOSOG
1 cyffroaf	cyffrown	1 cyffroeswn	cyffroesem
2 cyffroi	cyffrowch	2 cyffroesit	cyffroesech
3 cyffry, *cyffroa*	cyffrônt	3 cyffroesai	cyffroesent
AMHERSONOL: cyffroir		AMHERSONOL: cyffroesid	

	Amherffaith
UNIGOL	LLUOSOG
1 cyffrown	cyffroem
2 cyffroit, *cyffroet*	cyffroech
3 cyffrôi, *cyffroai*	cyffroent
AMHERSONOL: cyffroid	

	Gorffennol
UNIGOL	LLUOSOG
1 cyffrois, *cyffroais*	cyffroesom
2 cyffroist, *cyffroaist*	cyffroesoch
3 cyffroes, *cyffrôdd*	cyffroesant, *cyffroeson nhw*
AMHERSONOL: cyffrowyd	

	Gorchmynnol		*Dibynnol*
UNIGOL	LLUOSOG	UNIGOL	LLUOSOG
1 —	cyffrown	1 cyffrowyf	cyffrôm
2 cyffroa	cyffrowch	2 cyffroych	cyffrôch
3 cyffroed	cyffroent	3 cyffroa	cyffrônt
AMHERSONOL: cyffroer		AMHERSONOL: cyffroer	

cyffwrdd   to touch
cyffyrdd·   cyffyrddaf etc.   *Pres. 3 Unig.* cyffwrdd (ef/hi);
                             Gorch. 2 Unig. cyffwrdd (di)

cynganedd·u
cynghor·i   to advise
cyhoedd·i   to publish
cyhudd·o   to accuse
cyhwfan   to flutter

	Presennol		*Gorberffaith*
UNIGOL	LLUOSOG	UNIGOL	LLUOSOG
1 cyhwfanaf	cyhwfanwn	1 cyhwfanaswn	cyhwfanasem
2 cyhwfeni	cyhwfenwch	2 cyhwfanasit	cyhwfanasech
3 cyhwfan	cyhwfanant	3 cyhwfanasai	cyhwfanasent
AMHERSONOL: cyhwfenir		AMHERSONOL: cyhwfanasid	

	Amherffaith		*Gorffennol*
UNIGOL	LLUOSOG	UNIGOL	LLUOSOG
1 cyhwfanwn	cyhwfanem	1 cyhwfenais	cyhwfanasom
2 cyhwfanet	cyhwfanech	2 cyhwfenaist	cyhwfanasoch
3 cyhwfanai	cyhwfanent	3 cyhwfanodd	cyhwfanasant
AMHERSONOL: cyhwfenid		AMHERSONOL: cyhwfanwyd	

	Gorchmynnol		*Dibynnol*
UNIGOL	LLUOSOG	UNIGOL	LLUOSOG
1 —	cyhwfanwn	1 cyhwfanwyf	cyhwfanom
2 cyhwfan	cyhwfenwch	2 cyhwfenych	cyhwfanoch
3 cyhwfaned	cyhwfanent	3 cyhwfano	cyhwfanont
AMHERSONOL: cyhwfaner		AMHERSONOL: cyhwfaner	

Y duedd fyddai i ddefnyddio'r ffurfiau cwmpasog.

cylchdroi   to revolve

	Presennol		*Gorberffaith*
UNIGOL	LLUOSOG	UNIGOL	LLUOSOG
1 cylchdro(a)f	cylchdrown	1 cylchdroeswn	cylchdroesem
2 cylchdroi	cylchdrowch	2 cylchdroesit	cylchdroesech
3 cylchdroa	cylchdrônt	3 cylchdroesai	cylchdroesent
AMHERSONOL: cylchdroir		AMHERSONOL: cylchdroesid	

Amherffaith

UNIGOL	LLUOSOG
1 cylchdrown	cylchdroem
2 cylchdroit, *cylchdroet*	cylchdroech
3 cylchdrôi, *cylchdroai*	cylchdroent

AMHERSONOL: cylchdroid

Gorffennol

UNIGOL	LLUOSOG
1 cylchdrois, *cylchdroais*	cylchdroesom
2 cylchdroist, *cylchdroaist*	cylchdroesoch
3 cylchdroes, *cylchdrôdd*	cylchdroesant, *cylchdroeson nhw*

AMHERSONOL: cylchdrowyd

<table>
<tr><td colspan="2">Gorchmynnol</td><td colspan="2">Dibynnol</td></tr>
<tr><td>UNIGOL</td><td>LLUOSOG</td><td>UNIGOL</td><td>LLUOSOG</td></tr>
<tr><td>1 —</td><td>cylchdrown</td><td>1 cylchdrowyf</td><td>cylchdrôm</td></tr>
<tr><td>2 cylchdroa</td><td>cylchdrowch</td><td>2 cylchdroych</td><td>cylchdroch</td></tr>
<tr><td>3 cylchdroed</td><td>cylchdroent</td><td>3 cylchdro</td><td>cylchdrônt</td></tr>
<tr><td colspan="2">AMHERSONOL: cylchdroer</td><td colspan="2">AMHERSONOL: cylchdroer</td></tr>
</table>

cylchred·eg	to circulate
cylch·u	to circle
cylchyn·u	to surround
cymath·u	to assimilate
cymell	to urge
cymhell·	

Pres. 3 Unig. cymell (ef/hi)
cymhellaf etc.

<table>
<tr><td colspan="2">Gorffennol</td><td colspan="2">Gorberffaith</td></tr>
<tr><td colspan="2">LLUOSOG</td><td>UNIGOL</td><td>LLUOSOG</td></tr>
<tr><td colspan="2">1 cymellasom, cymhellon ni</td><td>1 cymellaswn</td><td>cymellasem</td></tr>
<tr><td colspan="2">2 cymellasoch, cymhelloch</td><td>2 cymellasit</td><td>cymellasech</td></tr>
<tr><td colspan="2">3 cymellasant, cymhellon nhw</td><td>3 cymellasai</td><td>cymellasent</td></tr>
<tr><td colspan="2">AMHERSONOL: cymhellwyd</td><td colspan="2">AMHERSONOL: cymellasid</td></tr>
</table>

cymeradwy·o	to approve
cymharu	to compare

<table>
<tr><td colspan="2">Presennol</td><td colspan="2">Gorberffaith</td></tr>
<tr><td>UNIGOL</td><td>LLUOSOG</td><td>UNIGOL</td><td>LLUOSOG</td></tr>
<tr><td>1 cymharaf</td><td>cymharwn</td><td>1 cymaraswn</td><td>cymarasem</td></tr>
<tr><td>2 cymheri, cymhari</td><td>cymherwch, cymharwch</td><td>2 cymarasit</td><td>cymarasech</td></tr>
<tr><td>3 cymhara</td><td>cymharant</td><td>3 cymarasai</td><td>cymarasent</td></tr>
<tr><td colspan="2">AMHERSONOL: cymherir</td><td colspan="2">AMHERSONOL: cymarasid</td></tr>
</table>

Amherffaith

UNIGOL	LLUOSOG
1 cymharwn	cymharem
2 cymharit, *cymharet*	cymharech
3 cymharai	cymharent

AMHERSONOL: cymherid

Gorffennol

UNIGOL	LLUOSOG
1 cymherais, *cymharais*	cymarasom, *cymharon ni*
2 cymheraist, *cymharaist*	cymarasoch, *cymharoch*
3 cymharodd	cymarasant, *cymharon nhw*

AMHERSONOL: cymharwyd

Gorchmynnol

UNIGOL	LLUOSOG
1 —	cymharwn
2 cymhara	cymharwch
3 cymhared	cymharent

AMHERSONOL: cymharer

Dibynnol

UNIGOL	LLUOSOG
1 cymharwyf	cymharom
2 cymherych	cymharoch
3 cymharo	cymharont

AMHERSONOL: cymharer

---

cymhenn·u to tidy

Gorffennol

LLUOSOG
1 cymenasom, *cymhensom,*
  cymhennon ni
2 cymenasoch, *cymhensoch,*
  cymhennoch
3 cymenasant, *cymhenson,*
  cymhennon nhw

AMHERSONOL: cymhennwyd

Gorberffaith

UNIGOL	LLUOSOG
1 cymenaswn	cymenasem
2 cymenasit	cymenasech
3 cymenasai	cymenasent

AMHERSONOL: cymenasid

---

cymhleth·u to complicate

Gorffennol

LLUOSOG
1 cymlethasom, *cymhlethon ni*
2 cymlethasoch, *cymhlethoch*
3 cymlethasant, *cymhlethon nhw*

AMHERSONOL: cymhlethwyf

Gorberffaith

UNIGOL	LLUOSOG
1 cymlethaswn	cymlethasem
2 cymlethasit	cymlethasech
3 cymlethasai	cymlethasent

AMHERSONOL: cymlethasid

---

cymhwys·o to adapt

Gorffennol

LLUOSOG
1 cymwysasom, *cymhwyson ni*
2 cymwysasoch, *cymhwysoch*
3 cymwysasant, *cymhwyson nhw*

AMHERSONOL: cymhwyswyd

cymod·i   to reconcile
cymon·i   to make tidy
Cymreig·i·o   *Cymreigiaf etc.*
cymrodedd·u   to compromise
cymryd   to take
  cymer·   *Pres. 3 Unig.* cymer (ef/hi)
     Gorch. 2 Unig. cymer (di)
cymud·o   to commute
cymyl·u   to cloud
cymynn·u   to bequeath

	Gorffennol		*Gorberffaith*
LLUOSOG		UNIGOL	LLUOSOG
1 cymynasom, *cymynsom,*		1 cymynaswn	cymynasem
cymynnon ni			
2 cymynasoch, *cymynsoch,*		2 cymynasit	cymynasech
cymynnoch			
3 cymynasant, *cymynson, cymynnon*		3 cymynasai	cymynasent
AMHERSONOL: cymynnwyd		AMHERSONOL: cymynasid	

cymyn·u   to hew
cymysg·u   to mix
cynadledd·a   to attend conferences
cynaeaf·u   to harvest   *Sylwch ar y ffurfiau tra llenyddol:*
     cynaeefi; cynaeefir; cynaeefid;
     cynaeefych (di)
cynanu   to enunciate

Presennol		*Gorberffaith*	
UNIGOL	LLUOSOG	UNIGOL	LLUOSOG
1 cynanaf	cynanwn	1 cynanaswn	cynanasem
2 cyneni, *cynani*	cynenwch,	2 cynanasit	cynanasech
	cynanwch		
3 cynana	cynanant	3 cynanasai	cynanasent
AMHERSONOL: cynenir, *cynanir*		AMHERSONOL: cynanasid	

	Amherffaith
Presennol	LLUOSOG
1 cynanwn	cynanem
2 cynanit	cynanech
3 cynanai	cynanent
AMHERSONOL: cynenid, cynanid	

	Gorffennol
UNIGOL	LLUOSOG
1 cynenais, *cynanais*	cynanasom, *cynansom, cynanon*
	ni

88

2 cynenaist, *cynanaist*   cynanasoch, *cynansoch, cynanoch*
3 cynanodd   cynanasant, *cynanson, cynanon nhw*
AMHERSONOL: cynanwyd

Gorchmynnol			
UNIGOL	LLUOSOG		
1 —	cynanwn		
2 cynana	cynenwch, cynanwch		
3 cynaned	cynanent		
AMHERSONOL: cynaner			

Dibynnol			
UNIGOL	LLUOSOG		
1 cynanwyf	cynanom		
2 cynenych	cynanoch		
3 cynano	cynanont		
AMHERSONOL: cynaner			

cynddeiriog·i   to enrage
cynefin·o   to become familiar with
cynffonn·a   to toady

Gorffennol	*Gorberffaith*	
LLUOSOG	UNIGOL	LLUOSOG
1 cynffonasom, *cynffonnon ni*	1 cynffonaswn	cynffonasem
2 cynffonasoch, *cynffonnoch*	2 cynffonasit	cynffonasech
3 cynffonasant, *cynffonnon nhw*	3 cynffonasai	cynffonasent
AMHERSONOL: cynffonnwyd	AMHERSONOL: cynffonasid	

cynhenn·a   to quarrel

Gorffennol	*Gorberffaith*	
LLUOSOG	UNIGOL	LLUOSOG
1 cynenasom, *cynhennon ni*	1 cynenaswn	cynenasem
2 cynenasoch, *cynhennoch*	2 cynenasit	cynenasech
3 cynenasant, *cynhennon nhw*	3 cynenasai	cynenasent
AMHERSONOL: cynhennwyd	AMHERSONOL: cynenasid	

cynhes·u   to warm

Gorffennol	*Gorberffaith*	
LLUOSOG	UNIGOL	LLUOSOG
1 cynesasom, *cynheson ni*	1 cynesaswn	cynesasem
2 cynesasoch, *cynhesoch*	2 cynesasit	cynesasech
3 cynesasant, *cynheson nhw*	3 cynesasai	cynesasent
AMHERSONOL: cynheswyd	AMHERSONOL: cynesasid	

cynhyrch·u   to produce

Gorffennol	*Gorberffaith*	
LLUOSOG	UNIGOL	LLUOSOG
1 cynyrchasom, *cynhyrchon ni*	1 cynyrchaswn	cynyrchasem
2 cynyrchasoch, *cynhyrchoch*	2 cynyrchasit	cynyrchasech
3 cynyrchasant, *cynhyrchon nhw*	3 cynyrchasai	cynyrchasent
AMHERSONOL: cynhyrchwyd	AMHERSONOL: cynyrchasid	

cynhyrf·u   to agitate

Gorffennol

LLUOSOG
1 cynyrfasom, *cynhyrfon ni*
2 cynyrfasoch, *cynhyrfoch*
3 cynyrfasant, *cynhyrfon nhw*
AMHERSONOL: cynhyrfwyd

Gorberffaith

UNIGOL	LLUOSOG
1 cynyrfaswn	cynyrfasem
2 cynyrfasit	cynyrfasech
3 cynyrfasai	cynyrfasent
AMHERSONOL: cynyrfasid	

cynil·o   to save
cyniwair   to frequent
    cyniweir·i·o   cyniweiriaf etc.
cynllun·i·o   to plan   cynlluniaf etc.

Sylwch: cynllunni di; cynllunnir; cynllunnit ti; cynllunnid

cynllwyn·i·o   to conspire   cynllwyniaf etc.
cynnal   to support

Presennol

UNIGOL	LLUOSOG
1 cynhaliaf	cynhaliwn
2 cynheli, *cynhali*	cynheliwch, cynhaliwch
3 cynnail, *cynhalia*	cynhaliant
AMHERSONOL: cynhelir	

Gorberffaith

UNIGOL	LLUOSOG
1 cynaliaswn	cynaliasem
2 cynaliasit	cynaliasech
3 cynaliasai	cynaliasent
AMHERSONOL: cynaliasid	

Amherffaith

Presennol	LLUOSOG
1 cynhaliwn	cynhaliem
2 cynhalit, *cynhaliet*	cynhaliech
3 cynhaliai	cynhalient
AMHERSONOL: cynhelid	

Gorffennol

UNIGOL	LLUOSOG
1 cynheliais, *cynhaliais*	cynaliasom, *cynhalion ni*
2 cynheliaist, *cynhaliaist*	cynaliasoch, *cynhalioch*
3 cynhaliodd	cynaliasant, *cynhalion nhw*
AMHERSONOL: cynhaliwyd	

Gorchmynnol

UNIGOL	LLUOSOG
1 —	cynhaliwn
2 cynnal	cynheliwch, cynhaliwch
3 cynhalied	cynhalient
AMHERSONOL: cynhalier	

Dibynnol

UNIGOL	LLUOSOG
1 cynhaliwyf	cynhaliom
2 cynhaliech	cynhalioch
3 cynhalio	cynhaliont
AMHERSONOL: cynhalier	

cynnau   to light
    cyneu·   cyneuaf etc.

cynnig	to offer	
cynig·i·		cynigiaf etc.

Pres. 3 Unig. cynnig, cynigia (ef/hi)

cynnwys	to contain	
cynhwys·		cynhwysaf etc.

Gorffennol		*Gorberffaith*	
LLUOSOG		UNIGOL	LLUOSOG
1 cynwysasom, *cynhwyson ni*		1 cynwysaswn	cynwysasem
2 cynwysasoch, *cynhwysoch*		2 cynwysasit	cynwysasech
3 cynwysasant, *cynhwyson nhw*		3 cynwysasai	cynwysasent
AMHERSONOL: cynhwyswyd		AMHERSONOL: cynwysasid	

cynorthwy·o	to support
cynrychiol·i	to represent
cynydd·u	to increase
cynysgaedd·u	to endow
cyplys·u	to couple
cyrcyd·u	to squat
cyrch·u	to attack
cyrraedd	to arrive
cyrhaedd·	

Pres. 3 Unig. cyrch, cyrcha (ef/hi)

Pres. 3 Unig. cyrraedd, cyrhaedda (ef/hi); *Gorch. 2 Unig.* cyrraedd, cyrhaedda (di)

Gorffennol		*Gorberffaith*	
LLUOSOG		UNIGOL	LLUOSOG
1 cyraeddasom, *cyrhaeddon ni*		1 cyraeddaswn	cyraeddasem
2 cyraeddasoch, *cyrhaeddoch*		2 cyraeddasit	cyraeddasech
3 cyraeddasant, *cyrhaeddon nhw*		3 cyraeddasai	cyraeddasent
AMHERSONOL: cyrhaeddwyd		AMHERSONOL: cyraeddasid	

cyryd·u	to corrode
cysegr·u	to consecrate
cysgod·i	to shelter
cysg·u	to sleep

Pres. 3 Unig. cwsg, cysga (ef/hi); *Gorch. 2 Unig.* cwsg, cysga (di)

cysod·i	to type-set
cyson·i	to reconcile
cystadl·u	to compete

Y duedd fyddai i beidio â'i rhedeg erbyn hyn, ond i ddefnyddio'r ffurfiau cwmpasog.

cystuddi·o	to afflict

cystuddiaf etc.
Y duedd byddai i beidio â'i rhedeg ond i ddefnyddio'r ffurfiau cwmpasog.

cystwy·o	to chastise
cysur·o	to comfort

91

cysyllt·u	to link
cytun·o	to agree
cythrudd·o	to annoy
cywain	to garner
cywein·i·	cyweiniaf etc. *Pres. 3 Unig.* cywain (ef/hi); *Gorch. 2 Unig.* cywain (di)
cywasgu	to compress

Presennol

UNIGOL	LLUOSOG
1 cywasgaf	cywasgwn
2 cywesgi, *cywasgi*	cywesgwch, *cywasgwch*
3 cywasga	cywasgant

AMHERSONOL: cywesgir, cywasgir

Gorberffaith

UNIGOL	LLUOSOG
1 cywasgaswn	cywasgasem
2 cywasgasit	cywasgasech
3 cywasgasai	cywasgasent

AMHERSONOL: cywasgasid

Amherffaith

UNIGOL	LLUOSOG
1 cywasgwn	cywasgem
2 cywasgit, *cywasget*	cywasgech
3 cywasgai	cywasgent

AMHERSONOL: cywesgid, *cywasgid*

Gorffennol

UNIGOL	LLUOSOG
1 cywesgais, *cywasgais*	cywasgasom, *cywasgon ni*
2 cywesgaist, *cywasgaist*	cywasgasoch, *cywasgoch*
3 cywasgodd	cywasgasant, *cywasgon nhw*

AMHERSONOL: cywasgwyd

Gorchmynnol

UNIGOL	LLUOSOG
1 —	cywasgwn
2 cywasga	cywesgwch, *cywasgwch*
3 cywasged	cywasgent

AMHERSONOL: cywasger

Dibynnol

UNIGOL	LLUOSOG
1 cywasgwyf	cywasgom
2 cywesgych	cywasgoch
3 cywasgo	cywasgont

AMHERSONOL: cywasger

cyweir·i·o	to prepare	cyweiriaf etc.
cywilydd·i·o	to be ashamed	cywilyddiaf etc.
cywir·o	to correct	

Ch

chwalu to scatter

Presennol

UNIGOL	LLUOSOG
1 chwalaf	chwalwn
2 chweli, *chwali*	chwelwch, chwalwch
3 chwâl, *chwala*	chwalant

AMHERSONOL: chwelir

Gorberffaith

UNIGOL	LLUOSOG
1 chwalaswn	chwalasem
2 chwalasit	chwalasech
3 chwalasai	chwalasent

AMHERSONOL: chwalasid

Amherffaith

UNIGOL	LLUOSOG
1 chwalwn	chwalem
2 chwalit, *chwalet*	chwalech
3 chwalai	chwalent

AMHERSONOL: chwelid

Gorffennol

UNIGOL	LLUOSOG
1 chwelais, *chwalais*	chwalasom, *chwalsom, chwalon ni*
2 chwelaist, *chwalaist*	chwalasoch, *chwalsoch, chwaloch*
3 chwalodd	chwalasant, *chwalson, chwalon nhw*

AMHERSONOL: chwalwyd

Gorchmynnol

UNIGOL	LLUOSOG
1 —	chwalwn
2 chwâl, *chwala*	chwelwch, chwalwch
3 chwaled	chwalent

AMHERSONOL: chwaler

Dibynnol

UNIGOL	LLUOSOG
1 chwalwyf	chwalom
2 chwelych	chwaloch
3 chwalo	chwalont

AMHERSONOL: chwaler

---

chwarae· to play

Pres. 3 Unig. chwery, *chwaraea* (ef/hi)
Gorch. 2 Unig. chwarae, *chwaraea* (di)

chwarter·u to quarter
chwedleu·a to tell a tale
chwennych/chwenychu
chwenych·

to desire
chwenychaf etc.
Pres. 3 Unig. chwennych (ef/hi)

93

chwerthin   to laugh

Presennol

UNIGOL

1 chwarddaf, *chwerthaf,*
chwerthinaf
2 chwerddi, *chwerthi, chwerthini*

3 chwardd, *chwertha, chwerthina*
AMHERSONOL: chwerddir

LLUOSOG

chwarddwn, *chwerthwn,*
chwerthinwn
chwerddwch, *chwerthwch,*
chwerthinwch
chwarddant

Amherffaith

UNIGOL

1 chwarddwn, *chwerthwn*
2 chwarddit, *chwarddet,*
chwerthet
3 chwarddai, *chwerthai*
AMHERSONOL: chwerddid

LLUOSOG

chwarddem, *chwerthem*
chwarddech, *chwerthech*

chwarddent

Gorffennol

UNIGOL

1 chwerddais, *chwerthais*

2 chwerddaist, *chwerthaist*
3 chwarddodd, *chwerthodd*

AMHERSONOL: chwarddwyd

LLUOSOG

chwarddasom, *chwarddon ni,*
chwerthon ni
chwarddasoch, *chwerthoch*
chwarddasant, *chwarddon,*
chwerthon nhw

Gorberffaith

UNIGOL

1 chwarddaswn
2 chwarddasit
3 chwarddasai
AMHERSONOL: chwarddesid

LLUOSOG

chwarddasem
chwarddasech
chwarddasent

Gorchmynnol

UNIGOL	LLUOSOG
1 —	chwarddwn
2 chwardd	chwerddwch, *chwerthwch*
3 chwardded	chwarddent
AMHERSONOL: chwardder	

Dibynnol

UNIGOL	LLUOSOG
1 chwarddwyf	chwarddom
2 chwerddych	chwarddoch
3 chwarddo	chwarddont
AMHERSONOL: chwardder	

chwerw·i   to become bitter
chwiban·u   to whistle

Sylwch ar y ffurfiau tra llenyddol:
chwibeni; chwibenir; chwibenid;
chwibenych (di)
chwifiaf etc.

chwif·i·o   to wave
chwil·i·o   to search

94

chwilmant·a	to search	*Sylwch ar y ffurfiau tra llenyddol:* chwilmenti; chwilmentir; chwilmentid; chwilmentych (di)

chwilot·a	to search	
chwip·i·o	to whip	chwipiaf etc.
chwistrell·u	to spray	
chwyd·u	to vomit	
chwyddhau	to swell	

Presennol

		Gorberffaith	
UNIGOL	LLUOSOG	UNIGOL	LLUOSOG
1 chwyddhaf	chwyddhawn	1 chwyddhaswn	chwyddhasem
2 chwyddhei	chwyddhewch	2 chwyddhasit	chwyddhasech
3 chwyddha	chwyddhânt	3 chwyddhasai	chwyddhasent
AMHERSONOL: chwyddheir		AMHERSONOL: chwyddhasid	

Amherffaith

UNIGOL	LLUOSOG
1 chwyddhawn	chwyddhaem
2 chwyddhait, *chwyddhaet*	chwyddhaech
3 chwyddhâi	chwyddhaent
AMHERSONOL: chwyddheid	

Gorffennol

UNIGOL	LLUOSOG
1 chwyddheais	chwyddhasom, *chwyddhaon ni*
2 chwyddheaist	chwyddhasoch, *chwyddhaoch*
3 chwyddhaodd	chwyddhasant, *chwyddhaon nhw*
AMHERSONOL: chwyddhawyd	

	Gorchmynnol		*Dibynnol*	
UNIGOL	LLUOSOG	UNIGOL	LLUOSOG
1 —	chwyddhawn	1 chwyddhawyf	chwyddhaom
2 chwyddha	chwyddhewch	2 chwyddheych	chwyddhaoch
3 chwyddhaed	chwyddhaent	3 chwyddhao	chwyddhaont
AMHERSONOL: chwyddhaer		AMHERSONOL: chwyddhaer	

chwydd·o	to enlarge
chwyldroi	to revolutionize

Presennol

		Gorberffaith	
UNIGOL	LLUOSOG	UNIGOL	LLUOSOG
1 chwyldrof, chwyldroaf	chwyldrown	1 chwyldroeswn	chwyldroesem
2 chwyldroi	chwyldrowch	2 chwyldroesit	chwyldroesech
3 chwyldroa	chwyldroant	3 chwyldroesai	chwyldroesent
AMHERSONOL: chwyldroir		AMHERSONOL: chwyldroesid	

UNIGOL	LLUOSOG
1 chwyldrown	chwyldroem
2 chwyldroit, *chwyldroet*	chwyldroech
3 chwyldroai	chwyldroent

AMHERSONOL: chwyldroid

Gorffennol

UNIGOL	LLUOSOG
1 chwyldrois, *chwyldroais*	chwyldroisom
2 chwyldroist, *chwyldroaist*	chwyldroisoch
3 chwyldrodd	chwyldroisant, *chwyldroison nhw*

AMHERSONOL: chwyldrowyd

Gorchmynnol

UNIGOL	LLUOSOG
1 —	chwyldrown
2 chwyldroa	chwyldrowch
3 chwyldroed	chwyldroent

AMHERSONOL: chwyldroer

Dibynnol

UNIGOL	LLUOSOG
1 chwyldrowyf	chwyldrôm
2 chwyldroech	chwyldroch
3 chwyldrô	chwyldrônt

AMHERSONOL: chwyldroer

chwynn·u　　to weed

Gorffennol

LLUOSOG
1 chwynasom, *chwynsom, chwynnon ni*
2 chwynasoch, *chwynsoch, chwynnoch*
3 chwynasant, *chwynson, chwynnon nhw*

AMHERSONOL: chwynnwyd

Gorberffaith

UNIGOL	LLUOSOG
1 chwynaswn	chwynasem
2 chwynasit	chwynasech
3 chwynasai	chwynasent

AMHERSONOL: chwynasid

chwyrl·ï·o　　to whirl

chwyrlïaf etc.
Sylwch: ceir ï ym mhob ffurf ac eithrio chwyrlii, chwyrliir, chwyrliid

chwyrnell·u　　to whirl
chwyrn·u　　to snore
chwys·u　　to perspire
chwyth·u　　to blow

D

dab·i·o	to dab	dabiaf etc.	
dadansodd·i	to analyse		
dadbac·i·o	to unpack	dadbaciaf etc.	
dadebr·u	to revive		
dadelfenn·u	to decompose		

Gorffennol		*Gorberffaith*	
LLUOSOG		UNIGOL	LLUOSOG
1 dadelfenasom, *dadelfensom*, dadelfennon ni		1 dadelfenaswn	dadelfenasem
2 dadelfenasoch, *dadelfensoch*, dadelfennoch		2 dadelfenasit	dadelfenasech
3 dadelfenasant, *dadelfenson*, dadelfennon nhw		3 dadelfenasai	dadelfenasent
AMHERSONOL: dadelfennwyd		AMHERSONOL: dadelfenasid	

dadfeil·i·o	to decay	dadfeiliaf etc.	
dadflin·o	to refresh		
dadfyg·i·o	to debug	dadfygiaf etc.	
dadlau	to argue		
dadleu·		dadleuaf etc.	
dadlenn·u	to reveal		

Gorffennol		*Gorberffaith*	
LLUOSOG		UNIGOL	LLUOSOG
1 dadlenasom, *dadlensom*, dadlennon ni		1 dadlenaswn	dadlenasem
2 dadlenasoch, *dadlensoch*, dadlennoch		2 dadlenasit	dadlenasech
3 dadlenasant, *dadlenson*, dadlennon nhw		3 dadlenasai	dadlenasent
AMHERSONOL: dadlennwyd		AMHERSONOL: dadlenasid	

dadlwyth·o	to unload	
dadlygr·u	to decontaminate	
dadmer	to thaw	Nid yw'r ferf hon yn cael ei rhedeg.
dadorchudd·i·o	to unveil	Defnyddiwch y ffurfiau cwmpasog dadorchuddiaf etc.
dadrith·i·o	to disenchant	Ac eithrio'r ffurfiau amhersonol, nid yw'r ferf hon yn cael ei rhedeg.
dadsgriw·i·o	to unscrew	dadsgriwiaf etc.
dadwisg·o	to undress	

dad-wneud	to undo	Ac eithrio'r ffurfiau amhersonol, dad-wneir; dad-wneid; dad-wnaethpwyd nid yw'r ferf hon yn cael ei rhedeg.
dadwreidd·i·o	to uproot	dadwreiddiaf etc.
daear·u	to inter	*Sylwch ar y ffurfiau tra llenyddol:* daeeri; daeerir; daeerid; daeerych (di)

dal/dala   to catch

Presennol			*Gorberffaith*	
UNIGOL	LLUOSOG		UNIGOL	LLUOSOG
1 dal(i)af	dal(i)wn		1 daliaswn	daliasem
2 deli, *dali*	dal(i)wch		2 daliasit	daliasech
3 deil	dal(i)ant		3 daliasai	daliasent
AMHERSONOL: delir, dalir			AMHERSONOL: daliasid	

Amherffaith

UNIGOL	LLUOSOG
1 dal(i)wn	dal(i)em
2 dalit, *dalet*	dal(i)ech
3 dal(i)ai	dal(i)ent
AMHERSONOL: delid	

Gorffennol

UNIGOL	LLUOSOG
1 dal(i)ais	daliasom, *dalsom, dalon ni*
2 dal(i)aist	daliasoch, *dalsoch, daloch*
3 dal(i)odd	daliasant, *dalson, dalon nhw*
AMHERSONOL: dal(i)wyd	

Gorchmynnol			*Dibynnol*	
UNIGOL	LLUOSOG		UNIGOL	LLUOSOG
1 —	dal(i)wn		1 daliwyf	daliom
2 dal	dal(i)wch		2 daliech	dalioch
3 dal(i)ed	dal(i)ent		3 dalio	daliont
AMHERSONOL: dalier			AMHERSONOL: dalier	

Defnyddiwch y ffurfiau hyn ag 'i' yn y Gogledd, heb 'i' yn y De.

dall·u	to blind	*Sylwch ar y ffurfiau tra llenyddol:* delli; dellir; dellid; dellych (di)
damcan·u	to theorize	*Sylwch ar y ffurfiau tra llenyddol:* damceni; damcenir; damcenid; damcenych (di)
damcaniaeth·u	to theorize	
damn·i·o	to damn	damniaf etc.
danfon·	to send	*Pres. 3 Unig.* denfyn, danfona (ef/hi)
dangos·	to show	*Pres. 3 Unig.* dengys, dangosa (ef/hi)
dant·o/dant·i·o	to daunt	dantaf/dantiaf

darbwyll·o to persuade
darfod to die
Defnyddiwch y ffurfiau cwmpasog *Rwy'n darfod* ar gyfer y *Presennol.*

<table>
<tr><td colspan="2">*Dyfodol*</td><td colspan="2">*Gorberffaith*</td></tr>
<tr><td>UNIGOL</td><td>LLUOSOG</td><td>UNIGOL</td><td>LLUOSOG</td></tr>
<tr><td>1 darfyddaf</td><td>darfyddwn</td><td>1 darfuaswn</td><td>darfuasem</td></tr>
<tr><td>2 darfyddi</td><td>darfyddwch</td><td>2 darfuasit</td><td>darfuasech</td></tr>
<tr><td>3 derfydd</td><td>darfyddant</td><td>3 darfuasai</td><td>darfuasent</td></tr>
<tr><td colspan="2">AMHERSONOL: darfyddir</td><td colspan="2">AMHERSONOL: darfuasid</td></tr>
</table>

<table>
<tr><td colspan="2">*Amherffaith*</td><td colspan="2">*Dibynnol*</td></tr>
<tr><td>UNIGOL</td><td>LLUOSOG</td><td>UNIGOL</td><td>LLUOSOG</td></tr>
<tr><td>1 darfyddwn</td><td>darfyddem</td><td>1 darfyddwyf</td><td>darfyddom</td></tr>
<tr><td>2 darfyddit,
darfyddet</td><td>darfyddech</td><td>2 darfyddych</td><td>darfyddoch</td></tr>
<tr><td>3 darfyddai</td><td>darfyddent</td><td>3 darfyddo</td><td>darfyddont</td></tr>
<tr><td colspan="2">AMHERSONOL: darfyddid</td><td colspan="2">AMHERSONOL: darfydder</td></tr>
</table>

Gorffennol

UNIGOL	LLUOSOG
1 darfûm, *darfyddais*	darfuom
2 darfuost, *darfyddaist*	darfuoch
3 darfu	darfuant
AMHERSONOL: darfuwyd	

darganfod to discover
Defnyddiwch y ffurf gwmpasog *Rwy'n darganfod* ar gyfer y *Presennol.*

<table>
<tr><td colspan="2">*Dyfodol*</td><td colspan="2">*Gorberffaith*</td></tr>
<tr><td>UNIGOL</td><td>LLUOSOG</td><td>UNIGOL</td><td>LLUOSOG</td></tr>
<tr><td>1 darganfyddaf</td><td>darganfyddwn</td><td>1 darganfuaswn</td><td>darganfuasem</td></tr>
<tr><td>2 darganfyddi</td><td>darganfyddwch</td><td>2 darganfuasit</td><td>darganfuasech</td></tr>
<tr><td>3 dargenfydd,
darganfydda</td><td>darganfyddant</td><td>3 darganfuasai</td><td>darganfuasent</td></tr>
<tr><td colspan="2">AMHERSONOL: darganfyddir</td><td colspan="2">AMHERSONOL: darganfuasid</td></tr>
</table>

Amherffaith

UNIGOL	LLUOSOG
1 darganfyddwn	darganfyddem
2 darganfyddit, *darganfyddet*	darganfyddech
3 darganfyddai	darganfyddent
AMHERSONOL: darganfyddid	

Gorffennol

UNIGOL	LLUOSOG
1 darganfûm, *darganfyddais*	darganfuom
2 darganfuost, *darganfyddaist*	darganfuoch
3 darganfu, *darganfyddodd*	darganfuant
AMHERSONOL: darganfuwyd	

	Gorchmynnol			Dibynnol	
	UNIGOL	LLUOSOG		UNIGOL	LLUOSOG
1	—	darganfyddwn	1	darganfyddwyf	darganfyddom
2	darganfydda	darganfyddwch	2	darganfyddych	darganfyddoch
3	darganfydded	darganfyddant	3	darganfyddo	darganfyddont

AMHERSONOL: darganfydder

AMHERSONOL: darganfydder

darglud·o   to conduct

dargopïo   to trace

Mae pob ffurf ac eithrio rhai ffurfiau yn y *Gorffennol* a'r *Gorberffaith* yn cynnwys ï.

Gorffennol

LLUOSOG

1 dargopiasom, *dargopisom,*
  dargopïon ni
2 dargopiasoch, *dargopisoch,*
  dargopïoch
3 dargopiasant, *dargopisant,*
  dargopïon

AMHERSONOL: dargopïwyd

Gorberffaith

UNIGOL	LLUOSOG
1 dargopiaswn	dargopiasem
2 dargopiasit	dargopiasech
3 dargopiasai	dargopiasent

AMHERSONOL: dargopiasid

darlith·i·o   to lecture

darlun·i·o   to portray

darlithiaf etc.

Sylwch: darlunni di; darlunnir; darlunnit ti; darlunnid

darlled·u   to broadcast

darllen·   to read

darnio   to tear

darllenaf etc.

Presennol

UNIGOL	LLUOSOG
1 darniaf	darniwn
2 derni, *darni*	derniwch, *darniwch*
3 darnia	darniant

AMHERSONOL: dernir

Gorberffaith

UNIGOL	LLUOSOG
1 darniaswn	darniasem
2 darniasit	darniasech
3 darniasai	darniasent

AMHERSONOL: darniasid

Amherffaith

UNIGOL	LLUOSOG
1 darniwn	darniem
2 darnit, *darnet*	darniech
3 darniai	darnient

AMHERSONOL: dernid

UNIGOL	LLUOSOG
1 derniais, *darniais*	darniasom, *darnsom, darnon ni*
2 derniaist, *darniaist*	darniasoch, *darnsoch, darnoch*
3 darniodd	darniasant, *darnson, darnon nhw*
AMHERSONOL: darniwyd	

Gorchmynnol

UNIGOL	LLUOSOG
1 —	darniwn
2 darnia	darniwch
3 darnied	darnient
AMHERSONOL: darnier	

Dibynnol

UNIGOL	LLUOSOG
1 darniwyf	darniom
2 darniech	darnioch
3 darnio	darniont
AMHERSONOL: darnier	

darogan to foretell

Presennol

UNIGOL	LLUOSOG
1 daroganaf	daroganwn
2 darogeni	darogenwch
3 darogan	daroganant
AMHERSONOL: darogenir	

Gorberffaith

UNIGOL	LLUOSOG
1 daroganaswn	daroganasem
2 daroganasit	daroganasech
3 daroganasai	daroganasent
AMHERSONOL: daroganasid	

Amherffaith

UNIGOL	LLUOSOG
1 daroganwn	daroganem
2 daroganit, *daroganet*	daroganech
3 daroganai	daroganent
AMHERSONOL: darogenid	

Gorffennol

UNIGOL	LLUOSOG
1 darogenais, *daroganais*	daroganasom, *darogansom, daroganon ni*
2 darogenaist, *daroganaist*	daroganasoch, *darogansoch, daroganoch*
3 daroganodd	daroganasant, *daroganson, daroganon nhw*
AMHERSONOL: daroganwyd	

Gorchmynnol

UNIGOL	LLUOSOG
1 —	daroganwn
2 darogana	darogenwch
3 daroganed	daroganent
AMHERSONOL: daroganer	

Dibynnol

UNIGOL	LLUOSOG
1 daroganwyf	daroganom
2 darogenych	daroganoch
3 darogano	daroganont
AMHERSONOL: daroganer	

darostwng   to lower
   darostyng·   darostyngaf etc.
darparu   to prepare

Presennol

UNIGOL	LLUOSOG
1 darparaf	darparwn
2 darperi, *darpari*	darperwch, *darparwch*
3 darpar, *darpara*	darparant
AMHERSONOL: darperir	

Gorberffaith

UNIGOL	LLUOSOG
1 darparaswn	darparasem
2 darparasit	darparasech
3 darparasai	darparasent
AMHERSONOL: darparasid	

Amherffaith

UNIGOL	LLUOSOG
1 darparwn	darparem
2 darparit, *darparet*	darparech
3 darparai	darparent
AMHERSONOL: darperid	

Gorffennol

UNIGOL	LLUOSOG
1 darperais, *darparais*	darparasom, *darparsom,* *darparon ni*
2 darperaist, *darparaist*	darparasoch, *darparsoch,* *darparoch*
3 darparodd	darparasant, *darparson,* *darparon nhw*
AMHERSONOL: darparwyd	

Gorchmynnol

UNIGOL	LLUOSOG
1 —	darparwn
2 darpara	darperwch
3 darpared	darparent
AMHERSONOL: darparer	

Dibynnol

UNIGOL	LLUOSOG
1 darparwyf	darparom
2 darperych	darparoch
3 darparo	darparont
AMHERSONOL: darparer	

datblyg·u   to develop
datgan·   to declare   *Sylwch ar y ffurfiau tra llenyddol:*
                                        datgeni; datgenir; datgenid;
                                        datgenych (di)

datganol·i   to decentralize
datgel·u   to reveal
datgloi   to unlock

Presennol

UNIGOL	LLUOSOG
1 datglôf, datgloaf	datglown
2 datgloi	datglowch

Gorberffaith

UNIGOL	LLUOSOG
1 datgloeswn	datgloesem
2 datgloesit	datgloesech

3 *detgly, *datgloa* datgloant   3 datgloesai   datgloesent
AMHERSONOL: datgloir   AMHERSONOL: datgloesid

Amherffaith

UNIGOL	LLUOSOG
1 datglown	datgloem
2 datgloit, *datgloet*	datgloech
3 datgloai	datgloent
AMHERSONOL: datgloid	

Gorffennol

UNIGOL	LLUOSOG
1 datglois, *datgloais*	datgloisom
2 datgloist, *datgloaist*	datgloisoch
3 datglodd	datgloisant, *datgloison nhw*
AMHERSONOL: datglowyd	

Gorchmynnol

UNIGOL	LLUOSOG
1 —	datglown
2 datgloa	datglowch
3 datgloed	datgloent
AMHERSONOL: datgloer	

Dibynnol

UNIGOL	LLUOSOG
1 datglowyf	datglôm
2 datgloych	datgloch
3 datglô	datglônt
AMHERSONOL: datgloer	

datglym·u	to untie	
datgudd·i·o	to reveal	datguddiaf etc.
datgymal·u	to dislocate	
datgysyllt·u	to disconnect	
datod·	to undo	*Pres. 3 Unig.* detyd,* datod (ef/hi); *Gorch. 2 Unig.* datod di
datrys·	to solve	*Pres 3 Unig.* detrys (ef/hi) Nid yw'n arfer cael ei rhedeg; defnyddiwch y ffurfiau cwmpasog.
dathl·u	to celebrate	*Sylwch ar y ffurfiau tra llenyddol:* dethli; dethlir; dethlid; dethlych (di)
dawns·i·o	to dance	dawnsiaf etc.

deall   to understand

Presennol   *Gorberffaith*

UNIGOL	LLUOSOG	UNIGOL	LLUOSOG
1 deallaf	deallwn	1 deallaswn	deallasem
2 deelli, *dealli*	deellwch, *deallwch*	2 deallasit	deallasech
3 deall	deallant	3 deallasai	deallasent
AMHERSONOL: deellir		AMHERSONOL: deallasid	

*ffurf hynafol, archaic form.

103

UNIGOL	LLUOSOG
1 deallwn	deallem
2 deallit, *deallet*	deallech
3 deallai	deallent

AMHERSONOL: deellid

Gorffennol

UNIGOL	LLUOSOG
1 deellais, *deallais*	deallasom, *deallon ni*
2 deellaist, *deallaist*	deallasoch, *dealloch*
3 deallodd	deallasant, *deallon nhw*

AMHERSONOL: deallwyd

Gorchmynnol		*Dibynnol*	
UNIGOL	LLUOSOG	UNIGOL	LLUOSOG
1 —	deallwn	1 deallwyf	deallom
2 deall	deallwch	2 deellych	dealloch
3 dealled	deallent	3 deallo	deallont
AMHERSONOL: dealler		AMHERSONOL: dealler	

dechrau	to begin	
dechreu·		dechreuaf etc.
dedfryd·u	to sentence	
deddf·u	to legislate	
defnydd·i·o	to use	defnyddiaf etc.
deffro	to wake	

Presennol		*Gorberffaith*	
UNIGOL	LLUOSOG	UNIGOL	LLUOSOG
1 deffrôf, deffroaf	deffrown	1 deffroeswn	deffroesem
2 deffroi	deffrowch	2 deffroesit	deffroesech
3 *deffry, *deffroa*	deffrônt	3 deffroesai	deffroesent
AMHERSONOL: deffroir		AMHERSONOL: deffroesid	

Amherffaith

UNIGOL	LLUOSOG
1 deffrown	deffroem
2 deffroit, *deffroet*	deffroech
3 deffroai	deffroent

AMHERSONOL: deffroid

Gorffennol

UNIGOL	LLUOSOG
1 deffrois, *deffroais*	deffroesom
2 deffroist, *deffroaist*	deffroesoch
3 deffrodd	deffroesant, *deffroeson nhw*

AMHERSONOL: deffrowyd

*ffurf hynafol, archaic form.

	Gorchmynnol			Dibynnol	
UNIGOL	LLUOSOG		UNIGOL	LLUOSOG	
1 —	deffrown		1 deffrowyf	deffrôm	
2 deffro	deffrowch		2 deffroych	deffrôch	
3 deffroed	deffroent		3 deffrô	deffrônt	
AMHERSONOL: deffroer			AMHERSONOL: deffroer		

degym·u	to divide into tenths	
dehongl·i	to interpret	
deial·o/u	to dial	*Sylwch ar y ffurfiau tra llenyddol:*
		deieli; deielir; deielid; deielych (di)
deif·i·o	to dive	deifiaf etc.
deil·i·o	to leaf	deiliaf etc.
deill·i·o	to stem from	deilliaf etc.
deisyf·(u)	to beseech	
del·i·o	to deal	deliaf etc.
delwedd·u	to picture	
den·u	to attract	
deor·(i)	to lay	
derbyn	to receive	
derbyn·i·		derbyniaf etc.
		Pres. 3 Unig. derbyn, derbynia (ef/hi);
		Gorch. 2 Unig. derbyn, derbynia (di)
		Sylwch: derbynni di; derbynnir;
		derbynnit ti; derbynnid
dethol·	to select	detholaf etc.
dewin·i·o	to conjour	dewiniaf etc.
		Sylwch: dewinni di; dewinnir;
		dewinnit ti; dewinnid
dewis·	to choose	dewisaf etc.
		Pres. 3 Unig. dewis, dewisa
dial	to avenge	

	Presennol			Gorberffaith	
UNIGOL	LLUOSOG		UNIGOL	LLUOSOG	
1 dialaf	dialwn		1 dialaswn	dialasem	
2 dieli, diali	dielwch, dialwch		2 dialasit	dialasech	
3 diail, dial	dialant		3 dialasai	dialasent	
AMHERSONOL: dielir			AMHERSONOL: dialasid		

	Amherffaith	
UNIGOL		LLUOSOG
1 dialwn		dialem
2 dialit, *dialet*		dialech
3 dialai		dialent
AMHERSONOL: dielid		

UNIGOL	LLUOSOG
1 dielais, dialais	dialasom, *dialsom, dialon ni*
2 dielaist, dialaist	dialasoch, *dialsoch, dialoch*
3 dialodd	dialasant, *dialson, dialon nhw*

AMHERSONOL: dialwyd

	Gorchmynnol		*Dibynnol*
UNIGOL	LLUOSOG	UNIGOL	LLUOSOG
1 —	dialwn	1 dialwyf	dialom
2 dial	dialwch	2 dielych	dialoch
3 dialed	dialent	3 dialo	dialont
AMHERSONOL: dialer		AMHERSONOL: dialer	

dianc to escape

	Presennol		*Gorberffaith*
UNIGOL	LLUOSOG	UNIGOL	LLUOSOG
1 dihangaf	dihangwn	1 diangaswn	diangasem
2 dihengi	dihengwch, *dihangwch*	2 diangasit	diangasech
3 diainc	dihangant	3 diangasai	diangasent
AMHERSONOL: dihengir		AMHERSONOL: diangasid	

Amherffaith

UNIGOL	LLUOSOG
1 dihangwn	dihangem
2 dihangit, *dihanget*	dihangech
3 dihangai	dihangent

AMHERSONOL: dihengid

Gorffennol

UNIGOL	LLUOSOG
1 dihengais, *dihangais*	diangasom, *dihangsom, dihangon ni*
2 dihengaist, *dihangaist*	diangasoch, *dihangsoch, dihangoch*
3 dihangodd	diangasant, *dihangson, dihangon nhw*

AMHERSONOL: dihangwyd

	Gorchmynnol		*Dibynnol*
UNIGOL	LLUOSOG	UNIGOL	LLUOSOG
1 —	dihangwn	1 dihangwyf	dihangom
2 dianc	dihengwch	2 dihengych	dihangoch
3 dihanged	diahangent	3 dihango	dihangont
AMHERSONOL: dihanger		AMHERSONOL: dihanger	

diarfog·i to disarm

diasbed·ain	to resound	Nid yw hon yn arfer cael ei rhedeg.
diawl·i·o	to curse	diawliaf etc.
dibenn·u	to end	

	Gorffennol		*Gorberffaith*
LLUOSOG		UNIGOL	LLUOSOG
1 dibenasom, *dibensom, dibennon ni*		1 dibenaswn	dibenasem
2 dibenasoch, *dibensoch, dibennoch*		2 dibenasit	dibenasech
3 dibenasant, *dibenson, dibennon nhw*		3 dibenasai	dibenasent
AMHERSONOL: dibennwyd		AMHERSONOL: dibenasid	

diboblog·i	to depopulate	
dibris·i·o	to despise	dibrisiaf etc.
dibynn·u	to depend	

	Gorffennol		*Gorberffaith*
LLUOSOG		UNIGOL	LLUOSOG
1 dibynasom, *dibynsom, dibynnon ni*		1 dibynaswn	dibynasem
2 dibynasoch, *dibynsoch, dibynnoch*		2 dibynasit	dibynasech
3 dibynasant, *dibynson, dibynnon nhw*		3 dibynasai	dibynasent
AMHERSONOL: dibynnwyd		AMHERSONOL: dibynasid	

didol·(i)	to separate	didolaf etc.
diddyfn·u	to wean	
diddym·u	to abolish	
dieithr·i·o	to estrange	dieithriaf etc.
dienydd·i·o	to execute	dienyddiaf etc.
difa	to destroy	Ac eithrio ffurf fel 'difaodd'; nid yw'n cael ei rhedeg.

difenw·i	to revile	
difer·u	to drip	
difeth·a	to spoil	
diflann·u	to disappear	

	Gorffennol		*Gorberffaith*
LLUOSOG		UNIGOL	LLUOSOG
1 diflanasom, *diflansom, diflannon ni*		1 diflanaswn	diflanasem
2 diflanasoch, *diflansoch, diflannoch*		2 diflanasit	diflanasech
3 diflanasant, *diflanson, diflannon nhw*		3 diflanasai	diflanasent
AMHERSONOL: diflannwyd		AMHERSONOL: diflanasid	

diflas·u	to disgust	*Sylwch ar y ffurfiau tra llenyddol:* diflesi; diflesir; diflesid; diflesych (di
difod·i	to annihilate	
difrifol·i	to become serious	

difrï·o	to malign	*Sylwch*: ceir ï ym mhob ffurf ac eithrio difrii, difriir, difriid

<table>
<tr><td colspan="2" align="center">*Gorffennol*</td><td colspan="2" align="center">*Gorberffaith*</td></tr>
<tr><td>LLUOSOG</td><td></td><td>UNIGOL</td><td>LLUOSOG</td></tr>
<tr><td>1 difrïasom, *difrïon ni*</td><td></td><td>1 difrïaswn</td><td>difrïasem</td></tr>
<tr><td>2 difrïasoch, *difrïoch*</td><td></td><td>2 difrïasit</td><td>difrïasech</td></tr>
<tr><td>3 difrïasant, *difrïon nhw*</td><td></td><td>3 difrïasai</td><td>difrïasent</td></tr>
<tr><td>AMHERSONOL: difrïwyd</td><td></td><td colspan="2">AMHERSONOL: difrïasid</td></tr>
</table>

difrod·i	to destroy
difwyn·o	to spoil
difyrr·u	to entertain

<table>
<tr><td colspan="2" align="center">*Gorffennol*</td><td colspan="2" align="center">*Gorberffaith*</td></tr>
<tr><td>LLUOSOG</td><td></td><td>UNIGOL</td><td>LLUOSOG</td></tr>
<tr><td>1 difyrasom, *difyrsom, difyrron ni*</td><td></td><td>1 difyraswn</td><td>difyrasem</td></tr>
<tr><td>2 difyrasoch, *difyrsoch, difyrroch*</td><td></td><td>2 difyrasit</td><td>difyrasech</td></tr>
<tr><td>3 difyrasant, *difyrson, difyrron nhw*</td><td></td><td>3 difyrasai</td><td>difyrasent</td></tr>
<tr><td>AMHERSONOL: difyrrwyd</td><td></td><td colspan="2">AMHERSONOL: difyrasid</td></tr>
</table>

diffin·i·o	to define	diffiniaf etc.

Sylwch: diffinni di; diffinnir; diffinnit ti; diffinnid

diffodd·	to extinguish	diffoddaf etc.

Pres. 3 Unig. diffydd, diffodda (ef/hi)

diffyg·i·o	to fail	diffygiaf etc.
digalonn·i	to lose heart	

<table>
<tr><td colspan="2" align="center">*Gorffennol*</td><td colspan="2" align="center">*Gorberffaith*</td></tr>
<tr><td>LLUOSOG</td><td></td><td>UNIGOL</td><td>LLUOSOG</td></tr>
<tr><td>1 digalonasom, *digalonsom, digalonnon ni*</td><td></td><td>1 digalonaswn</td><td>digalonasem</td></tr>
<tr><td>2 digalonasoch, *digalonsoch, digalonnoch*</td><td></td><td>2 digalonasit</td><td>digalonasech</td></tr>
<tr><td>3 digalonasant, *digalonson, digalonnon*</td><td></td><td>3 digalonasai</td><td>digalonasent</td></tr>
<tr><td>AMHERSONOL: digalonnwyd</td><td></td><td colspan="2">AMHERSONOL: digalonasid</td></tr>
</table>

dig·i·o	to take offence	digiaf etc.
digolled·u	to compensate	
digwydd·	to happen	digwyddaf etc.

Pres. 3 Unig. digwydd, *digwydda* (ef/hi); *Gorch. 2 Unig.* digwydd (di)

dihidl·o	to distil	
dihoen·i	to languish	
dihun·o	to wake	
dihysbyddu	to empty	
disbydd·		disbyddaf etc.

dile·u	to delete
dilorn·i	to mock
dilyn·	to follow
dilladu	to clothe

Presennol

UNIGOL	LLUOSOG
1 dilladaf	dilladwn
2 dilledi	dilledwch
3 dillada	dilladant

AMHERSONOL: dilledir

UNIGOL	
1 dilladwn	
2 dilladit, *dilladet*	
3 dilladai	

AMHERSONOL: dilledid

UNIGOL	
1 dilledais	
2 dilledaist	
3 dilladodd	

AMHERSONOL: dilladwyd

Gorchmynnol

UNIGOL	LLUOSOG
1 —	dilladwn
2 dillada	dilledwch
3 dilladed	dilladent

AMHERSONOL: dillader

dinistr·i·o	to destroy
dinoeth·i	to expose
dioddef·	to suffer
diogel·u	to protect
diolch·	to thank
diosg	to divest
diota	to imbibe
dip·(i)·o	to dip
dirdynn·u	to torture

Sylwch: nid oes angen ë yn y ffurfiau dileem, dileech, dileent, dileed, dileer.

dilynaf etc.

Pres. 3 Unig. dilyn (ef/hi)

Gorberffaith

UNIGOL	LLUOSOG
1 dilladaswn	dilladasem
2 dilladasit	dilladasech
3 dilladasai	dilladasent

AMHERSONOL: dilladasid

Amherffaith

UNIGOL	LLUOSOG
	dilladem
	dilladech
	dilladent

Gorffennol

UNIGOL	LLUOSOG
	dilladasom, *dilladsom, dilladon ni*
	dilladasoch, *dilladsoch, dilladoch*
	dilladasant, *dilladson, dilladon nhw*

Dibynnol

UNIGOL	LLUOSOG
1 dilladwyf	dilladom
2 dilledych	dilladoch
3 dillado	dilladont

AMHERSONOL: dillader

dinistriaf etc.

dioddefaf etc.

diolchaf etc.

Nid yw'n arfer cael ei rhedeg.

Nid yw'n arfer cael ei rhedeg.

dip(i)af etc.

Nid yw'n arfer rhedeg ond *Sylwch:* un 'n' sydd yn y ffurfiau traddodiadol sy'n cynnwys ·as· (dirdynasom; dirdynaswn etc.).

dirgryn·u	to tremble	
dirmyg·u	to despise	
dirnad	to comprehend	Nid yw hon yn cael ei rhedeg.
dirprwy·o	to deputize	
dirwy·o	to fine	
diryw·i·o	to deteriorate	dirywiaf etc.
disbadd·u	to castrate	*Sylwch ar y ffurfiau tra llenyddol:* disbeddi; disbeddir; disbeddid; disbeddych (di)
disgleir·i·o	to shine	disgleiriaf etc.
disgrif·i·o	to describe	disgrifiaf etc.
disgwyl	to expect	
disgwyl·i·		disgwyliaf etc. *Pres. 3 Unig.* disgwyl, disgwylia (ef/hi); *Gorch. 2 Unig.* disgwyl, disgwylia (di)
disgybl·u	to discipline	
disgyn	to descend	
disgynn·		disgynnaf etc. *Pres. 3 Unig.* disgyn, disgynna (ef/hi); *Gorch. 2 Unig.* disgyn, disgynna (di)

Gorffennol

LLUOSOG
1 disgynasom, *disgynnon ni*
2 disgynasoch, *disgynnoch*
3 disgynasant, *disgynnon nhw*
AMHERSONOL: disgynnwyd

Gorberffaith

UNIGOL	LLUOSOG
1 disgynaswn	disgynasem
2 disgynasit	disgynasech
3 disgynasai	disgynasent
AMHERSONOL: disgynasid	

disodl·i	to supplant
distewi	to silence

Presennol

UNIGOL	LLUOSOG
1 distawaf	distawn
2 distewi	distewch
3 distawa	distawant
AMHERSONOL: distewir	

Gorberffaith

UNIGOL	LLUOSOG
1 distawswn	distawsem
2 distawsit	distawsech
3 distawsai	distawsent
AMHERSONOL: distawsid	

Amherffaith

UNIGOL	LLUOSOG
1 distawn	distawem
2 distawit, *distawet*	distawech
3 distawai	distawent
AMHERSONOL: distawid	

UNIGOL	LLUOSOG
1 distewais	distawsom, *distawon ni*
2 distewaist	distawsoch, *distawoch*
3 distawodd	distawsant, *distawon nhw*
AMHERSONOL: distawyd	

Gorchmynnol		*Dibynnol*	
UNIGOL	LLUOSOG	UNIGOL	LLUOSOG
1 —	distawn	1 distawyf	distawom
2 distawa	distewch	2 distewych	distawoch
3 distawed	distawent	3 distawo	distawont
AMHERSONOL: distawer		AMHERSONOL: distawer	

distryw·i·o to destroy   distrywiaf etc.
distyll·u to distil
diswydd·o to dismiss
disyched·u to slake
diwallu to satisfy

Presennol		*Gorberffaith*	
UNIGOL	LLUOSOG	UNIGOL	LLUOSOG
1 diwallaf	diwallwn	1 diwallaswn	diwallasem
2 diwelli	diwellwch,	2 diwallasit	diwallasech
	diwallwch		
3 diwalla	diwallant	3 diwallasai	diwallasent
AMHERSONOL: diwellir		AMHERSONOL: diwallasid	

UNIGOL	LLUOSOG
1 diwallwn	diwallem
2 diwallit, *diwallet*	diwallech
3 diwallai	diwallent
AMHERSONOL: diwellid	

UNIGOL	LLUOSOG
1 diwellais, *diwallais*	diwallasom, *diwallon ni*
2 diwellaist, *diwallaist*	diwallasoch, *diwalloch*
3 diwallodd	diwallasant, *diwallon nhw*
AMHERSONOL: diwallwyd	

Gorchmynnol		*Dibynnol*	
UNIGOL	LLUOSOG	UNIGOL	LLUOSOG
1 —	diwallwn	1 diwallwyf	diwallom
2 diwalla	diwellwch	2 diwellych	diwalloch
3 diwalled	diwallent	3 diwallo	diwallont
AMHERSONOL: diwaller		AMHERSONOL: diwaller	

111

diweddar·u	to update	*Sylwch ar y ffurfiau tra llenyddol:*
		diwedderi; diwedderir; diwedderid;
		diwedderych (di)
diwedd·u	to end	
diwreidd·i·o	to uproot	diwreiddiaf etc.
diwyg·i·o	to amend	diwygiaf etc.
diwyll·i·o	to enlighten	diwylliaf etc.
diystyr·u	to ignore	
doctor·a	to doctor	
dod/dyfod	to come	

	Presennol		*Gorberffaith*
UNIGOL	LLUOSOG	UNIGOL	LLUOSOG
1 deuaf, dof	deuwn, down	1 daethwn	daethem
2 deui, doi	deuwch, dewch	2 daethit	daethech
3 daw	deuant, dônt	3 daethai	daethent
AMHERSONOL: deuir, doir		AMHERSONOL: deuid, doid	

Amherffaith

UNIGOL	LLUOSOG
1 deuwn, down	deuem, doem
2 deuit, doit, *deuet*	deuech, doech
3 deuai, dôi	deuent, doent
AMHERSONOL: deuid, doid	

Gorffennol

UNIGOL	LLUOSOG
1 deuthum	daethom
2 daethost	daethoch
3 daeth	daethant
AMHERSONOL: daethpwyd, doed	

	Gorchmynnol		*Dibynnol*
UNIGOL	LLUOSOG	UNIGOL	LLUOSOG
1 —	down	1 delwyf	delom
2 dere, tyr(e)d	dewch, dowch	2 delych	deloch
3 doed, deled	doent, delent	3 dêl, delo	delont
AMHERSONOL: deuer, deler		AMHERSONOL: deler	

dod·i	to put	*Pres. 3 Unig.* *dyd, doda (ef/hi)
dodrefn·u	to furnish	
dodw·y	to lay (eggs)	Nid yw'n arfer cael ei rhedeg.
doethineb·u	to pontificate	
dof·i	to tame	
dogn·i	to ration	

*ffurf hynafol, archaic form.

112

dolef·ain	to wail	Nid yw'n arfer cael ei rhedeg.
dolenn·u	to coil	

Gorffennol		*Gorberffaith*	
LLUOSOG		UNIGOL	LLUOSOG
1 dolenasom, *dolensom, dolennon ni*		1 dolenaswn	dolenasem
2 dolenasoch, *dolensoch, dolennoch*		2 dolenasit	dolenasech
3 dolenasant, *dolenson, dolennon nhw*		3 dolenasai	dolenasent
AMHERSONOL: dolennwyd		AMHERSONOL: dolenasid	

dolur·i·o	to hurt	doluriaf etc.
don·i·o	to endow	doniaf etc.
		Sylwch: donni di; donnir; donnit ti; donnid
dosbarth·u	to classify	*Sylwch ar y ffurfiau tra llenyddol:* dosberthi; dosberthir; dosberthid; dosberthych (di)
dosrann·u	to distribute	Am ei rhediad ffurfiol, gw. rhannu ond y duedd fyddai ei hystyried yn ferf reolaidd â'r bôn dosrann·.
dot·i·o	to dote	dotiaf etc.
dracht·i·o	to quaff	drachtiaf etc.
draen·i·o	to drain	draeniaf etc.
dramateidd·i·o	to dramatize	dramateiddiaf etc.
drens·i·o	to drench/to dose	drensiaf etc.
drew·i	to stink	
dribl·o	to dribble	
drifl·o	to drivel	
dring·o	to climb	
drip·i·an	to drip	dripiaf etc.
drwgdyb·i·o	to doubt	drwgdybiaf etc.
dryg·u	to damage	
dryll·i·o	to shatter	drylliaf etc.
drys·u	to confuse	
du·o	to blacken	
dweud/dywedyd	to say	
dywed·		dywedaf etc.
		Pres. 3 Unig. dywed (ef/hi); *Gorch. 2 Unig.* dywed (di)
dwlu	to dote	Ac eithrio ambell ffurf fel *dwlais* nid yw'n cael ei rhedeg. Defnyddiwch y ffurfiau cwmpasog.
dwrd·i·o	to scold	dwrdiaf etc.
dwyfol·i	to deify	

113

dwyn   to steal
  dyg·

dygaf etc.
Pres. 3 Unig. dwg (ef/hi); *Gorch. 2*
Unig. dwg (di); mae *dug yn hen ffurf
ond defnyddiwch *dygodd* yn ei lle.

dwysáu   to intensify

Presennol			
UNIGOL	LLUOSOG
1 dwysâf	dwysawn
2 dwysei	dwysewch
3 dwysâ	dwysânt
AMHERSONOL: dwyseir	

Gorberffaith	
UNIGOL	LLUOSOG
1 dwysaswn	dwysasem
2 dwysasit	dwysasech
3 dwysasai	dwysasent
AMHERSONOL: dwysasid	

Amherffaith	
UNIGOL	LLUOSOG
1 dwysawn	dwysaem
2 dwysait, *dwysaet*	dwysaech
3 dwysâi	dwysaent
AMHERSONOL: dwyseid	

Gorffennol	
UNIGOL	LLUOSOG
1 dwyseais	dwysasom, *dwysaon ni*
2 dwyseaist	dwysasoch, *dwysaoch*
3 dwysaodd	dwysasant, *dwysaon nhw*
AMHERSONOL: dwysawyd	

Gorchmynnol	
UNIGOL	LLUOSOG
1 —	dwysawn
2 dwysâ	dwysewch
3 dwysaed	dwysaent
AMHERSONOL: dwysaer	

Dibynnol	
UNIGOL	LLUOSOG
1 dwysawyf	dwysaom
2 dwyseych	dwysaoch
3 dwysao	dwysaont
AMHERSONOL: dwysaer	

dwysbig·o   to prick
dybl·u   to double
dyblyg·u   to duplicate
dychan·u   to satirize

Sylwch ar y ffurfiau tra llenyddol:
dycheni; dychenir; dychenid;
dychenych (di)

dychlamu   to leap

Presennol			
UNIGOL	LLUOSOG
1 dychlamaf	dychlamwn

Gorberffaith	
UNIGOL	LLUOSOG
1 dychlamaswn	dychlamasem

*ffurf hynafol, archaic form.

114

| 2 dychlemi | dychlemwch, *dychlamwch* | 2 dychlamasit | dychlamasech |
| 3 dychleim, *dychlama* | dychlamant | 3 dychlamasai | dychlamasent |

AMHERSONOL: dychlemir   AMHERSONOL: dychlamasid

Amherffaith

UNIGOL	LLUOSOG
1 dychlamwn	dychlamem
2 dychlamit, *dychlamet*	dychlamech
3 dychlamai	dychlament

AMHERSONOL: dychlemid

Gorffennol

UNIGOL	LLUOSOG
1 dychlemais, *dychlamais*	dychlamasom, *dychlamsom, dychlamon ni*
2 dychlemaist, *dychlamaist*	dychlamasoch, *dychlamsoch, dychlamoch*
3 dychlamodd	dychlamasant, *dychlamson nhw, dychlamon nhw*

AMHERSONOL: dychlamwyd

Gorchmynnol

UNIGOL	LLUOSOG
1 —	dychlamwn
2 dychlama	dychlemwch
3 dychlamed	dychlament

AMHERSONOL: dychlamer

Dibynnol

UNIGOL	LLUOSOG
1 dychlamwyf	dychlamom
2 dychlemych	dychlamoch
3 dychlamo	dychlamont

AMHERSONOL: dychlamer

dychmyg·u	to imagine	
dychryn·(u)	to frighten	*Pres. 3 Unig.* dychryn, dychryna (ef/hi); *Gorch. 2 Unig.* dychryn, dychryna (di)
dychwel·yd	to return	*Pres. 3 Unig.* dychwel (ef/hi); *Gorch. 2 Unig.* dychwel (di)
dydd·i·o	to date	dyddiaf etc.
dyddod·i	to deposit	
dyfalbarhau	to persevere	

Presennol

UNIGOL	LLUOSOG
1 dyfalbarhaf	dyfalbarhawn
2 dyfalbarhei	dyfalbarhewch
3 dyfalbarha	dyfalbarhânt

AMHERSONOL: dyfalbarheir

Gorberffaith

UNIGOL	LLUOSOG
1 dyfalbarhaswn	dyfalbarhasem
2 dyfalbarhasit	dyfalbarhasech
3 dyfalbarhasai	dyfalbarhasent

AMHERSONOL: dyfalbarhasid

Amherffaith

UNIGOL	LLUOSOG
1 dyfalbarhawn	dyfalbarhaem
2 dyfalbarhait, *dyfalbarhaet*	dyfalbarhaech
3 dyfalbarhâi	dyfalbarhaent

AMHERSONOL: dyfalbarheid

Gorffennol

UNIGOL	LLUOSOG
1 dyfalbarheais	dyfalbarhasom, *dyfalbarhaon ni*
2 dyfalbarheaist	dyfalbarhasoch, *dyfalbarhaoch*
3 dyfalbarhaodd	dyfalbarhasant, *dyfalbarhaon nhw*

AMHERSONOL: dyfalbarhawyd

<table>
<tr><td colspan="2">Gorchmynnol</td><td colspan="2">Dibynnol</td></tr>
<tr><td>UNIGOL</td><td>LLUOSOG</td><td>UNIGOL</td><td>LLUOSOG</td></tr>
<tr><td>1 —</td><td>dyfalbarhawn</td><td>1 dyfalbarhawyf</td><td>dyfalbarhaom</td></tr>
<tr><td>2 dyfalbarha</td><td>dyfalbarhewch</td><td>2 dyfalbarheych</td><td>dyfalbarhaoch</td></tr>
<tr><td>3 dyfalbarhaed</td><td>dyfalbarhaent</td><td>3 dyfalbarhao</td><td>dyfalbarhaont</td></tr>
</table>

AMHERSONOL: dyfalbarhaer   AMHERSONOL: dyfalbarhaer

dyfal·u to surmise
dyfarnu to adjudge

<table>
<tr><td colspan="2">Presennol</td><td colspan="2">Gorberffaith</td></tr>
<tr><td>UNIGOL</td><td>LLUOSOG</td><td>UNIGOL</td><td>LLUOSOG</td></tr>
<tr><td>1 dyfarnaf</td><td>dyfarnwn</td><td>1 dyfarnaswn</td><td>dyfarnasem</td></tr>
<tr><td>2 dyferni</td><td>dyfernwch, dyfarnwch</td><td>2 dyfarnasit</td><td>dyfarnasech</td></tr>
<tr><td>3 dyfarna</td><td>dyfarnant</td><td>3 dyfarnasai</td><td>dyfarnasent</td></tr>
</table>

AMHERSONOL: dyfernir   AMHERSONOL: dyfarnasid

Amherffaith

UNIGOL	LLUOSOG
1 dyfarnwn	dyfarnem
2 dyfarnit, *dyfarnet*	dyfarnech
3 dyfarnai	dyfarnent

AMHERSONOL: dyfernid

Gorffennol

UNIGOL	LLUOSOG
1 dyfernais, *dyfarnais*	dyfarnasom, *dyfarnsom, dyfarnon ni*
2 dyfernaist, *dyfarnaist*	dyfarnasoch, *dyfarnsoch, dyfarnoch*
3 dyfarnodd	dyfarnasant, *dyfarnson, dyfarnon*

AMHERSONOL: dyfarnwyd

	Gorchmynnol		*Dibynnol*
UNIGOL	LLUOSOG	UNIGOL	LLUOSOG
1 —	dyfarnwn	1 dyfarnwyf	dyfarnom
2 dyfarna	dyfernwch,	2 dyfernych	dyfarnoch
	dyfarnwch		
3 dyfarned	dyfarnent	3 dyfarno	dyfarnont
AMHERSONOL: dyfarner		AMHERSONOL: dyfarner	

dyfeis·i·o to devise   dyfeisiaf etc.
dyfnhau to deepen

	Presennol		*Gorberffaith*
UNIGOL	LLUOSOG	UNIGOL	LLUOSOG
1 dyfnhaf	dyfnhawn	1 dyfnhaswn	dyfnhasem
2 dyfnhei	dyfnhewch	2 dyfnhasit	dyfnhasech
3 dyfnha	dyfnhânt	3 dyfnhasai	dyfnhasent
AMHERSONOL: dyfnheir		AMHERSONOL: dyfnhasid	

Amherffaith

UNIGOL	LLUOSOG
1 dyfnhawn	dyfnhaem
2 dyfnhait, *dyfnhaet*	dyfnhaech
3 dyfnhâi	dyfnhaent
AMHERSONOL: dyfnheid	

Gorffennol

UNIGOL	LLUOSOG
1 dyfnheais	dyfnhasom, *dyfnhaon ni*
2 dyfnheaist	dyfnhasoch, *dyfnhaoch*
3 dyfnhaodd	dyfnhasant, *dyfnhaon nhw*
AMHERSONOL: dyfnhawyd	

	Gorchmynnol		*Dibynnol*
UNIGOL	LLUOSOG	UNIGOL	LLUOSOG
1 —	dyfnhawn	1 dyfnhawyf	dyfnhaom
2 dyfnha	dyfnhewch	2 dyfnheych	dyfnhaoch
3 dyfnhaed	dyfnhaent	3 dyfnhao	dyfnhaont
AMHERSONOL: dyfnhaer		AMHERSONOL: dyfnhaer	

dyfod gw. dod
dyfrhau to water

	Presennol		*Gorberffaith*
UNIGOL	LLUOSOG	UNIGOL	LLUOSOG
1 dyfrhaf	dyfrhawn	1 dyfrhaswn	dyfrhasem
2 dyfrhei	dyfrhewch	2 dyfrhasit	dyfrhasech
3 dyfrha	dyfrhânt	3 dyfrhasai	dyfrhasent
AMHERSONOL: dyfrheir		AMHERSONOL: dyfrhasid	

Amherffaith

UNIGOL	LLUOSOG
1 dyfrhawn	dyfrhaem
2 dyfrhait, *dyfrhaet*	dyfrhaech
3 dyfrhâi	dyfrhaent

AMHERSONOL: dyfrheid

Gorffennol

UNIGOL	LLUOSOG
1 dyfrheais	dyfrhasom, *dyfrhaon ni*
2 dyfrheaist	dyfrhasoch, *dyfrhaoch*
3 dyfrhaodd	dyfrhasant, *dyfrhaon nhw*

AMHERSONOL: dyfrhawyd

Gorchmynnol		*Dibynnol*	
UNIGOL	LLUOSOG	UNIGOL	LLUOSOG
1 —	dyfrhawn	1 dyfrhawyf	dyfrhaom
2 dyfrha	dyfrhewch	2 dyfrheych	dyfrhaoch
3 dyfrhaed	dyfrhaent	3 dyfrhao	dyfrhaont

AMHERSONOL: dyfrhaer   AMHERSONOL: dyfrhaer

dyfynn·u   to quote

Gorffennol	*Gorberffaith*	
LLUOSOG	UNIGOL	LLUOSOG
1 dyfynasom, *dyfynsom, dyfynnon ni*	1 dyfynaswn	dyfynasem
2 dyfynasoch, *dyfynsoch, dyfynnoch*	2 dyfynasit	dyfynasech
3 dyfynasant, *dyfynson, dyfynnon nhw*	3 dyfynasai	dyfynasent

AMHERSONOL: dyfynnwyd   AMHERSONOL: dyfynasid

dygymod   to come to terms   Nid yw'n cael ei rhedeg.
dyhe·u   to yearn
dylanwad·u   to influence
dylif·o   to flow
dylu   ought, should   Dim ond dau amser sydd i hon

Amherffaith		*Gorberffaith*	
UNIGOL	LLUOSOG	UNIGOL	LLUOSOG
1 dylwn	dylem	1 dyl(a)swn	dyl(a)sem
2 dylit, *dylet*	dylech	2 dyl(a)sit	dyl(a)sech
3 dylai	dylent	3 dyl(a)sai	dyl(a)sent

AMHERSONOL: dylid   AMHERSONOL: dyl(a)sid

dylun·i·o   to design   *Sylwch:* dylunni di; dylunnir; dylunnit; dylunnid

dymchwel·   to overturn   *Pres. 3 Unig.* dymchwel (ef/hi); *Gorch. 2 Unig.* dymchwel (di)

dymun·o	to wish to	
dynes·u	to draw near	
dynod·i	to indicate	
dynwared·	to imitate	dynwaredaf etc.
dyrann·u	to dissect	Am ei rhediad ffurfiol, gw. rhannu

ond y duedd fyddai ei thrin fel berf
reolaidd â'r bôn dyrann·.

<table>
<tr><td colspan="2">Gorffennol</td><td colspan="2">Gorberffaith</td></tr>
<tr><td colspan="2">LLUOSOG</td><td>UNIGOL</td><td>LLUOSOG</td></tr>
<tr><td colspan="2">1 dyranasom, dyransom, dyrannon ni</td><td>1 dyranaswn</td><td>dyranasem</td></tr>
<tr><td colspan="2">2 dyranasoch, dyransoch, dyrannoch</td><td>2 dyranasit</td><td>dyranasech</td></tr>
<tr><td colspan="2">3 dyranasant, dyranson,</td><td>3 dyranasai</td><td>dyranasent</td></tr>
<tr><td colspan="2">dyrannon nhw</td><td></td><td></td></tr>
<tr><td colspan="2">AMHERSONOL: dyrannwyd</td><td colspan="2">AMHERSONOL: dyranasid</td></tr>
</table>

dyrchafu   to lift up

<table>
<tr><td colspan="2">Presennol</td><td colspan="2">Gorberffaith</td></tr>
<tr><td>UNIGOL</td><td>LLUOSOG</td><td>UNIGOL</td><td>LLUOSOG</td></tr>
<tr><td>1 dyrchafaf</td><td>dyrchafwn</td><td>1 dyrchafaswn</td><td>dyrchafasem</td></tr>
<tr><td>2 dyrchefi,</td><td>dyrchefwch,</td><td>2 dyrchafasit</td><td>dyrchafasech</td></tr>
<tr><td>dyrchafi</td><td>dyrchafwch</td><td></td><td></td></tr>
<tr><td>3 *dyrchaif,</td><td>dyrchafant</td><td>3 dyrchafasai</td><td>dyrchafasent</td></tr>
<tr><td>dyrchafa</td><td></td><td></td><td></td></tr>
<tr><td colspan="2">AMHERSONOL: dyrchefir</td><td colspan="2">AMHERSONOL: dyrchafesid</td></tr>
</table>

Amherffaith

UNIGOL	LLUOSOG
1 dyrchafwn	dyrchafem
2 dyrchafit, *dyrchafet*	dyrchafech
3 dyrchafai	dyrchafent
AMHERSONOL: dyrchefid	

Gorffennol

UNIGOL	LLUOSOG
1 dyrchefais, *dyrchafais*	dyrchafasom, *dyrchafsom,*
	dyrchafon ni
2 dyrchefaist, *dyrchafaist*	dyrchafasoch, *dyrchafsoch,*
	dyrchafoch
3 dyrchafodd	dyrchafasant, *dyrchafason,*
	dyrchafon nhw
AMHERSONOL: dyrchafwyd	

*ffurf hynafol, archaic form.

Gorchmynnol		Dibynnol	
UNIGOL	LLUOSOG	UNIGOL	LLUOSOG
1 —	dyrchafwn	1 dyrchafwyf	dyrchafom
2 dyrchafa	dyrchefwch,	2 dyrchefych	dyrchafoch
	dyrchafwch		
3 dyrchafed	dyrchafent	3 dyrchafo	dyrchafont
AMHERSONOL: dyrchafer		AMHERSONOL: dyrchafer	

dyrn·u to thresh
dysg·u to teach

dywedd·ï·o to betroth

Pres. 3 Unig. dysg, dysga (ef/hi);
Gorch. 2 Unig. dysg, *dysga* (di)
Sylwch: ceir ï ym mhob ffurf ac eithrio
dyweddii, dyweddiir, dyweddiid

Gorffennol	Gorberffaith	
LLUOSOG	UNIGOL	LLUOSOG
1 dyweddiasom, *dyweddïon ni*	1 dyweddiaswn	dyweddiasem
2 dyweddiasoch, *dyweddïoch*	2 dyweddiasit	dyweddiasech
3 dyweddiasant, *dyweddïon nhw*	3 dyweddiasai	dyweddiasent
AMHERSONOL: dyweddïwyd	AMHERSONOL: dyweddiasid	

E

---

ebych·u to exclaim
echdorr·i to erupt

Gorffennol	Gorberffaith	
LLUOSOG	UNIGOL	LLUOSOG
1 echdorasom, *echdorron ni*	1 echdoraswn	echdorasem
2 echdorasoch, *echdorroch*	2 echdorasit	echdorasech
3 echdorasant, *echdorron nhw*	3 echdorasai	echdorasent
AMHERSONOL: echdorrwyd	AMHERSONOL: echdorasid	

echdynn·u to extract

Pres. 3 Unig. echdyn (ef/hi);
Gorch. 2 Unig. echdyn (di).

Gorffennol	Gorberffaith	
LLUOSOG	UNIGOL	LLUOSOG
1 echdynasom, *echdynnon ni*	1 echdynaswn	echdynasem
2 echdynasoch, *echdynnoch*	2 echdynasit	echdynasech
3 echdynasant, *echdynnon nhw*	3 echdynasai	echdynasent
AMHERSONOL: echdynnwyd	AMHERSONOL: echdynasid	

edifarhau to repent

Presennol		Gorberffaith	
UNIGOL	LLUOSOG	UNIGOL	LLUOSOG
1 edifarhaf	edifarhawn	1 edifarhaswn	edifarhasem

2 edifarhei	edifarhewch	2 edifarhasit	edifarhasech
3 edifarha	edifarhânt	3 edifarhasai	edifarhasent

AMHERSONOL: edifarheir   AMHERSONOL: edifarhasid

Amherffaith

UNIGOL	LLUOSOG
1 edifarhawn	edifarhaem
2 edifarhait, *edifarhaet*	edifarhaech
3 edifarhâi	edifarhaent

AMHERSONOL: edifarheid

Gorffennol

UNIGOL	LLUOSOG
1 edifarheais	edifarhasom, *edifarhaon ni*
2 edifarheaist	edifarhasoch, *edifarhaoch*
3 edifarhaodd	edifarhasant, *edifarhaon nhw*

AMHERSONOL: edifarhawyd

Gorchmynnol

UNIGOL	LLUOSOG
1 —	edifarhawn
2 edifarha	edifarhewch
3 edifarhaed	edifarhaent

AMHERSONOL: edifarhaer

Dibynnol

UNIGOL	LLUOSOG
1 edifarhawyf	edifarhaom
2 edifarheych	edifarhaoch
3 edifarhao	edifarhaont

AMHERSONOL: edifarhaer

edliw	to reproach
edliw·i·	edliwiaf etc.
edmyg·u	to admire
edrych·	to look

edrychaf etc. *Pres. 3 Unig.* edrych (ef/hi); *Gorch. 2 Unig.* edrych (di).

efengyl·u	to evangelize
efelych·u	to imitate
effeith·i·o	to affect
egin·o	to sprout
eglur·o	to explain
ehang·u	to expand

effeithiaf etc.

Sylwch ar y ffurfiau tra llenyddol:
ehengi; ehengir; ehengid; ehengych (di)

Gorffennol

LLUOSOG
1 eangasom, *ehangon ni*
2 eangasoch, *ehangoch*
3 eangasant, *ehangon ni*
AMHERSONOL: ehangwyd

Gorberffaith

UNIGOL	LLUOSOG
1 eangaswn	eangasem
2 eangasit	eangasech
3 eangasai	eangasent

AMHERSONOL: eangasid

ehed·eg	to fly

Pres. 3 Unig. ehed (ef/hi); *Gorch. 2 Unig* ehed (di)/hed (di).

eiddigedd·u	to envy	
eil·i·o	to second	eiliaf etc.
eill·i·o	to shave	eilliaf etc.
eiriol·	to intercede	eiriolaf etc.
eistedd·	to sit	eisteddaf etc.
		Pres. 3 Unig. eistedd (ef/hi)
eithr·i·o	to except	eithriaf etc.
elwa·	to profit	elwaf etc.
emwlseidd·i·o	to emulsify	emwlseiddiaf etc.
encil·i·o	to retreat	enciliaf etc.
enein·i·o	to anoint	eneiniaf etc.
enllib·i·o	to slander	enllibiaf etc.
ennill	to win	
enill·		Pres. 3 Unig. ennill (ef/hi); Gorch 2 Unig. ennill (di)
ennyn	to light	
enynn·		enynnaf etc.
		Pres. 3 Unig. ennyn (ef/hi); Gorch. 3 Unig. ennyn (di)

Gorffennol		Gorberffaith	
LLUOSOG		UNIGOL	LLUOSOG
1 enynasom, enynnon ni		1 enynaswn	enynasem
2 enynasoch, enynnoch		2 enynasit	enynasech
3 enynasant, enynnon nhw		3 enynasai	enynasent
AMHERSONOL: enynnwyd		AMHERSONOL: enynasid	

ensyn·i·o	to insinuate	ensyniaf etc.
		Sylwch: ensynni di; ensynnir; ensynnit ti; ensynnid
enwaed·u	to circumcise	
enweb·u	to nominate	
enw·i	to name	
epil·i·o	to breed	epiliaf etc.
eples·u	to ferment	
erchi	to request	

Presennol		Gorberffaith	
UNIGOL	LLUOSOG	UNIGOL	LLUOSOG
1 archaf	archwn	1 archaswn	archasem
2 erchi	erchwch	2 archasit	archasech
3 eirch	archant	3 archasai	archasent
AMHERSONOL: erchir		AMHERSONOL: archesid	

Amherffaith	
UNIGOL	LLUOSOG
1 archwn	archem

2 archit, *archet*
3 archai
AMHERSONOL: erchid

Gorffennol

UNIGOL	LLUOSOG
1 erchais	archasom
2 erchaist	archasoch
3 archodd	archasant

AMHERSONOL: archwyd

Gorchmynnol

UNIGOL	LLUOSOG
1 —	archwn
2 archa	archwch
3 arched	archent

AMHERSONOL: archer

Dibynnol

UNIGOL	LLUOSOG
1 archwyf	archom
2 erchych	archoch
3 archo	archont

AMHERSONOL: archer

erfyn to entreat
 erfyn·i· erfyniaf etc.
  Pres. 3 Unig erfyn (ef/hi); *Gorch. 2 Unig.* erfyn (di). *Sylwch:* erfynni di; erfynnir; erfynnit ti; erfynnid
ergyd·i·o to strike ergydiaf etc.
erlid to prosecute
 erlid·i· erlidiaf etc.
erlyn· to prosecute erlynaf etc.
erthyl·u to abort
eryd·u to erode
esbon·i·o to explain esboniaf etc.
  Sylwch: esbonni di; esbonnir; esbonnit ti; esbonnid

esgeulus·o to neglect
esgor· to give birth esgoraf etc.
esgusod·i to excuse
esgyn to ascend
 esgynn· esgynnaf etc.
  Pres. 3 Unig. esgyn (ef/hi); *Gorch. 2 Unig.* esgyn (di).

Gorffennol

LLUOSOG
1 esgynasom, *esgynnon ni*
2 esgynasoch, *esgynnoch*
3 esgynasant, *esgynnon nhw*
AMHERSONOL: esgynnwyd

Gorberffaith

UNIGOL	LLUOSOG
1 esgynaswn	esgynasem
2 esgynasit	esgynasech
3 esgynasai	esgynasent

AMHERSONOL: esgynasid

esmwytháu   to soothe

Presennol

UNIGOL	LLUOSOG
1 esmwythâf	esmwythawn
2 esmwythei	esmwythewch
3 esmwythâ	esmwythânt
AMHERSONOL: esmwytheir	

Gorberffaith

UNIGOL	LLUOSOG
1 esmwythaswn	esmwythasem
2 esmwythasit	esmwythasech
3 esmwythasai	esmwythasent
AMHERSONOL: esmwythasid	

Amherffaith

UNIGOL	LLUOSOG
1 esmwythawn	esmwythaem
2 esmwythait, *esmwythaet*	esmwythaech
3 esmwythâi	esmwythaent
AMHERSONOL: esmwytheid	

Gorffennol

UNIGOL	LLUOSOG
1 esmwytheais	esmwythasom, *esmwythaon ni*
2 esmwytheaist	esmwythasoch, *esmwythaoch*
3 esmwythaodd	esmwythasant, *esmwythaon nhw*
AMHERSONOL: esmwythawyd	

Gorchmynnol

UNIGOL	LLUOSOG
1 —	esmwythawn
2 esmwythâ	esmwythewch
3 esmwythaed	esmwythaent
AMHERSONOL: esmwythaer	

Dibynnol

UNIGOL	LLUOSOG
1 esmwythawyf	esmwythaom
2 esmwytheych	esmwythaoch
3 esmwythao	esmwythaont
AMHERSONOL: esmwythaer	

---

esmwyth·o   to soothe
estraddod·i   to extradite
estyn   to reach
   estynn·

estynnaf etc.
Pres. 3 Unig. estyn, *estynna* (ef/hi);
Gorch. 2 Unig. estyn, *estynna* (di)
(*Gorchmynnol*)

Gorffennol

LLUOSOG
1 estynasom, *estynsom, estynnon ni*
2 estynasoch, *estynsoch, estynnoch*
3 estynasant, *estynson, estynnon nhw*
AMHERSONOL: estynnwyd

Gorberffaith

UNIGOL	LLUOSOG
1 estynaswn	estynasem
2 estynasit	estynasech
3 estynasai	estynasent
AMHERSONOL: estynasid	

---

etifedd·u   to inherit
ethol·   to elect   etholaf etc.
eur·o   to gild

124

| ewyllys·i·o | to will | ewyllysiaf etc. |
| ewynn·u | to foam | |

	Gorffennol		*Gorberffaith*
LLUOSOG		UNIGOL	LLUOSOG
1 ewynasom, *ewynnon ni*		1 ewynaswn	ewynasem
2 ewynasoch, *ewynnoch*		2 ewynasit	ewynasech
3 ewynasant, *ewynnon nhw*		3 ewynasai	ewynasent
AMHERSONOL: ewynnwyd		AMHERSONOL: ewynasid	

Ff

ffael·u	to fail	
ffafr·i·o	to favour	ffafriaf etc.
		Sylwch ar y ffurfiau tra llenyddol:
		ffefri; ffefrir; ffefrid; ffefriech (di)
ffals·i·o	to deceive	ffalsiaf etc.
ffansï·o	to fancy	*Sylwch:* ceir ï ym mhob ffurf ac eithrio
		ffansii, ffansiir, ffansiid
ffarm·i·o		gw. ffermio
		Defnyddiwch ffurfiau *ffermio* wrth ei
		rhedeg
ffarwel·i·o	to bid farewell	ffarweliaf etc.
ffeil·i·o	to file	ffeiliaf etc.
ffeir·i·o	to swap	ffeiriaf etc.
ffens·i·o	to fence	ffensiaf etc.
fferm·i·o	to farm	ffermiaf etc.
fferr·u	to freeze	*Sylwch:* un 'r' sydd yn y ffurfiau
		traddodiadol yn cynnwys ·as·
		(*fferasom; fferaswn* etc.) Ond y duedd
		fyddai i beidio â'i rhedeg a
		defnyddio'r ffurfiau cwmpasog.
ffieidd·i·o	to abhor	ffieiddiaf etc.
ffilm·i·o	to film	ffilmiaf etc.
ffin·i·o	to adjoin	ffiniaf etc.
		Sylwch: finni di; ffinnir; finnit; ffinnid
ffit·i·o	to fit	ffitiaf etc.
ffiws·i·o	to fuse	ffiwsiaf etc.
fflach·i·o	to flash	fflachiaf etc.
fflangell·u	to flog	
fflam·i·o	to flare	fflamiaf etc.

fflat·i·o	to flatten	fflatiaf etc.
fflyrt·i·o	to flirt	fflyrtiaf etc.
ffoi	to flee	

Presennol

UNIGOL	LLUOSOG
1 ffoaf	ffown
2 ffoi	ffowch
3 ffy, *ffoa*	ffoant
AMHERSONOL: ffoir	

Gorberffaith

UNIGOL	LLUOSOG
1 ffoeswn	ffoesem
2 ffoesit	ffoesech
3 ffoesai	ffoesent
AMHERSONOL: ffoesid	

Amherffaith

UNIGOL	LLUOSOG
1 ffown	ffoem
2 ffoit, *ffoet*	ffoech
3 ffôi	ffoent
AMHERSONOL: ffoid	

Gorffennol

UNIGOL	LLUOSOG
1 ffois, *ffoais*	ffoesom
2 ffoist, *ffoaist*	ffoesoch
3 ffodd, *ffoes*	ffoesant, *ffoeson nhw*
AMHERSONOL: ffowyd	

Gorchmynnol

UNIGOL	LLUOSOG
1 —	ffown
2 ffoa	ffowch
3 ffoed	ffoent
AMHERSONOL: ffoer	

Dibynnol

UNIGOL	LLUOSOG
1 ffowyf	ffôm
2 ffoch	ffoch
3 ffo	ffônt
AMHERSONOL: ffoer	

ffol·i	to dote	
ffon·i·o	to phone	ffoniaf etc.
		Sylwch: ffonni di; ffonnir; ffonnit ti; ffonnid
ffordd·i·o	to afford	fforddiaf etc.
fforffed·u	to forfeit	
ffosileidd·i·o	to fossilize	ffosileiddiaf etc.
ffrae·o	to quarrel	
ffram·i·o	to frame	fframiaf etc.
ffri·o	to fry	*Sylwch:* ffrii di
ffroen·i	to sniff	
ffrom·i	to be angry	
ffrwtian	to simmer	Nid yw hon yn arfer cael ei rhedeg.
ffrwydr·o	to explode	
ffrwyn·o	to curb	

ffrwythlon·i to fertilize
ffryd·i·o to stream ffrydiaf etc.
ffugbas·i·o to dummy ffugbasiaf etc.
ffug·i·o to fake ffugiaf etc.
ffuret·a to ferret Yr arfer yw peidio â rhedeg hon.
ffurf·i·o to form ffurfiaf etc.
ffust·o to hammer
ffwdan·u to fuss
ffwndr·o to become confused
ffynn·u to thrive

Gorffennol		*Gorberffaith*	
LLUOSOG		UNIGOL	LLUOSOG
1 ffynasom, *ffynnon ni*		1 ffynaswn	ffynasem
2 ffynasoch, *ffynnoch*		2 ffynasit	ffynasech
3 ffynasant, *ffynnon nhw*		3 ffynasai	ffynasent
AMHERSONOL: ffynnwyd		AMHERSONOL: ffynasid	

ffyrnig·o to enrage

G

gadael to leave

Presennol		*Gorberffaith*	
UNIGOL	LLUOSOG	UNIGOL	LLUOSOG
1 gadawaf	gadawn	1 gadawswn	gadawsem
2 gadewi	gadewch	2 gadawsit	gadawsech
3 *gedy, gad, gadawa	gadawant	3 gadawsai	gadawsent
AMHERSONOL: gadewir		AMHERSONOL: gadawsid	

Amherffaith		*Gorffennol*	
UNIGOL	LLUOSOG	UNIGOL	LLUOSOG
1 gadawn	gadawem	1 gadewais	gadawsom, *gadawon ni*
2 gadawit, *gadawet*	gadawech	2 gadewaist	gadawsoch, *gadawoch*
3 gadawai	gadawent	3 gadawodd	gadawsant, *gadawson nhw*
AMHERSONOL: gadewid		AMHERSONOL: gadawyd	

*ffurf hynafol, archaic form.

127

	Gorchmynnol			Dibynnol	
UNIGOL	LLUOSOG		UNIGOL	LLUOSOG	
1 —	gadawn		1 gadawyf	gadawom	
2 gad, *gadawa*	gadewch		2 gadewych	gadawoch	
3 gadawed	gadawent		3 gadawo	gadawont	
AMHERSONOL: gadawer			AMHERSONOL: gadawer		

gaeafgysg·u to hibernate
gaeaf·u to winter
gafael· to grasp gafaelaf etc.
Pres. 3 Unig. gafael, gafaela (ef/hi);
Gorch. 2 Unig. gafael, gafaela (di)

galarnad·u to lament
galar·u to mourn *Sylwch ar y ffurfiau tra llenyddol:*
galeri; galerir; galerid; galerych (di)
galfaneidd·i·o to galvanize galfaneiddiaf etc.
galw to call

	Presennol			Gorberffaith	
UNIGOL	LLUOSOG		UNIGOL	LLUOSOG	
1 galwaf	galwn		1 galwaswn	galwasem	
2 gelwi	gelwch, *galwch*		2 galwasit	galwasech	
3 geilw	galwant		3 galwasai	galwasent	
AMHERSONOL: gelwir			AMHERSONOL: galwesid		

Amherffaith	
UNIGOL	LLUOSOG
1 galwn	galwem
2 galwit, *galwet*	galwech
3 galwai	galwent
AMHERSONOL: gelwid	

Gorffennol	
UNIGOL	LLUOSOG
1 gelwais, *galwais*	galwasom, *galwon ni*
2 gelwaist, *galwaist*	galwasoch, *galwoch*
3 galwodd	galwasant, *galwon nhw*
AMHERSONOL: galwyd	

	Gorchmynnol			Dibynnol	
UNIGOL	LLUOSOG		UNIGOL	LLUOSOG	
1 —	galwn		1 galwyf	galwom	
2 galw	galwch		2 gelwych	galwoch	
3 galwed	galwent		3 galwo	galwont	
AMHERSONOL: galwer			AMHERSONOL: galwer		

128

gallu to be able

	Presennol		Gorberffaith
UNIGOL	LLUOSOG	UNIGOL	LLUOSOG
1 gallaf	gallwn	1 gallaswn	gallasem
2 gelli	gellwch,	2 gallasit	gallasech
	gallwch		
3 geill, *gall*	gallant	3 gallasai	gallasent
AMHERSONOL: gellir		AMHERSONOL: gallesid	

Amherffaith

UNIGOL	LLUOSOG
1 gallwn	gallem
2 gallit, *gallet*	gallech
3 gallai	gallent
AMHERSONOL: gellid	

Gorffennol

UNIGOL	LLUOSOG
1 gellais, *gallais*	gallasom, *gallon ni*
2 gellaist, *gallaist*	gallasoch, *galloch*
3 gallodd	gallasant, *gallon nhw*
AMHERSONOL: gallwyd	

	Gorchmynnol		Dibynnol
UNIGOL	LLUOSOG	UNIGOL	LLUOSOG
1 —	gallwn	1 gallwyf	gallom
2 gall	gellwch, *gallwch*	2 gellych	galloch
3 galled	gallent	3 gallo	gallont
AMHERSONOL: galler		AMHERSONOL: galler	

galluog·i to enable
gambl·o to gamble
gardd·i·o to garden garddiaf
Sylwch ar y ffurfiau tra llenyddol:
gerddi; gerddir; gerddid; gerddych
(di)
gefeill·i·o to twin gefeilliaf etc.
geir·i·o to enunciate geiriaf etc.
geni to be born Ni cheir ond y ffurfiau *Amhersonol*:

Presennol	Amherffaith	Gorffennol	Gorberffaith	Gorchmynnol	Dibynnol
genir	genid	ganed/ganwyd	ganesid	ganer	ganer

gerwin·o to become rough Y duedd fyddai i beidio â'i rhedeg.
ges·i·o to guess gesiaf etc.
glafoer·i to slaver

glanhau　　to clean

Presennol		*Gorberffaith*	
UNIGOL	LLUOSOG	UNIGOL	LLUOSOG
1 glanhaf	glanhawn	1 glanhaswn	glanhasem
2 glanhei	glanhewch	2 glanhasit	glanhasech
3 glanha	glanhânt	3 glanhasai	glanhasent
AMHERSONOL: glanheir		AMHERSONOL: glanhesid	

Amherffaith

UNIGOL	LLUOSOG
1 glanhawn	glanhaem
2 glanhait, *glanhaet*	glanhaech
3 glanhâi	glanhaent
AMHERSONOL: glanheid	

Gorffennol

UNIGOL	LLUOSOG
1 glanheais	glanhasom, *glanhaon ni*
2 glanheaist	glanhasoch, *glanhaoch*
3 glanhaodd	glanhasant, *glanhaon nhw*
AMHERSONOL: glanhawyd	

Gorchmynnol		*Dibynnol*	
UNIGOL	LLUOSOG	UNIGOL	LLUOSOG
1 —	glanhawn	1 glanhawyf	glanhaom
2 glanha	glanhewch	2 glanheych	glanhaoch
3 glanhaed	glanhaent	3 glanhao	glanhaont
AMHERSONOL: glanhaer		AMHERSONOL: glanhaer	

glan·i·o　　to land　　glaniaf etc.

Sylwch: glenni, glanni di; glennir; glannit ti; glennid

glastwreidd·i·o　to dilute　glastwreiddiaf etc.

glas·u　　to turn blue　*Sylwch ar y ffurfiau tra llenyddol:* glesi; glesir; glesid; glesych (di)

glaswen·u　to smirk

glaw·i·o　　to rain　　Y duedd yw defnyddio'r ffurfiau cryno ar gyfer y *Gorffennol* a'r *Amherffaith* yn unig: glawiodd; glawiai

gleid·i·o　to glide　gleidiaf etc.

gloddest·a　to feast

gloyw·i　to polish

glud·i·o　to glue　gludiaf etc.

glyn·u　to cling　*Pres. 3 Unig.* glŷn, glyna (ef/hi);
Gorch. 2 Unig glŷn, glyna (di)

gobeith·i·o　to hope　gobeithiaf etc.

130

godr·o to milk
goddef· to suffer goddefaf etc.
                    Pres. 3 Unig. goddef (ef/hi); *Gorch. 2*
                    Unig. goddef (di)
goddiwedd·yd to overtake Y duedd fyddai i beidio â'i rhedeg.
gofal·u to take care *Sylwch ar y ffurfiau tra llenyddol:*
                    gofeli; gofelir; gofelid; gofelych (di)
gofer·u to pour
goferw·i to simmer
gofid·i·o to worry gofidiaf etc.
gofyn to ask
  gofynn· gofynnaf etc.
                    Pres. 3 Unig. gofyn (ef/hi); *Gorch. 2*
                    Unig. gofyn (di)

	Gorffennol			*Gorberffaith*	
LLUOSOG			UNIGOL		LLUOSOG
1 gofynasom,	*gofynsom,*	*gofynnon ni*	1 gofynaswn		gofynasem
2 gofynasoch,	*gofynsoch,*	*gofynnoch*	2 gofynasit		gofynasech
3 gofynasant,	*gofynson,*	*gofynnon*	3 gofynasai		gofynasent
		nhw			

AMHERSONOL: gofynnwyd *Amherffaith*: gofynasid

goglais to tickle
  gogleis·i· gogleisiaf etc.
                    Pres. 3 Unig. goglais (ef/hi); *Gorch. 2*
                    Unig. goglais (di)
gogleis·i·o to tickle gogleisiaf etc.
gogonedd·u to glorify
gogrwn to sift
  gogryn· gogrynaf etc.
gogwydd·o to incline
goheb·u to correspond
gohir·i·o to postpone gohiriaf etc.
golch·i to wash *Pres. 3 Unig.* gylch, golcha (ef/hi)
goleddf·u to slope Y duedd fyddai i beidio â'i rhedeg.
goleu·o to enlighten
golyg·u to intend; to edit
gollwng to release
  gollyng· gollyngaf etc.
                    Pres. 3 Unig. gollwng, gollynga
                    (ef/hi). *Gorch. 2 Unig.* gollwng,
                    gollynga (di)

gorboeth·i to overheat
gorbris·i·o to overvalue gorbrisiaf etc.

131

gorbwysleis·i·o	to overemphasize	gorbwysleisiaf etc.
gorchfyg·u	to conquer	
gorchudd·i·o	to cover	gorchuddiaf etc.
gorchymyn	to command	
gorchmynn·		gorchmynnaf etc.

Gorffennol		*Gorberffaith*	
LLUOSOG		UNIGOL	LLUOSOG
1 gorchymynasom, *gorchmynnon ni*		1 gorchmynaswn	gorchmynasem
2 gorchymynasoch, *gorchmynnoch*		2 gorchmynasit	gorchmynasech
3 gorchymynasant, *gorchmynnon nhw*		3 gorchmynasai	gorchmynasent
AMHERSONOL: gorchmynnwyd		*Amherffaith*: gorchmynasid	

gorddefnydd·i·o	to overuse	gorddefnyddiaf
gorddibynn·u	to be too dependent	Y duedd fyddai i beidio â'i rhedeg ond o'i rhedeg, dilynwch dibynnu.
gor-ddweud	to overstate	Y duedd fyddai i beidio â'i rhedeg.
goresgyn	to overcome	goresgynnaf etc.
goresgynn·		*Pres. 3 Unig.* goresgyn (ef/hi)

Gorffennol		*Gorberffaith*	
LLUOSOG		UNIGOL	LLUOSOG
1 goresgynasom, *goresgynnon ni*		1 goresgynaswn	goresgynasem
2 goresgynasoch, *goresgynnoch*		2 goresgynasit	goresgynasech
3 goresgynasant, *goresgynnon nhw*		3 goresgynasai	goresgynasent
AMHERSONOL: goresgynnwyd		*Amherffaith*: goresgynasid	

goreur·o	to gild	
gorflin·o	to overtire	
gorfod	to have to	Gellir rhedeg y ferf fel berf gyfansawdd yn cynnwys *bod* e.e. *gorfyddaf* etc. (cf. *canfod*) ond ac eithrio *gorfu* ef/hi (*Gorffennol*) ni redir y ferf heddiw. Defnyddiwch y ffurfiau cwmpasog neu *gorfod imi* etc.
gorfod·i	to compel	
gorfoledd·u	to rejoice	
gorffen	to complete	
gorffenn·		gorffennaf etc. *Pres. 3 Unig.* gorffen, gorffenna (ef/hi); *Gorch. 2 Unig.* gorffen, gorffenna (di)

Gorffennol		*Gorberffaith*	
LLUOSOG		UNIGOL	LLUOSOG
1 gorffenasom, *gorffensom, gorffennon ni*		1 gorffenaswn	gorffenasem

132

2 gorffenasoch, *gorffensoch,* 	2 gorffenasit 	gorffenasech
gorffennoch
3 gorffenasant, *gorffenson,* 	3 gorffenasai 	gorffenasent
gorffennon nhw
AMHERSONOL: gorffennwyd 	*Amherffaith*: gorffenasid

gorffwys·o 	to rest
gorgyffwrdd 	to overlap
gorgyffyrdd· 	gorgyffyrddaf etc.
gor·i 	to brood
gorlenwi 	to overfill

	Presennol		*Gorberffaith*	
UNIGOL	LLUOSOG		UNIGOL	LLUOSOG
1 gorlanwaf	gorlanwn		1 gorlanwaswn	gorlanwasem
2 gorlenwi	gorlenwch		2 gorlanwasit	gorlanwasech
3 gorleinw	gorlanwant		3 gorlanwasai	gorlanwasent
AMHERSONOL: gorlenwir			AMHERSONOL: gorlanwesid	

Amherffaith

UNIGOL	LLUOSOG
1 gorlanwn	gorlanwem
2 gorlanwit, *gorlanwet*	gorlanwech
3 gorlanwai	gorlanwent
AMHERSONOL: gorlenwid	

Gorffennol

UNIGOL	LLUOSOG
1 gorlenwais	gorlanwasom, *gorlanwon ni*
2 gorlenwaist	gorlanwasoch, *gorlanwoch*
3 gorlanwodd	gorlanwasant, *gorlanwon nhw*
AMHERSONOL: gorlanwyd	

	Gorchmynnol		*Dibynnol*	
UNIGOL	LLUOSOG		UNIGOL	LLUOSOG
1 —	gorlanwn		1 gorlanwyf	gorlanwom
2 gorlanwa	gorlenwch		2 gorlenwych	gorlanwoch
3 gorlanwed	gorlanwent		3 gorlanwo	gorlanwont
AMHERSONOL: gorlanwer			AMHERSONOL: gorlanwer	

gorlif·o 	to overflow
gorliw·i·o 	to exaggerate 	gorliwiaf etc.
gorlwyth·o 	to overload
gormes·u 	to oppress
goroes·i 	to survive
gorsedd·u 	to enthrone
goruchwyl·i·o 	to supervise 	goruchwyliaf etc.

gorwedd	to lie down	Pres. 3 Unig. gorwedd, gorwedda
		(ef/hi); Gorch. 2 Unig. gorwedd,
		gorwedda (di)
gorweith·i·o	to overwork	gorweithiaf etc.
gorwneud	to overdo	Nid yw hon yn cael ei rhedeg yn
		llawn
gorymdeith·i·o	to march	gorymdeithiaf etc.
goryrr·u	to speed	

	Gorffennol			*Gorberffaith*
LLUOSOG			UNIGOL	LLUOSOG
1 goryrasom, *goryrsom, goryrron ni*			1 goryraswn	goryrasem
2 goryrasoch, *goryrsoch, goryrroch*			2 goryrasit	goryrasech
3 goryrasant, *goryrson, goryrron nhw*			3 goryrasai	goryrasent
AMHERSONOL: goryrrwyd			AMHERSONOL: goryrasid	

gosod·	to place	gosodaf etc.
		Pres. 3 Unig. gesyd (ef/hi); Gorch. 2
		Unig. gosod (di)
gosteg·u	to subdue	
gostwng	to lower	
gostyng·		gostyngaf etc.
		Pres. 3 Unig gostwng (ef/hi); Gorch. 2
		Unig. gostwng di
gradd·i·o	to grade	graddiaf etc.
graen·u	to grain	
gresyn·u	to deplore	
griddfan·	to groan	griddfanaf etc.
grymus·o	to strengthen	
gwacáu	to empty	

	Presennol			*Gorberffaith*
UNIGOL	LLUOSOG		UNIGOL	LLUOSOG
1 gwacâf	gwacawn		1 gwacaswn	gwacasem
2 gwacei	gwacewch		2 gwacasit	gwacasech
3 gwacâ	gwacânt		3 gwacasai	gwacasent
AMHERSONOL: gwaceir			AMHERSONOL: gwacesid	

	Amherffaith
UNIGOL	LLUOSOG
1 gwacawn	gwacaem
2 gwacait, *gwacaet*	gwacaech
3 gwacâi	gwacaent
AMHERSONOL: gwaceid	

	Gorffennol
UNIGOL	LLUOSOG
1 gwaceais	gwacasom, *gwagson ni*

2 gwaceaist   gwacasoch, *gwagsoch*
3 gwacaodd   gwacasant, *gwagson nhw*
AMHERSONOL: gwacawyd

<table>
<tr><td colspan="2">Gorchmynnol</td><td colspan="2">Dibynnol</td></tr>
<tr><td>UNIGOL</td><td>LLUOSOG</td><td>UNIGOL</td><td>LLUOSOG</td></tr>
<tr><td>1 —</td><td>gwacawn</td><td>1 gwacawyf</td><td>gwacaom</td></tr>
<tr><td>2 gwacâ</td><td>gwacewch</td><td>2 gwaceych</td><td>gwacaoch</td></tr>
<tr><td>3 gwacaed</td><td>gwacaent</td><td>3 gwacao</td><td>gwacaont</td></tr>
<tr><td colspan="2">AMHERSONOL: gwacaer</td><td colspan="2">AMHERSONOL: gwacaer</td></tr>
</table>

gwadn·u   to sole   *Sylwch ar y ffurfiau tra llenyddol:*
gwedni; gwednir; gwednid; gwednych
(di)

gwad·u   to deny   *Sylwch ar y ffurfiau tra llenyddol:*
gwedi; gwedir; gwedid; gwedych (di)

gwaddol·i   to endow
gwaed·u   to bleed
gwael·u   to deteriorate
gwaethyg·u   to get worse
gwag·i·o   to empty   *Sylwch ar y ffurfiau tra llenyddol:*
gwegi; gwegir; gwegid; gwegych (di)

gwahaniaeth·u   to distinguish
gwahan·u   to separate   *Sylwch ar y ffurfiau tra llenyddol:*
gwaheni; gwahenir; gwahenid;
gwahenych (di)

gwahardd   to forbid

<table>
<tr><td colspan="2">Presennol</td><td colspan="2">Gorberffaith</td></tr>
<tr><td>UNIGOL</td><td>LLUOSOG</td><td>UNIGOL</td><td>LLUOSOG</td></tr>
<tr><td>1 gwaharddaf</td><td>gwaharddwn</td><td>1 gwaharddaswn</td><td>gwaharddasem</td></tr>
<tr><td>2 gwaherddi</td><td>gwaherddwch</td><td>2 gwaharddasit</td><td>gwaharddasech</td></tr>
<tr><td>3 gweheirdd,*
  gwahardda</td><td>gwaharddant</td><td>3 gwaharddasai</td><td>gwaharddasent</td></tr>
<tr><td colspan="2">AMHERSONOL: gwaherddir</td><td colspan="2">AMHERSONOL: gwaharddasid</td></tr>
</table>

Amherffaith

<table>
<tr><td>UNIGOL</td><td>LLUOSOG</td></tr>
<tr><td>1 gwaharddwn</td><td>gwaharddem</td></tr>
<tr><td>2 gwaharddit, gwaharddet</td><td>gwaharddech</td></tr>
<tr><td>3 gwaharddai</td><td>gwaharddent</td></tr>
<tr><td colspan="2">AMHERSONOL: gwaherddid</td></tr>
</table>

*ffurf hynafol, archaic form.

135

Gorffennol

UNIGOL	LLUOSOG
1 gwaherddais	gwaharddasom, *gwaharddon ni*
2 gwaherddaist	gwaharddasoch, *gwaharddoch*
3 gwaharddodd	gwaharddasant, *gwaharddon nhw*

AMHERSONOL: gwaharddwyd

	Gorchmynnol		*Dibynnol*	
UNIGOL	LLUOSOG	UNIGOL	LLUOSOG
1 —	gwaharddwn	1 gwaharddwyf	gwaharddom
2 gwahardd	gwaherddwch	2 gwaherddych	gwaharddoch
3 gwahardded	gwaharddent	3 gwaharddo	gwaharddont
AMHERSONOL: gwahardder		AMHERSONOL: gwahardder	

gwahodd·   to invite   gwahoddaf etc.
gwamal·u   to waver
gwaned·u   to dilute
gwangalonn·i   to lose heart

	Gorffennol		*Gorberffaith*	
LLUOSOG		UNIGOL	LLUOSOG
1 gwangalonasom, *gwangalonnon ni*		1 gwangalonaswn	gwangalonasem
2 gwangalonasoch, *gwangalonnoch*		2 gwangalonasit	gwangalonasech
3 gwangalonasant, *gwangalonnon nhw*		3 gwangalonasai	gwangalonasent
AMHERSONOL: gwangalonnwyd		AMHERSONOL: gwangalonasid	

gwanhau   to weaken

	Presennol		*Gorberffaith*	
UNIGOL	LLUOSOG	UNIGOL	LLUOSOG
1 gwanhaf	gwanhawn	1 gwanhaswn	gwanhasem
2 gwanhei	gwanhewch	2 gwanhasit	gwanhasech
3 gwanha	gwanhânt	3 gwanhasai	gwanhasent
AMHERSONOL: gwanheir		AMHERSONOL: gwanhasid	

Amherffaith

UNIGOL	LLUOSOG
1 gwanhawn	gwanhaem
2 gwanhait, *gwanhaet*	gwanhaech
3 gwanhâi	gwanhaent

AMHERSONOL: gwanheid

Gorffennol

UNIGOL	LLUOSOG
1 gwanheais	gwanhasom, *gwansom, gwanhaon ni*

2 gwanheaist

3 gwanhaodd

AMHERSONOL: gwanhawyd

Gorchmynnol

UNIGOL	LLUOSOG
1 —	gwanhawn
2 gwanha	gwanhewch
3 gwanhaed	gwanhaent

AMHERSONOL: gwanhaer

gwan·u	to pierce

gwanych·u	to weaken
gwaradwydd·o	to shame
gwarafun	to refuse
gwarant·u	to guarantee

gwarchae	to besiege
gwarchod·	to protect

gwared·u	to rid

gwareidd·i·o	to civilize
gwargrym·u	to stoop
gwar·i·o	to spend
gwasanaeth·u	to serve
gwasgaru	to scatter

Presennol

UNIGOL	LLUOSOG
1 gwasgaraf	gwasgarwn
2 gwasgeri	gwasgerwch, *gwasgarwch*
3 *gwesgyr, gwasgara	gwasgarant

AMHERSONOL: gwasgerir

gwanhasoch, *gwansoch, gwanhaoch*
gwanhasant, *gwanson, gwanhaon nhw*

Dibynnol

UNIGOL	LLUOSOG
1 gwanhawyf	gwanhaom
2 gwanheych	gwanhaoch
3 gwanhao	gwanhaont

AMHERSONOL: gwanhaer

Pres. 3 Unig. gwân (ef/hi)
Sylwch ar y ffurfiau tra llenyddol:
gweni; gwenir; gwenid; gwenych (di)

Nid yw'n arfer cael ei rhedeg.
Nid yw'n cael ei rhedeg.
Sylwch ar y ffurfiau tra llenyddol:
gwarenti; gwarentir; gwarentid; gwarentych (di)
Nid yw'n cael ei rhedeg.
gwarchodaf etc.
Pres. 3 Unig. gwarchod, gwarchoda (ef/hi); *Gorch. 2 Unig.* gwarchod, gwarchoda (di)
Pres. 3 Unig. gwared, gwareda (ef/hi); *Gorch. 2 Unig.* gwared, gwareda (di).
gwareiddiaf etc.

gwariaf etc.

Gorberffaith

UNIGOL	LLUOSOG
1 gwasgaraswn	gwasgarasem
2 gwasgarasit	gwasgarasech
3 gwasgarasai	gwasgarasent

AMHERSONOL: gwasgarasid

*ffurf hynafol, archaic form.

137

UNIGOL	LLUOSOG
1 gwasgarwn	gwasgarem
2 gwasgarit, *gwasgaret*	gwasgarech
3 gwasgarai	gwasgarent

AMHERSONOL: gwasgerid

Gorffennol

UNIGOL	LLUOSOG
1 gwasgerais, *gwasgarais*	gwasgarasom, *gwasgaron ni*
2 gwasgeraist, *gwasgaraist*	gwasgarasoch, *gwasgaroch*
3 gwasgarodd	gwasgarasant, *gwasgaron nhw*

AMHERSONOL: gwasgarwyd

Gorchmynnol		*Dibynnol*	
UNIGOL	LLUOSOG	UNIGOL	LLUOSOG
1 —	gwasgarwn	1 gwasgarwyf	gwasgarom
2 gwasgara	gwasgarwch	2 gwasgerych	gwasgaroch
3 gwasgared	gwasgarent	3 gwasgaro	gwasgaront
AMHERSONOL: gwasgarer		AMHERSONOL: gwasgarer	

gwasg·u   to squeeze

Sylwch ar y ffurfiau tra llenyddol:
gwesgi; gwesgir; gwesgid; gwesgych (di)

gwastatáu   to flatten

Presennol		*Gorberffaith*	
UNIGOL	LLUOSOG	UNIGOL	LLUOSOG
1 gwastatâf	gwastatawn	1 gwastataswn	gwastatasem
2 gwastatei	gwastatewch	2 gwastatasit	gwastatasech
3 gwastatâ	gwastatânt	3 gwastatasai	gwastatasent
AMHERSONOL: gwastateir		AMHERSONOL: gwastatasid	

Amherffaith

UNIGOL	LLUOSOG
1 gwastatawn	gwastataem
2 gwastatait, *gwastataet*	gwastataech
3 gwastatâi	gwastataent

AMHERSONOL: gwastateid

Gorffennol

UNIGOL	LLUOSOG
1 gwastateais	gwastatasom, *gwastataon ni*
2 gwastateaist	gwastatasoch, *gwastataoch*
3 gwastataodd	gwastatasant, *gwastataon nhw*

AMHERSONOL: gwastatawyd

Gorchmynnol		*Dibynnol*	
UNIGOL	LLUOSOG	UNIGOL	LLUOSOG
1 —	gwastatawn	1 gwastatawyf	gwastataom

2 gwastatâ	gwastatewch	2 gwastateych	gwastataoch
3 gwastated	gwastataent	3 gwastatao	gwastataont
AMHERSONOL: gwastataer		AMHERSONOL: gwastataer	

gwastatu — to flatten

Presennol		*Gorberffaith*	
UNIGOL	LLUOSOG	UNIGOL	LLUOSOG
1 gwastataf	gwastatwn	1 gwastataswn	gwastatasem
2 gwasteti	gwastetwch,	2 gwastatasit	gwastatasech
	gwastatwch		
3 gwastata	gwastatant	3 gwastatasai	gwastatasent
AMHERSONOL: gwastetir		AMHERSONOL: gwastatasid	

Amherffaith

UNIGOL	LLUOSOG
1 gwastatwn	gwastatem
2 gwastatit, *gwastatet*	gwastatech
3 gwastatai	gwastatent
AMHERSONOL: gwastetid	

Gorffennol

UNIGOL	LLUOSOG
1 gwastetais, *gwastatais*	gwastatasom, *gwastataon ni*
2 gwastetaist, *gwastataist*	gwastatasoch, *gwastataoch*
3 gwastatodd	gwastatasant, *gwastataon nhw*
AMHERSONOL: gwastatwyd	

Gorchmynnol		*Dibynnol*	
UNIGOL	LLUOSOG	UNIGOL	LLUOSOG
1 —	gwastatwn	1 gwastatwyf	gwastaton ni
2 gwastata	gwastatwch	2 gwastetych	gwastatoch
3 gwastated	gwastatent	3 gwastato	gwastatont
AMHERSONOL: gwastater		AMHERSONOL: gwastater	

gwastraff·u — to waste

gwatwar — to mock
gwau/gweu — to weave

Sylwch ar y ffurfiau tra llenyddol:
gwastreffi; gwastreffir; gwastreffid;
gwastreffych (di)
Nid yw hon yn arfer cael ei rhedeg.

Presennol		*Gorberffaith*	
UNIGOL	LLUOSOG	UNIGOL	LLUOSOG
1 gweaf	gwewn	1 gweaswn	gweasem
2 gwei	gwewch	2 gweasit	gweasech
3 gwea	gweant	3 gweasai	gweasent
AMHERSONOL: gwëir		AMHERSONOL: gweasid	

Amherffaith		Gorffennol	
UNIGOL	LLUOSOG	UNIGOL	LLUOSOG
1 gwewn	gweem	1 gweais	gweasom, *gweon ni*
2 gweit, *gweet*	gweech	2 gweaist	gweasoch, *gweoch*
3 gweai	gweent	3 gweodd	gweasant, *gweon*
AMHERSONOL: gwëid		AMHERSONOL: gwëwyd	

Gorchmynnol		Dibynnol	
UNIGOL	LLUOSOG	UNIGOL	LLUOSOG
1 —	gwewn	1 gwewyf	gweom
2 gwea	gwewch	2 gwëych	gweoch
3 gweed	gweent	3 gweo	gweont
AMHERSONOL: gweer		AMHERSONOL: gweer	

gwawd·i·o to mock gwawdiaf etc.
gwawr·i·o to dawn gwawriodd etc.
gweddï·o to pray *Sylwch*: ceir ï ym mhob ffurf ac eithrio
gweddii, gweddiir, gweddiid

gweddnewid to transform
gweddnewid·i· gweddnewidiaf etc.
gwedd·u to suit Y duedd fyddai i beidio â'i rhedeg.
gwefreidd·i·o gwefreiddiaf etc.
gwefr·u to charge Y duedd fyddai i beidio â'i rhedeg.
(a battery)
gwegian to falter Nid yw'n cael ei rhedeg
gweiddi to shout

Presennol		Gorberffaith	
UNIGOL	LLUOSOG	UNIGOL	LLUOSOG
1 gwaeddaf	gwaeddwn	1 gwaeddaswn	gwaeddasem
2 gweiddi	gwaeddwch	2 gwaeddasit	gwaeddasech
3 gwaedd	gwaeddant	3 gwaeddasai	gwaeddasent
AMHERSONOL: gwaeddir		AMHERSONOL: gwaeddasid	

Amherffaith		Gorffennol	
UNIGOL	LLUOSOG	UNIGOL	LLUOSOG
1 gwaeddwn	gwaeddem	1 gwaeddais	gwaeddasom, *gwaeddon ni*
2 gwaeddit, *gwaeddet*	gwaeddech	2 gwaeddaist	gwaeddasoch, *gwaeddoch*
3 gwaeddai	gwaeddent	3 gwaeddodd	gwaeddasant, *gwaeddon nhw*
AMHERSONOL: gwaeddid		AMHERSONOL: gwaeddwyd	

Gorchmynnol		Dibynnol	
UNIGOL	LLUOSOG	UNIGOL	LLUOSOG
1 —	gwaeddwn	1 gwaeddwyf	gwaeddom

2 gwaedda	gwaeddwch	2 gweiddych	gwaeddoch
3 gwaedded	gwaeddent	3 gwaeddo	gwaeddont
AMHERSONOL: gwaedder		AMHERSONOL: gwaedder	

gweini	to serve	Nid yw'n arfer cael ei rhedeg
gweinidogaeth·u	to minister	
gweinydd·u	to administer	
gweithgynhyrch·u	to produce	gw. cynhyrchu am ei rhediad ffurfiol
gweith·i·o	to work	gweithiaf etc.
gweithred·u	to act	
gweld	to see	

Presennol

UNIGOL	LLUOSOG
1 gwelaf	gwelwn
2 gweli	gwelwch
3 gwêl	gwelant
AMHERSONOL: gwelir	

Amherffaith

UNIGOL	LLUOSOG
1 gwelwn	gwelem
2 gwelit, *gwelet*	gwelech
3 gwelai	gwelent
AMHERSONOL: gwelid	

Gorchmynnol

UNIGOL	LLUOSOG
1 —	gwelwn
2 gwêl	gwelwch
3 gweled	gwelent
AMHERSONOL: gweler	

Gorberffaith

UNIGOL	LLUOSOG
1 gwelaswn	gwelasem
2 gwelasit	gwelasech
3 gwelasai	gwelasent
AMHERSONOL: gwelasid	

Gorffennol

UNIGOL	LLUOSOG
1 gwelais	gwelsom
2 gwelaist	gwelsoch
3 gwelodd	gwelsant
AMHERSONOL: gwelwyd	

Dibynnol

UNIGOL	LLUOSOG
1 gwelwyf	gwelom
2 gwelych	gweloch
3 gwelo	gwelont
AMHERSONOL: gweler	

gwelw·i	to pale	
gwell·a	to improve	
gwenieith·i·o	to flatter	gwenieithiaf etc.
gwen·u	to smile	
gwenwyn·o	to poison	
gwersyll·a	to camp	
gwerthfawrog·i	to appreciate	
gwerth·u	to sell	*Pres. 3 Unig.* gwerth (ef/hi)
gweryr·u	to neigh	
gwg·u	to frown	
gwib·i·o	to dart	gwibiaf etc.
gwich·i·an	to squeak	gwichiaf etc.
gwing·o	to writhe	

gwiredd·u	to verify
gwirfoddol·i	to volunteer
gwir·i·o	to check	gwiriaf etc.
gwirion·i	to dote
gwisg·o	to dress
gwladol·i	to nationalize
gwladych·u	to colonize
gwledda	to feast	Nid yw'n cael ei rhedeg.
gwlych·u	to wet	*Pres. 3 Unig.* gwlych, gwlycha
gwneud	to do

Presennol

UNIGOL	LLUOSOG
1 gwnaf	gwnawn
2 gwnei	gwnewch
3 gwna	gwnânt
AMHERSONOL: gwneir	

Amherffaith

UNIGOL	LLUOSOG
1 gwnawn	gwnaem
2 gwnait, *gwnaet*	gwnaech
3 gwnâi	gwnaent
AMHERSONOL: gwneid	

Gorchmynnol

UNIGOL	LLUOSOG
1 —	gwnawn
2 gwna	gwnewch
3 gwnaed, *gwneled*	gwnaent, *gwnelent*
AMHERSONOL: gwneler	

Dibynnol Amherffaith

UNIGOL	LLUOSOG
1 gwnelwn	gwnelem
2 gwnelet	gwnelech
3 gwnelai	gwnelent
AMHERSONOL: gwnelid	

Gorberffaith

UNIGOL	LLUOSOG
1 gwnaethwn	gwnaethem
2 gwnaethit	gwnaethech
3 gwnaethai	gwnaethent
AMHERSONOL: gwnaethid	

Gorffennol

UNIGOL	LLUOSOG
1 gwneuthum	gwnaethom
2 gwnaethost	gwnaethoch
3 gwnaeth	gwnaethant
AMHERSONOL: gwnaed, gwnaethpwyd	

Dibynnol Presennol

UNIGOL	LLUOSOG
1 gwnelwyf	gwnelom
2 gwnelych	gwneloch
3 gwnelo	gwnelont
AMHERSONOL: gwneler	

---

gwnï·o	to sew

Sylwch: ceir ï ym mhob ffurf ac eithrio gwnii, gwniir, gwniid

gwobrwy·o	to reward
gwrando	to listen

Presennol

UNIGOL	LLUOSOG
1 gwrandawaf	gwrandawn

Gorberffaith

UNIGOL	LLUOSOG
1 gwrandawswn	gwrandawsem

142

2 gwrandewi	gwrandewch	2 gwrandawsit	gwrandawsech
3 gwrendy,	gwrandawant	3 gwrandawsai	gwrandawsent
gwrandawa			

AMHERSONOL: gwrandewir   AMHERSONOL: gwrandawsid

Amherffaith

UNIGOL	LLUOSOG
1 gwrandawn	gwrandawem
2 gwrandawit, *gwrandawet*	gwrandawech
3 gwrandawai	gwrandawent

AMHERSONOL: gwrandewid

Gorffennol

UNIGOL	LLUOSOG
1 gwrandewais	gwrandawsom, *gwrandawon ni*
2 gwrandewaist	gwrandawsoch, *gwrandawoch*
3 gwrandawodd	gwrandawsant, *gwrandawon nhw*

AMHERSONOL: gwrandawyd

<table>
<tr><td colspan="2">Gorchmynnol</td><td colspan="2">Dibynnol</td></tr>
<tr><td>UNIGOL</td><td>LLUOSOG</td><td>UNIGOL</td><td>LLUOSOG</td></tr>
<tr><td>1 —</td><td>gwrandawn</td><td>1 gwrandawyf</td><td>gwrandawom</td></tr>
<tr><td>2 gwrando</td><td>gwrandewch</td><td>2 gwrandewych</td><td>gwrandawoch</td></tr>
<tr><td>3 gwrandawed</td><td>gwrandawent</td><td>3 gwrandawo</td><td>gwrandawont</td></tr>
<tr><td colspan="2">AMHERSONOL: gwrandawer</td><td colspan="2">AMHERSONOL: gwrandawer</td></tr>
</table>

gwreichion·i	to sparkle
gwreidd·i·o	to root
gwresog·i	to heat
gwrid·o	to blush
gwrol·i	to hearten
gwrteith·i·o	to manure
gwrthbrof·i	to disprove
gwrthdaro	to collide

<table>
<tr><td colspan="2">Presennol</td><td colspan="2">Gorberffaith</td></tr>
<tr><td>UNIGOL</td><td>LLUOSOG</td><td>UNIGOL</td><td>LLUOSOG</td></tr>
<tr><td>1 gwrthdrawaf</td><td>gwrthdrawn</td><td>1 gwrthdrawswn</td><td>gwrthdrawsem</td></tr>
<tr><td>2 gwrthdrewi</td><td>gwrthdrewch</td><td>2 gwrthdrawsit</td><td>gwrthdrawsech</td></tr>
<tr><td>3 gwrthdrawa</td><td>gwrthdrawant</td><td>3 gwrthdrawsai</td><td>gwrthdrawsent</td></tr>
<tr><td colspan="2">AMHERSONOL: gwrthdrewir</td><td colspan="2">AMHERSONOL: gwrthdrawsid</td></tr>
</table>

Amherffaith

UNIGOL	LLUOSOG
1 gwrthdrawn	gwrthdrawem
2 gwrthdrawit, *gwrthdrawet*	gwrthdrawech
3 gwrthdrawai	gwrthdrawent

AMHERSONOL: gwrthdrewid

UNIGOL	LLUOSOG
1 gwrthdrewais, *gwrthdrawais*	gwrthdrawsom
2 gwrthdrewaist	gwrthdrawsoch
3 gwrthdrawodd	gwrthdrawsant
AMHERSONOL: gwrthdrawyd	

Gorchmynnol

UNIGOL	LLUOSOG
1 —	gwrthdrawn
2 gwrthdrawa	gwrthdrewch
3 gwrthdrawed	gwrthdrawent
AMHERSONOL: gwrthdrawer	

Dibynnol

UNIGOL	LLUOSOG
1 gwrthdrawyf	gwrthdrawom
2 gwrthdrewych	gwrthdrawoch
3 gwrthdrawo	gwrthdrawont
AMHERSONOL: gwrthdrawer	

gwrthdyst·i·o	to protest	gwrthdystiaf etc.
gwrth-ddweud	to contradict	
gwrth-ddywed·		*Pres. 3 Unig.* gwrth-ddywed (ef/hi);
		Gorch. 2 Unig. gwrth-ddywed (di)
gwrthgil·i·o	to recede	gwrthgiliaf etc.
gwrthgyferbynn·u	to contrast	
hefyd gwrthgyferbyn·i·		gwrthgyferbyniaf etc.

Gorffennol

LLUOSOG
1 gwrthgyferbynasom, *gwrthgyferbynsom, gwrthgyferbynnon ni*
2 gwrthgyferbynasoch, *gwrthgyferbynsoch, gwrthgyferbynnoch*
3 gwrthgyferbynasant, *gwrthgyferbynson, gwrthgyferbynnon nhw*
AMHERSONOL: gwrthgyferbynnwyd

Gorberffaith

UNIGOL	LLUOSOG
1 gwrthgyferbynaswn	gwrthgyferbynasem
2 gwrthgyferbynasit	gwrthgyferbynasech
3 gwrthgyferbynasai	gwrthgyferbynasent
AMHERSONOL: gwrthgyferbynasid	

gwrthod·	to refuse	*Pres. 3 Unig.* *gwrthyd, gwrthoda (ef/hi).
gwrthryfel·a	to rebel	
gwrthsefyll	to withstand	Ni fyddai'n cael ei rhedeg fel arfer.
gwrthsodd·i	to countersink	
gwrthwyneb·u	to oppose	
gwth·i·o	to shove	gwthiaf etc.
gwybod	to know	

*ffurf hynafol, archaic form.

	Presennol		*Dyfodol*
UNIGOL	LLUOSOG	UNIGOL	LLUOSOG
1 gwn	gwyddom	1 gwybyddaf	gwybyddwn
2 gwyddost	gwyddoch	2 gwybyddi	gwybyddwch
3 gŵyr	gwyddant	3 gwybydd	gwybyddant
AMHERSONOL: gwyddys		AMHERSONOL: gwybyddir	

Amherffaith

UNIGOL	LLUOSOG
1 gwyddwn	gwyddem
2 gwyddit, *gwyddet*	gwyddech
3 gwyddai	gwyddent
AMHERSONOL: gwyddid	

Gorffennol

UNIGOL	LLUOSOG
1 gwybûm	gwybuom
2 gwybuost	gwybuoch
3 gwybu	gwybuont
AMHERSONOL: gwybuwyd	

	Gorberffaith		*Gorchmynnol*
UNIGOL	LLUOSOG	UNIGOL	LLUOSOG
1 gwybuaswn	gwybuasem	1—	gwybyddwn
2 gwybuasit	gwybuasech	2 gwybydd	gwybyddwch
3 gwybuasai	gwybuasent	3 gwybydded	gwybyddent
AMHERSONOL: gwybuasid		AMHERSONOL: gwybydder	

Dibynnol
Presennol

UNIGOL	LLUOSOG
1 gwypwyf, gwybyddwyf	gwypom, gwybyddom
2 gwypych, gwybyddych	gwypoch, gwybyddoch
3 gwypo, gwybyddo	gwypont, gwybyddont
AMHERSONOL: gwyper, gwybydder	

Amherffaith

UNIGOL	LLUOSOG
1 gwypwn, gwybyddwn	gwypem, gwybyddem
2 gwypit, gwybyddit	gwypech, gwybyddech
3 gwypai, gwybyddai	gwypent, gwybyddent
AMHERSONOL: gwypid, gwybyddid	

gwyl·i·o	to watch	gwyliaf etc.
gwyllt·i·o	to enrage	gwylltiaf etc.
gwyngalch·u	to whitewash	
gwynn·u	to whiten	

Gorffennol		Gorberffaith	
LLUOSOG		UNIGOL	LLUOSOG
1 gwynasom, *gwynsom*		1 gwynaswn	gwynasem
2 gwynasoch, *gwynsoch*		2 gwynasit	gwynasech
3 gwynasant, *gwynson nhw*		3 gwynasai	gwynasent
AMHERSONOL: gwynnwyd		*Amherffaith*: gwynasid	

gwynt·i·o	to smell	gwyntiaf etc.
gwyntyll·u	to ventilate	
gwyrdroi	to distort	Y duedd fyddai i beidio â'i rhedeg
		ond os oes raid gweler ffurfiau 'troi'.
gwyr·o	to veer	
gwys·i·o	to summon	gwysiaf etc.
gwystl·o	to pledge	
gwyw·o	to wither	
gyrr·u	to drive	*Pres. 3 Unig* gyr (ef/hi); *Gorch. 2*
		Unig. gyr (di). Try y rhain yn 'yrr'
		wrth gael eu treiglo.

Gorffennol		Gorberffaith	
LLUOSOG		UNIGOL	LLUOSOG
1 gyrasom, *gyrron ni*		1 gyraswn	gyrasem
2 gyrasoch, *gyrroch*		2 gyrasit	gyrasech
3 gyrasant, *gyrron nhw*		3 gyrasai	gyrasent
AMHERSONOL: gyrrwyd		*Amherffaith*: gyrasid	

H

hadu   to seed

Presennol		*Gorberffaith*	
UNIGOL	LLUOSOG	UNIGOL	LLUOSOG
1 hadaf	hadwn	1 hadaswn	hadasem
2 hedi	hedwch, *hadwch*	2 hadasit	hadasech
3 hada	hadant	3 hadasai	hadasent
AMHERSONOL: hedir		AMHERSONOL: hadasid	

Amherffaith	
UNIGOL	LLUOSOG
1 hadwn	hadem
2 hadit, *hadet*	hadech
3 hadai	hadent
AMHERSONOL: hedid	

Gorffennol

UNIGOL	LLUOSOG
1 hedais, *hadais*	hadasom, *hadsom, hadon ni*
2 hedaist, *hadaist*	hadasoch, *hadsoch, hadoch*
3 hadodd	hadasant, *hadson, hadon nhw*

AMHERSONOL: hadwyd

Gorchmynnol		*Dibynnol*	
UNIGOL	LLUOSOG	UNIGOL	LLUOSOG
1 —	hadwn	1 hadwyf	hadom
2 hada	hedwch, *hadwch*	2 hedych	hadoch
3 haded	hadent	3 hado	hadont

AMHERSONOL: hader   AMHERSONOL: hader

haedd·u	to deserve	
haer·u	to contend	
hagr·u	to disfigure	
hal·i·o	to haul	haliaf etc.
halog·i	to pollute	
hallt·u	to salt	
hamdden·a	to take it easy	Nid yw'n arfer cael ei rhedeg.
haner·u	to halve	
hanu	to come from	Nid yw'n cael ei rhedeg o gwbl.
hapchwarae	to gamble	Nid yw'n arfer cael ei rhedeg.
hardd·u	to adorn	*Sylwch ar y ffurfiau tra llenyddol:* herddi; herddir; herddid; herddych (di)
harneis·i·o	to harness	harneisiaf etc.
hau	to sow	
heu·		heuaf etc.
hawl·i·o	to claim	hawliaf
hedfan·	to fly	hedfanaf etc.
hegl·u	to flee	
heic·i·o	to hike	heiciaf etc.
heig·i·o	to swarm	heigiaf etc.
heint·i·o	to infect	heintiaf etc.
hel	to collect	
hel·i·		heliaf etc.
hel·a	to hunt	
helaeth·u	to enlarge	
help·u	to help	
hem·i·o	to hem	hemiaf etc.
heneidd·i·o	to age	heneiddiaf etc.
hepgor·	to omit	hepgoraf etc.
hep·i·an	to nod off	hepiaf etc.

147

herc·i·an	to limp	herciaf etc.
her·i·o	to challenge	heriaf etc.
herwgip·i·o	to hijack	herwgipiaf etc.
herwhela	to poach	Nid yw'n arfer cael ei rhedeg.
hidl·o	to strain	
hiraeth·u	to yearn	
his·i·an	to hiss	hisiaf etc.
hoel·i·o	to nail	hoeliaf etc.
hof·i·o	to hoe	hofiaf etc.
hofran·	to hover	hofranaf etc.
hoff·i	to like	
hog·i	to whet	
hong·i·an	to hang	hongiaf etc.
hol·i	to ask	*Pres. 3 Unig.* *hawl, hola (ef/hi)
hollt·i	to split	
honn·i	to claim	

	Gorffennol		*Gorberffaith*	
LLUOSOG			UNIGOL	LLUOSOG
1 honasom, *honnon ni*			1 honaswn	honasem
2 honasoch, *honnoch*			2 honasit	honasech
3 honasant, *honnon nhw*			3 honasai	honasent
AMHERSONOL: honnwyd			AMHERSONOL: honasid	

hud·o	to captivate	
hul·i·o	to lay (the table)	huliaf etc.
hun·o	to sleep	
hur·i·o	to hire	huriaf etc.
hurt·i·o	to become confused	Nid yw'n arfer cael ei rhedeg.
hwp·o	to shove	
hwt·i·an	to hoot	hwtiaf etc.
hwyl·i·o	to sail	hwyliaf etc.
hwylus·o	to facilitate	
hwyrhau	to get late	Nid yw'n arfer cael ei rhedeg, ond os oes raid gw. terfyniadau 'mwynhau'.
hyb·u	to promote	
hyder·u	to be confident	
hyffordd·i	to train	
hylif·o	to liquidize	
hym·i·an	to hum	hymiaf etc.
hypnoteidd·i·o	to hypnotize	hypnoteiddiaf etc.
hyrdd·i·o	to hurl	hyrddiaf etc.

*ffurf hynafol, archaic form.

hyrwydd·o	to back	
hysbydd·u	to exhaust	
hysbyseb·u	to advertise	
hysbys·u	to inform	
hys·i·an	to set on	hysiaf etc.
hywedd·u	to tame	

I

iacháu   to heal

Presennol		*Gorberffaith*	
UNIGOL	LLUOSOG	UNIGOL	LLUOSOG
1 iachâf	iachawn	1 iachaswn	iachasem
2 iachei	iachewch	2 iachasit	iachasech
3 iachâ	iachânt	3 iachasai	iachasent
AMHERSONOL: iacheir		AMHERSONOL: iachasid	

Amherffaith	
UNIGOL	LLUOSOG
1 iachawn	iachaem
2 iachait, *iachaet*	iachaech
3 iachâi	iachaent
AMHERSONOL: iacheid	

Gorffennol	
UNIGOL	LLUOSOG
1 iacheais	iachasom, *iachaon ni*
2 iacheaist	iachasoch, *iachaoch*
3 iachaodd	iachasant, *iachaon nhw*
AMHERSONOL: iachawyd	

Gorchmynnol		*Dibynnol*	
UNIGOL	LLUOSOG	UNIGOL	LLUOSOG
1 —	iachawn	1 iachawyf	iachaom
2 iachâ	iachewch	2 iacheych	iachaoch
3 iachaed	iachaent	3 iachao	iachaont
AMHERSONOL: iachaer		AMHERSONOL: iachaer	

ieu·o	to yoke	
igian	to hiccup	Nid yw'n arfer cael ei rhedeg.
ild·i·o	to yield	ildiaf etc.
imp·i·o	to graft	impiaf etc.
imwneidd·i·o	to immunize	imwneiddiaf etc.

inswleidd·i·o   to insulate   inswleiddiaf etc.
ir·o   to anoint
iselhau   to lower

Presennol		*Gorberffaith*	
UNIGOL	LLUOSOG	UNIGOL	LLUOSOG
1 iselhaf	iselhawn	1 iselhaswn	iselhasem
2 iselhei	iselhewch	2 iselhasit	iselhasech
3 iselha	iselhânt	3 iselhasai	iselhasent
AMHERSONOL: iselheir		AMHERSONOL: iselhasid	

Amherffaith	
UNIGOL	LLUOSOG
1 iselhawn	iselhaem
2 iselhait, *iselhaet*	iselhaech
3 iselhâi	iselhaent
AMHERSONOL: iselheid	

Gorffennol	
UNIGOL	LLUOSOG
1 iselheais	iselhasom, *iselhaon ni*
2 iselheaist	iselhasoch, *iselhaoch*
3 iselhaodd	iselhasant, *iselhaon nhw*
AMHERSONOL: iselhawyd	

Gorchmynnol		*Dibynnol*	
UNIGOL	LLUOSOG	UNIGOL	LLUOSOG
1 —	iselhawn	1 iselhawyf	iselhaom
2 iselha	iselhewch	2 iselheych	iselhaoch
3 iselhaed	iselhaent	3 iselhao	iselhaont
AMHERSONOL: iselhaer		AMHERSONOL: iselhaer	

isrann·u   to subdivide

Sylwch ar y ffurfiau tra llenyddol:
isrenni; isrennir; isrennid; isrennych
(di)

Gorffennol	*Gorberffaith*	
LLUOSOG	UNIGOL	LLUOSOG
1 isranasom, *isransom, isrannon ni*	1 isranaswn	isranasem
2 isranasoch, *isransoch, isrannoch*	2 isranasit	isranasech
3 isranasant, *isranson, isrannon nhw*	3 isranasai	isranasent
AMHERSONOL: isrannwyd	AMHERSONOL: isranasid	

J

jac·i·o	to jack	jaciaf etc.
jam·i·o	to jam	jamiaf etc.
jocan	to joke	
joc·i·		jociaf etc.

L

label·u	to label	
lambast·i·o	to lambast	lambastiaf etc.
lamineidd·i·o	to laminate	lamineiddiaf etc.
lans·i·o	to launch	lansiaf etc.
lap·i·o	to wrap	lapiaf etc.
led·i·o	to lead	lediaf etc.
lefel·u	to level	
lein·i·o	to lash	leiniaf
loetr·an	to linger	Nid yw'n arfer cael ei rhedeg.
lol·i·an	to lounge	Nid yw'n arfer cael ei rhedeg.
lonc·i·an	to jog	lonciaf etc.
lord·i·o	to lord it	lordiaf etc.

Ll

llabydd·i·o	to stone	llabyddiaf etc.
llac·i·o	to slacken	llaciaf
		Sylwch ar y ffurfiau tra llenyddol:
		lleci; llecir; llecid
lladrata	to rob	Nid yw'n arfer cael ei rhedeg.
lladd	to kill	

Presennol		*Gorberffaith*	
UNIGOL	LLUOSOG	UNIGOL	LLUOSOG
1 lladdaf	lladdwn	1 lladdaswn	lladdasem
2 lleddi	lleddwch, *lladdwch*	2 lladdasit	lladdasech
3 lladd	lladdant	3 lladdasai	lladdasent
AMHERSONOL: lleddir		AMHERSONOL: lladdasid	

151

UNIGOL	LLUOSOG
1 lladdwn	lladdem
2 lladdit, *lladdet*	lladdech
3 lladdai	lladdent

AMHERSONOL: lleddid

Gorffennol

UNIGOL	LLUOSOG
1 lleddais, *lladdais*	lladdasom, *lladdsom, lladdon ni*
2 lleddaist, *lladdaist*	lladdasoch, *lladdsoch, lladdoch*
3 lladdodd	lladdasant, *lladdson, lladdon nhw*

AMHERSONOL: lladdwyd

Gorchmynnol

UNIGOL	LLUOSOG
1 —	lladdwn
2 lladd	lleddwch, *lladdwch*
3 lladded	lladdent

AMHERSONOL: lladder

Dibynnol

UNIGOL	LLUOSOG
1 lladdwyf	lladdom
2 lleddych	lladdoch
3 lladdo	lladdont

AMHERSONOL: lladder

llaes·u	to slacken
llafargan·u	to chant

Sylwch ar y ffurfiau tra llenyddol:
llafargeni; llafargenir; llafargenid;
llafargenych (di)

llafur·i·o	to labour

llafuriaf etc.

llamu	to leap

Presennol

UNIGOL	LLUOSOG
1 llamaf	llamwn
2 llemi, *llami*	llemwch, *llamwch*
3 llama	llamant

AMHERSONOL: llemir

Gorberffaith

UNIGOL	LLUOSOG
1 llamaswn	llamasem
2 llamasit	llamasech
3 llamasai	llamasent

AMHERSONOL: llamasid

Amherffaith

UNIGOL	LLUOSOG
1 llamwn	llamem
2 llamit, *llamet*	llamech
3 llamai	llament

AMHERSONOL: llemid

Gorffennol

UNIGOL	LLUOSOG
1 llemais, *llamais*	llamasom, *llamsom, llamon ni*
2 llemaist, *llamaist*	llamasoch, *llamsoch, llamoch*
3 llamodd	llamasant, *llamson, llamon nhw*

AMHERSONOL: llamwyd

	Gorchmynnol			*Dibynnol*	
UNIGOL	LLUOSOG		UNIGOL	LLUOSOG	
1 —	llamwn		1 llamwyf	llamom	
2 llama	llemwch, *llamwch*		2 llemych	llamoch	
3 llamed	llament		3 llamo	llamont	
AMHERSONOL: llamer			AMHERSONOL: llamer		

llanw   to fill

	Presennol			*Gorberffaith*	
UNIGOL	LLUOSOG		UNIGOL	LLUOSOG	
1 llanwaf	llanwn		1 llanwaswn	llanwasem	
2 llenwi	llenwch, *llanwch*		2 llanwasit	llanwasech	
3 lleinw, *llanwa*	llanwant		3 llanwasai	llanwasent	
AMHERSONOL: llenwir			AMHERSONOL: llanwasid		

Amherffaith

UNIGOL	LLUOSOG
1 llanwn	llanwem
2 llanwit, *llanwet*	llanwech
3 llanwai	llanwent
AMHERSONOL: llenwid	

Gorffennol

UNIGOL	LLUOSOG
1 llenwais, *llanwais*	llanwasom, *llanwon ni*
2 llenwaist, *llanwaist*	llanwasoch, *llanwoch*
3 llanwodd	llanwasant, *llanwon nhw*
AMHERSONOL: llanwyd	

	Gorchmynnol			*Dibynnol*	
UNIGOL	LLUOSOG		UNIGOL	LLUOSOG	
1 —	llanwn		1 llanwyf	llanwom	
2 llanwa	llenwch, *llanwch*		2 llenwych	llanwoch	
3 llanwed	llanwent		3 llanwo	llanwont	
AMHERSONOL: llanwer			AMHERSONOL: llanwer		

llarieidd·i·o   to ease   llarieiddiaf etc.
llarp·i·o   to devour   llarpiaf etc.
llawcio   gw. llowcio
llawenhau   to rejoice

	Presennol			*Gorberffaith*	
UNIGOL	LLUOSOG		UNIGOL	LLUOSOG	
1 llawenhaf	llawenhawn		1 llawenhaswn	llawenhasem	
2 llawenhei	llawenhewch		2 llawenhasit	llawenhasech	
3 llawenha	llawenhânt		3 llawenhasai	llawenhasent	
AMHERSONOL: llawenheir			AMHERSONOL: llawenhasid		

UNIGOL	LLUOSOG
1 llawenhawn	llawenhaem
2 llawenhait, *llawenhaet*	llawenhaech
3 llawenhâi	llawenhaent

AMHERSONOL: llawenheid

Gorffennol

UNIGOL	LLUOSOG
1 llawenheais	llawenhasom, *llawenhaon ni*
2 llawenheaist	llawenhasoch, *llawenhaoch*
3 llawenhaodd	llawenhasant, *llawenhaon nhw*

AMHERSONOL: llawenhawyd

Gorchmynnol

UNIGOL	LLUOSOG
1 —	llawenhawn
2 llawenha	llawenhewch
3 llawenhaed	llawenhaent

AMHERSONOL: llawenhaer

Dibynnol

UNIGOL	LLUOSOG
1 llawenhawyf	llawenhaom
2 llawenheych	llawenhaoch
3 llawenhao	llawenhaont

AMHERSONOL: llawenhaer

llawenych·u	to rejoice
llech·u	to lurk
lledaen·u	to spread
lled-orwedd·	to recline	lled-orweddaf etc.
lled·u	to spread
lleddf·u	to soothe
llef·ain	to cry	llefaf etc.
llefaru	to utter

Presennol

UNIGOL	LLUOSOG
1 llefaraf	llefarwn
2 lleferi	lleferwch, *llefarwch*
3 *llefair, *llefara*	llefarant

AMHERSONOL: lleferir

Gorberffaith

UNIGOL	LLUOSOG
1 llefaraswn	llefarasem
2 llefarasit	llefarasech
3 llefarasai	llefarasent

AMHERSONOL: llefarasid

Amherffaith

UNIGOL	LLUOSOG
1 llefarwn	llefarem
2 llefarit, *llefaret*	llefarech
3 llefarai	llefarent

AMHERSONOL: lleferid

*ffurf hynafol, archaic form.

		Gorffennol	
UNIGOL		LLUOSOG	
1 lleferais, *llefarais*		llefarasom, *llefaron ni*	
2 lleferaist, *llefaraist*		llefarasoch, *llefaroch*	
3 llefarodd		llefarasant, *llefaron nhw*	
AMHERSONOL: llefarwyd			

	Gorchmynnol		*Dibynnol*
UNIGOL	LLUOSOG	UNIGOL	LLUOSOG
1 —	llefarwn	1 llefarwyf	llefarom
2 llefara	lleferwch,	2 lleferych	llefaroch
	llefarwch		
3 llefared	llefarent	3 llefaro	llefaront
AMHERSONOL: llefarer		AMHERSONOL: llefarer	

lleihau — to lessen

	Presennol		*Gorberffaith*
UNIGOL	LLUOSOG	UNIGOL	LLUOSOG
1 lleihaf	lleihawn	1 lleihaswn	lleihasem
2 lleihei	lleihewch	2 lleihasit	lleihasech
3 lleiha	lleihânt	3 lleihasai	lleihasent
AMHERSONOL: lleiheir		AMHERSONOL: lleihasid	

		Amherffaith	
UNIGOL		LLUOSOG	
1 lleihawn		lleihaem	
2 lleihait, *lleihaet*		lleihaech	
3 lleihâi		lleihaent	
AMHERSONOL: lleiheid			

		Gorffennol	
UNIGOL		LLUOSOG	
1 lleiheais		lleihasom, *lleihaon ni*	
2 lleiheaist		lleihasoch, *lleihaoch*	
3 lleihaodd		lleihasant, *lleihaon nhw*	
AMHERSONOL: lleihawyd			

	Gorchmynnol		*Dibynnol*
UNIGOL	LLUOSOG	UNIGOL	LLUOSOG
1 —	lleihawn	1 lleihawyf	lleihaom
2 lleiha	lleihewch	2 lleihaech	lleihaoch
3 lleihaed	lleihaent	3 lleihao	lleihaont
AMHERSONOL: lleihaer		AMHERSONOL: lleihaer	

lleis·i·o — to voice lleisiaf etc.
lleol·i — to locate

155

llerc·i·an to lurk   llerciaf etc.
llesgáu to languish

Presennol		Gorberffaith	
UNIGOL	LLUOSOG	UNIGOL	LLUOSOG
1 llesgâf	llesgawn	1 llesgaswn	llesgasem
2 llesgei	llesgewch	2 llesgasit	llesgasech
3 llesgâ	llesgânt	3 llesgasai	llesgasent
AMHERSONOL: llesgeir		AMHERSONOL: llesgasid	

Amherffaith

UNIGOL	LLUOSOG
1 llesgawn	llesgaem
2 llesgait, *llesgaet*	llesgaech
3 llesgâi	llesgaent
AMHERSONOL: llesgeid	

Gorffennol

UNIGOL	LLUOSOG
1 llesgeais	llesgasom, *llesgaon ni*
2 llesgeaist	llesgasoch, *llesgaoch*
3 llesgaodd	llesgasant, *llesgaon nhw*
AMHERSONOL: llesgawyd	

Dibynnol		Gorchmynnol	
UNIGOL	LLUOSOG	UNIGOL	LLUOSOG
1 —	llesgawn	1 llesgawyf	llesgaom
2 llesgâ	llesgewch	2 llesgaech	llesgaoch
3 llesgaed	llesgaent	3 llesgao	llesgaont
AMHERSONOL: llesgaer		AMHERSONOL: llesgaer	

llesmeir·i·o to swoon   llesmeiriaf etc.
llesteir·i·o to hinder   llesteiriaf etc.
llety·a to lodge   lletyaf etc.
lleth·u to oppress
llewyg·u to faint
llewyrch·u to shine
llifanu to grind

Presennol		Gorberffaith	
UNIGOL	LLUOSOG	UNIGOL	LLUOSOG
1 llifanaf	llifanwn	1 llifanaswn	llifanasem
2 llifeni, *llifani*	llifenwch, *llifanwch*	2 llifanasit	llifanasech
3 llifana	llifanant	3 llifanasai	llifanasent
AMHERSONOL: llifenir		AMHERSONOL: llifanasid	

Amherffaith

UNIGOL	LLUOSOG
1 llifanwn	llifanem

156

2 llifanit, *llifanet* llifanech
3 llifanai llifanent
AMHERSONOL: llifenid

Gorffennol

UNIGOL	LLUOSOG
1 llifenais, *llifanais*	llifanasom, *llifanon ni*
2 llifenaist, *lifanaist*	llifanasoch, *llifanoch*
3 llifanodd	llifanasant, *llifanon nhw*

AMHERSONOL: llifanwyd

Gorchmynnol *Dibynnol*

UNIGOL	LLUOSOG	UNIGOL	LLUOSOG
1 —	llifanwn	1 llifanwyf	llifanom
2 llifana	llifenwch	2 llifenych	llifanoch
3 llifaned	llifanent	3 llifano	llifanont

AMHERSONOL: llifaner AMHERSONOL: llifaner

llif·i·o to saw
llif·o 1 to saw
  2 to dye
llifoleu·o to floodlight
llindag·u to strangle
lliniaru to ease

Presennol *Gorberffaith*

UNIGOL	LLUOSOG	UNIGOL	LLUOSOG
1 lliniaraf	lliniarwn	1 lliniaraswn	lliniarasem
2 llinieri	llinierwch,	2 lliniarasit	lliniarasech
	lliniarwch		
3 lliniara	lliniarant	3 lliniarasai	lliniarasent

AMHERSONOL: llinierir AMHERSONOL: lliniarasid

Amherffaith

UNIGOL	LLUOSOG
1 lliniarwn	lliniarem
2 lliniarit, *lliniaret*	lliniarech
3 lliniarai	lliniarent

AMHERSONOL: llinierid

Gorffennol

UNIGOL	LLUOSOG
1 llinierais, *lliniarais*	lliniarasom, *lliniaron ni*
2 llinieraist, *lliniaraist*	lliniarasoch, *lliniaroch*
3 lliniarodd	lliniarasant, *lliniaron nhw*

AMHERSONOL: lliniarwyd

<table>
<tr><td colspan="2" align="center">Gorchmynnol</td><td colspan="2" align="center">Dibynnol</td></tr>
<tr><td>UNIGOL</td><td>LLUOSOG</td><td>UNIGOL</td><td>LLUOSOG</td></tr>
<tr><td>1 —</td><td>lliniarwn</td><td>1 lliniarwyf</td><td>lliniarom</td></tr>
<tr><td>2 lliniara</td><td>llinierwch</td><td>2 lliniarech</td><td>lliniaroch</td></tr>
<tr><td>3 lliniared</td><td>lliniarent</td><td>3 lliniaro</td><td>lliniaront</td></tr>
<tr><td colspan="2">AMHERSONOL: lliniarer</td><td colspan="2">AMHERSONOL: lliniarer</td></tr>
</table>

llithr·o	to slip	
lliw·i·o	to colour	lliwiaf etc.
lloc·i·o	to pen (sheep)	llociaf etc.
lloches·u	to shelter	
llofnod·i	to sign	
llofrudd·i·o	to murder	
lloff·a	to glean	lloffaf etc.
llog·i	to hire	
llongyfarch·	to congratulate	Ac eithrio ambell ffurf fel 'llongyfarchodd', 'llongyfarchai', ni fyddai fel arfer yn cael ei rhedeg; ond am y ffurfiau cryno gw. rhediad 'cyfarch'.
llonn·i	to gladden	

<table>
<tr><td colspan="2" align="center">Gorffennol</td><td colspan="2" align="center">Gorberffaith</td></tr>
<tr><td colspan="2">LLUOSOG</td><td>UNIGOL</td><td>LLUOSOG</td></tr>
<tr><td colspan="2">1 llonasom, lonnon ni</td><td>1 llonaswn</td><td>llonasem</td></tr>
<tr><td colspan="2">2 llonasoch, llonnoch</td><td>2 llonasit</td><td>llonasech</td></tr>
<tr><td colspan="2">3 llonasant, llonnon nhw</td><td>3 llonasai</td><td>llonasent</td></tr>
<tr><td colspan="2">AMHERSONOL: llonnwyd</td><td colspan="2">AMHERSONOL: llonasid</td></tr>
</table>

llonydd·u	to quieten	
llor·i·o	to floor	lloriaf etc.
llosg·i	to burn	*Pres. 3 Unig.* llysg, llosga (ef/hi)
lluch·i·o	to throw	lluchiaf etc.
lluman·u	to flag	*Sylwch ar y ffurfiau tra llenyddol:* llumeni; llumenir; llumenid; llumenych (di)
lluniadu	to draw	

<table>
<tr><td colspan="2" align="center">Presennol</td><td colspan="2" align="center">Gorberffaith</td></tr>
<tr><td>UNIGOL</td><td>LLUOSOG</td><td>UNIGOL</td><td>LLUOSOG</td></tr>
<tr><td>1 lluniadaf</td><td>lluniadwn</td><td>1 lluniadaswn</td><td>lluniadasem</td></tr>
<tr><td>2 lluniedi</td><td>lluniedwch, lluniadwch</td><td>2 lluniadasit</td><td>lluniadasech</td></tr>
<tr><td>3 lluniada</td><td>lluniadant</td><td>3 lluniadasai</td><td>lluniadasent</td></tr>
<tr><td colspan="2">AMHERSONOL: lluniedir</td><td colspan="2">AMHERSONOL: lluniadasid</td></tr>
</table>

UNIGOL	LLUOSOG
1 lluniadwn	lluniadem
2 lluniadit, *lluniadet*	lluniadech
3 lluniadai	lluniadent

AMHERSONOL: lluniedid

Gorffennol

UNIGOL	LLUOSOG
1 lluniedais, *lluniadais*	lluniadasom, *lluniadon ni*
2 lluniedaist, *lluniadaist*	lluniadasoch, *lluniadoch*
3 lluniadodd	lluniadasant, *lluniadon nhw*

AMHERSONOL: lluniadwyd

Gorchmynnol		*Dibynnol*	
UNIGOL	LLUOSOG	UNIGOL	LLUOSOG
1 —	lluniadwn	1 lluniadwyf	lluniadom
2 lluniada	lluniedwch	2 lluniadech	lluniadoch
3 lluniaded	lluniadent	3 lluniado	lluniadont

AMHERSONOL: lluniader   AMHERSONOL: lluniader

llun·i·o	to form	lluniaf etc.
		Sylwch: llunni di; llunnir; llunnit ti; llunnid
lluos·i	to multiply	
lluosog·i	to multiply	
llurgun·i·o	to mutilate	llurguniaf etc.
		Sylwch: llurgunni di; llurgunnir; llurgunnit ti; llurgunnid
llusg·o	to drag	*Pres. 3 Unig.* llusg, llusga (ef/hi); *Gorch. 2 Unig.* llusg, llusga (di)
lluwch·i·o	to drift (snow)	lluwchiaf etc.
llwgrwobrwy·o	to bribe	
llwg·u	to starve	
llwyd·o	to become mouldy	
llwydrew·i	to freeze (hoar frost)	
llwydd·o	to succeed	
llwyfann·u	to stage	*Sylwch ar y ffurfiau tra llenyddol:* llwyfenni; llwyfennir; llwyfennid; llwyfennych (di)

Gorffennol	*Gorberffaith*	
LLUOSOG	UNIGOL	LLUOSOG
1 llwyfanasom, *llwyfannon ni*	1 llwyfanaswn	llwyfanasem
2 llwyfanasoch, *llwyfannoch*	2 llwyfanasit	llwyfanasech
3 llwyfanasant, *llwyfannon nhw*	3 llwyfanasai	llwyfanasent

AMHERSONOL: llwyfannwyd   AMHERSONOL: llwyfanasid

llwyth·o   to load
llychwin·o   to mar
llyfnhau

	Presennol		*Gorberffaith*
UNIGOL	LLUOSOG	UNIGOL	LLUOSOG
1 llyfnhaf	llyfnhawn	1 llyfnhaswn	llyfnhasem
2 llyfnhei	llyfnhewch	2 llyfnhasit	llyfnhasech
3 llyfnha	llyfnhânt	3 llyfnhasai	llyfnhasent
AMHERSONOL: llyfnheir		AMHERSONOL: llyfnhasid	

Amherffaith

UNIGOL	LLUOSOG
1 llyfnhawn	llyfnhaem
2 llyfnhait, *llyfnhaet*	llyfnhaech
3 llyfnhâi	llyfnhaent
AMHERSONOL: llyfnheid	

Gorffennol

UNIGOL	LLUOSOG
1 llyfnheais	llyfnhasom, *llyfnhaon ni*
2 llyfnheaist	llyfnhasoch, *llyfnhaoch*
3 llyfnhaodd	llyfnhasant, *llyfnhaon nhw*
AMHERSONOL: llyfnhawyd	

	Gorchmynnol		*Dibynnol*
UNIGOL	LLUOSOG	UNIGOL	LLUOSOG
1 —	llyfnhawn	1 llyfnhawyf	llyfnhaom
2 llyfnha	llyfnhewch	2 llyfnhaech	llyfnhaoch
3 llyfnhaed	llyfnhaent	3 llyfnhao	llyfnhaont
AMHERSONOL: llyfnhaer		AMHERSONOL: llyfnhaer	

llyfn·u   to harrow
llyf·u   to lick   *Pres 3 Unig.* llyf, llyfa (ef/hi); *Gorch. 2 Unig* llyf, llyfa (di)

llyffetheir·i·o   to fetter   llyffetheiriaf etc.
llygad-dynn·u   to attract   Am ei rhediad gw. 'tynnu'.
llygad·u   to eye   *Sylwch ar y ffurfiau tra llenyddol:*
llygedi; llygedir; llygedid; llygedych (di)

llygr·u   to corrupt
llymeit·i·an   to sip
llync·u   to swallow   *Pres. 3 Unig.* *llwnc, llynca
lly·o   to lick

*ffurf hynafol, archaic form.

160

llythrenn·u to form letters

Gorberffaith

UNIGOL	LLUOSOG
1 llythrenaswn	llythrenasem
2 llythrenasit	llythrenasech
3 llythrenasai	llythrenasent

AMHERSONOL: llythrenasid

llythyr·u	to correspond
llyw·i·o	to steer
llywodraeth·u	to govern
llywydd·u	to preside

M

---

mabwysiad·u to adopt

Sylwch ar y ffurfiau tra llenyddol:
mabwysiedi; mabwysiedir,
mabwysiedid; mabwysiedych (di)

macs·u	to brew
machlud·	to set (of sun)
madr·u	to fester
maddau	to forgive
maddeu·	

Pres. 3 Unig machlud (ef/hi)

maddeuaf etc.
Pres. 3 Unig. maddau (ef/hi); *Gorch. 2 Unig.* maddau (di)

maedd·u	to conquer
maentum·i·o	to maintain
maes·u	to field
magl·u	to snare

maentumiaf etc.

Sylwch ar y ffurfiau tra llenyddol:
megli; meglir; meglid; meglych (di)

magneteidd·i·o	to magnetize
magu	to nurse

magnateiddiaf etc.

Presennol		*Gorberffaith*	
UNIGOL	LLUOSOG	UNIGOL	LLUOSOG
1 magaf	magwn	1 magaswn	magasem
2 megi, *magi*	megwch, *magwch*	2 magasit	magasech
3 mag, *maga*	magant	3 magasai	magasent
AMHERSONOL: megir		AMHERSONOL: magasid	

UNIGOL	LLUOSOG
1 magwn	magem
2 magit, *maget*	magech
3 magai	magent

AMHERSONOL: megid

Gorffennol

UNIGOL	LLUOSOG
1 megais, *magais*	magasom, *magsom, magon ni*
2 megaist, *magaist*	magasoch, *magsoch, magoch*
3 magodd	magasant, *magson, magon nhw*

AMHERSONOL: magwyd

Gorchmynnol		*Dibynnol*	
UNIGOL	LLUOSOG	UNIGOL	LLUOSOG
1 —	magwn	1 magwyf	magom
2 maga	megwch, *magwch*	2 megych	magoch
3 maged	magent	3 maco, *mago*	magont
AMHERSONOL: mager		AMHERSONOL: mager	

maldod·i   to pamper
malu   to grind

Presennol		*Gorberffaith*	
UNIGOL	LLUOSOG	UNIGOL	LLUOSOG
1 malaf	malwn	1 malaswn	malasem
2 meli, *mali*	malwch	2 malasit	malasech
3 mâl, *mala*	malant	3 malasai	malasent
AMHERSONOL: melir		AMHERSONOL: malasid	

Amherffaith

UNIGOL	LLUOSOG
1 malwn	malem
2 malit, *malet*	malech
3 malai	malent

AMHERSONOL: melid

Gorffennol

UNIGOL	LLUOSOG
1 melais, *malais*	malasom, *malsom, malon ni*
2 melaist, *malaist*	malasoch, *malsoch, maloch*
3 malodd	malasant, *malson, malon nhw*

AMHERSONOL: malwyd

Gorchmynnol		*Dibynnol*	
UNIGOL	LLUOSOG	UNIGOL	LLUOSOG
1 —	malwn	1 malwyf	malom

2 mâl, *mala*	melwch, *malwch*	2 melych	maloch
3 maled	malent	3 malo	malont
AMHERSONOL: maler		AMHERSONOL: maler	

malur·i·o	to break into fragments	maluriaf etc.
manteis·i·o	to take advantage	manteisiaf etc.
mân-werth·u	to retail	Gw. 'gwerthu' am y ffurfiau cryno.
manyl·u	to detail	
marc·i·o	to mark	marciaf etc.
marchnata·	to trade	Nid yw'n arfer cael ei rhedeg.
marchog·aeth	to ride (a horse)	*Pres. 3 Unig.* *merchyg, marchoga (ef/hi)
marw	to die	Nid yw'n cael ei rhedeg; 'bu farw' sy'n gywir nid 'marwodd'
masnach·u	to trade	
mawryg·u	to glorify	
mecaneidd·i·o	to mechanize	
med·i	to reap	*Pres. 3 Unig.* med (ef/hi); *Gorch 2 Unig* med (di)
medr·u	to be able	*Pres. 3 Unig.* medr (ef/hi); *Gorch. 2 Unig* medr (di)
medd	to say	Dim ond dau amser sy'n cael eu rhedeg—y *Presennol*: meddaf etc. a'r *Amherffaith*: meddwn etc.
meddal·u	to soften	

Presennol

UNIGOL	LLUOSOG
1 meddalaf	meddalwn
2 meddeli, *meddali*	meddelwch
3 meddala	meddalant
AMHERSONOL: meddelir	

Gorberffaith

UNIGOL	LLUOSOG
1 meddalaswn	meddalasem
2 meddalasit	meddalasech
3 meddalasai	meddalasent
AMHERSONOL: meddalasid	

Amherffaith

UNIGOL	LLUOSOG
1 meddalwn	meddalem
2 meddalit, *meddalet*	meddalech
3 meddalai	meddalent
AMHERSONOL: meddelid	

*ffurf hynafol, archaic form.

UNIGOL	LLUOSOG
1 meddelais, *meddalais*	meddalasom, *meddalsom,* *meddalon ni*
2 meddelaist, *meddalaist*	meddalasoch, *meddalsoch,* *meddaloch*
3 meddalodd	meddalasant, *meddalson,* *meddalon*

AMHERSONOL: meddalwyd

Gorchmynnol		*Dibynnol*	
UNIGOL	LLUOSOG	UNIGOL	LLUOSOG
1 —	meddalwn	1 meddalwyf	meddalom
2 meddala	meddelwch, *meddalwch*	2 meddelych	meddaloch
3 meddaled	meddalent	3 meddalo	meddalont
AMHERSONOL: meddaler		AMHERSONOL: meddaler	

meddiannu   to possess

Presennol		*Gorberffaith*	
UNIGOL	LLUOSOG	UNIGOL	LLUOSOG
1 meddiannaf	meddiannwn	1 meddianaswn	meddianasem
2 meddienni, *meddianni*	meddiennwch	2 meddianasit	meddianasech
3 meddianna	meddiannant	3 meddianasai	meddianasent
AMHERSONOL: meddiennir		AMHERSONOL: meddianasid	

Amherffaith

UNIGOL	LLUOSOG
1 meddiannwn	meddiannem
2 meddiannit, *meddiannet*	meddiannech
3 meddiannai	meddiannent

AMHERSONOL: meddiennid

Gorffennol

UNIGOL	LLUOSOG
1 meddiennais, *meddiannais*	meddianasom, *meddiansom,* *meddiannon ni*
2 meddiennaist, *meddiannaist*	meddianasoch, *meddiansoch,* *meddiannoch*
3 meddiannodd	meddianasant, *meddianson,* *meddiannon nhw*

AMHERSONOL: meddiannwyd

Gorchmynnol		*Dibynnol*	
UNIGOL	LLUOSOG	UNIGOL	LLUOSOG
1 —	meddiannwn	1 meddiannwyf	meddiannom

2 meddianna	meddiennwch, *meddiannwch*	2 meddiennych	meddiannoch
3 meddianned	meddiannent	3 meddianno	meddiannont
AMHERSONOL: meddianner		AMHERSONOL: meddianner	

medd·u	to own	*Pres. 3 Unig.* medd (ef/hi)
meddw·i	to get drunk	
meddwl	to think	
meddyl·i·		meddyliaf etc.
		Pres. 3 Unig. meddwl, meddylia (ef/hi); *Gorch. 2 Unig.* meddwl, meddylia (di)
meidd·i·o	to dare	meiddiaf etc.
		Pres. 3 Unig. maidd, meiddia (ef/hi); *Gorch. 2 Unig.* maidd, meiddia (di)
meim·i·o	to mime	meimiaf etc.
meind·i·o	to mind	meindiaf etc.
meiriol·i	to thaw	
meistrol·i	to master	
meithrin·	to nurture	
melyn·u	to yellow	
melys·u	to sweeten	
melltenn·u	to flash lightning	

Gorffennol		*Gorberffaith*	
LLUOSOG		UNIGOL	LLUOSOG
1 melltenasom, *melltennon ni*		1 melltenaswn	melltenasem
2 melltenasoch, *melltennoch*		2 melltenasit	melltenasech
3 melltenasant, *melltennon nhw*		3 melltenasai	melltenasent
AMHERSONOL: melltennwyd		AMHERSONOL: melltenasid	

mellt·i·o	to flash lightning	
mentr·o	to venture	
men·u	to disturb	
merchet·a	to womanize	
merlot·a	to pony trek	
merthyr·u	to martyr	
merwin·o	to grate on	
mesmereidd·i·o	to mesmerize	mesmereiddiaf etc.
mesur·o	to measure	
meth·u	to fail	
mewnfor·i·o	to import	mewnforiaf etc.
mewnfud·o	to immigrate	
milwr·i·o	to militate	milwriaf etc.
mits·i·o	to play truant	mitsiaf etc.
model·u	to model	

165

moderneidd·i·o	to modernize	moderneiddiaf
modur·o	to motor	
moel·i	to go bald	
moesymgrym·u	to bow	
mog·i	to suffocate	
mold·i·o	to mould	moldiaf etc.
mol·i	to praise	Pres. 3 Unig mawl (ef/hi)
moliann·u	to praise	moliannaf

Sylwch ar y ffurfiau tra llenyddol:
molienni; moliennir; moliennid;
moliennych (di)

Gorffennol		*Gorberffaith*	
LLUOSOG		UNIGOL	LLUOSOG
1 molianasom, *moliannon ni*		1 molianaswn	molianasem
2 molianasoch, *moliannoch*		2 molianasit	molianasech
3 molianasant, *moliannon nhw*		3 molianasai	molianasent
AMHERSONOL: moliannwyd		AMHERSONOL: molianasid	

mop·i·o	to mope	mopiaf etc.
mordwy·o	to sail	
morgeis·i·o	to mortgage	
mor·i·o	to sail	moriaf etc.
morthwyl·i·o	to hammer	morthwyliaf etc.
mowld·i·o	to mould	mowldiaf etc.
mudferw·i	to poach	
mudlosg·i	to smoulder	
mud·o	to migrate	
mwmian·	to mumble	mwmianaf etc.
mwmial·	to mumble	mwmialaf etc.
mwstr·o	to get a move on	
mwyar·a	to blackberry	

Presennol		*Gorberffaith*	
UNIGOL	LLUOSOG	UNIGOL	LLUOSOG
1 mwyaraf	mwyarwn	1 mwyaraswn	mwyarasem
2 mwyeri, *mwyari*	mwyarwch	2 mwyarasit	mwyarasech
3 mwyara	mwyarant	3 mwyarasai	mwyarasent
AMHERSONOL: mwyerir		AMHERSONOL: mwyarasid	

Amherffaith	
UNIGOL	LLUOSOG
1 mwyarwn	mwyarem
2 mwyarit, *mwyaret*	mwyarech
3 mwyarai	mwyarent
AMHERSONOL: mwyerid	

UNIGOL
1 mwyerais, *mwyarais*
2 mwyeraist, *mwyaraist*
3 mwyarodd
AMHERSONOL: mwyarwyd

LLUOSOG
mwyarasom, *mwyaron ni*
mwyarasoch, *mwyaroch*
mwyarasant, *mwyaron nhw*

Gorchmynnol		*Dibynnol*	
UNIGOL	LLUOSOG	UNIGOL	LLUOSOG
1 —	mwyarwn	1 mwyarwyf	mwyarom
2 mwyara	mwyerwch,	2 mwyerych	mwyaroch
	mwyarwch		
3 mwyared	mwyarent	3 mwyaro	mwyaront
AMHERSONOL: mwyarer		AMHERSONOL: mwyarer	

mwyd·o   to steep
mwydr·o   to bewilder
mwyhau   to enlarge

Presennol		*Gorberffaith*	
UNIGOL	LLUOSOG	UNIGOL	LLUOSOG
1 mwyhaf	mwyhawn	1 mwyhaswn	mwyhasem
2 mwyhei	mwyhewch	2 mwyhasit	mwyhasech
3 mwyha	mwyhânt	3 mwyhasai	mwyhasent
AMHERSONOL: mwyheir		AMHERSONOL: mwyhasid	

Amherffaith		*Gorffennol*	
UNIGOL	LLUOSOG	UNIGOL	LLUOSOG
1 mwyhawn	mwyhaem	1 mwyheais	mwyhasom,
			mwyhaon ni
2 mwyhait,	mwyhaech	2 mwyheaist	mwyhasoch,
mwyhaet			*mwyhaoch*
3 mwyhâi	mwyhaent	3 mwyhaodd	mwyhasant,
			mwyhaon nhw
AMHERSONOL: mwyheid		AMHERSONOL: mwyhawyd	

Gorchmynnol		*Dibynnol*	
UNIGOL	LLUOSOG	UNIGOL	LLUOSOG
1 —	mwyhawn	1 mwyhawyf	mwyhaom
2 mwyha	mwyhewch	2 mwyheych	mwyhaoch
3 mwyhaed	mwyhaent	3 mwyhao	mwyhaont
AMHERSONOL: mwyhaer		AMHERSONOL: mwyhaer	

mwynglodd·i·o   to mine   mwyngloddiaf etc.

mwynhau   to enjoy

Presennol			*Gorberffaith*	
UNIGOL	LLUOSOG		UNIGOL	LLUOSOG
1 mwynhaf	mwynhawn		1 mwynhaswn	mwynhasem
2 mwynhei	mwynhewch		2 mwynhasit	mwynhasech
3 mwynha	mwynhânt		3 mwynhasai	mwynhasent
AMHERSONOL: mwynheir			AMHERSONOL: mwynhasid	

Amherffaith			*Gorffennol*	
UNIGOL	LLUOSOG		UNIGOL	LLUOSOG
1 mwynhawn	mwynhaem		1 mwynheais	mwynhasom, *mwynhaon ni*
2 mwynhait, *mwynhaet*	mwynhaech		2 mwynheaist	mwynhasoch, *mwynhaoch*
3 mwynhâi	mwynhaent		3 mwynhaodd	mwynhasant, *mwynhaon nhw*
AMHERSONOL: mwynheid			AMHERSONOL: mwynhawyd	

Gorchmynnol			*Dibynnol*	
UNIGOL	LLUOSOG		UNIGOL	LLUOSOG
1 —	mwynhawn		1 mwynhawyf	mwynhaom
2 mwynha	mwynhewch		2 mwynheych	mwynhaoch
3 mwynhaed	mwynhaent		3 mwynhao	mwynhaont
AMHERSONOL: mwynhaer			AMHERSONOL: mwynhaer	

mwyth·o   to fondle
mydyl·u   to stack sheaves
myfyr·i·o   to meditate   myfyriaf etc.
myg·u   1 to suffocate
                2 to smoke
mygyd·u   to mask
mynd   to go

Presennol			*Gorberffaith*	
UNIGOL	LLUOSOG		UNIGOL	LLUOSOG
1 af	awn		1 aethwn	aethem
2 ei	ewch		2 aethit	aethech
3 â	ânt		3 aethai	aethent
AMHERSONOL: eir			AMHERSONOL: aethid	

Amherffaith	
UNIGOL	LLUOSOG
1 awn	aem
2 ait, aet	aech
3 âi	aent
AMHERSONOL: eid	

	Gorffennol			*Gorchmynnol*
UNIGOL	LLUOSOG		UNIGOL	LLUOSOG
1 euthum	aethom		1 —	awn
2 aethost	aethoch		2 dos, *cer*	ewch
3 aeth	aethant		3 aed	aethant
AMHERSONOL: aethpwyd, aed			amhersonol: eler	

Dibynnol

	Presennol			*Amherffaith*
UNIGOL	LLUOSOG		UNIGOL	LLUOSOG
1 elwyf	elom		1 elwn	elem
2 elych	eloch		2 elit, *elet*	elech
3 elo	elont		3 elai	elent
AMHERSONOL: eler			AMHERSONOL: elid	

mynegei·o to index
myneg·i to express
mynn·u to insist

mynnaf etc.
Pres. 3 Unig myn, mynna (ef/hi);
Gorch. 2 Unig. myn, mynna (di)

	Gorffennol		*Gorberffaith*
LLUOSOG		UNIGOL	LLUOSOG
1 mynasom, *mynnon ni*		1 mynaswn	mynasem
2 mynasoch, *mynnoch*		2 mynasit	mynasech
3 mynasant, *mynnon nhw*		3 mynasai	mynasent
AMHERSONOL: mynnwyd		AMHERSONOL: mynasid	

mynych·u to frequent
mynydd·a to climb
mountains

N

nacáu to refuse

	Presennol		*Gorberffaith*
UNIGOL	LLUOSOG	UNIGOL	LLUOSOG
1 nacâf	nacawn	1 nacaswn	nacasem
2 nacei	nacewch	2 nacasit	nacasech
3 nacâ	nacânt	3 nacasai	nacasent
AMHERSONOL: naceir		AMHERSONOL: nacasid	

Amherffaith		*Gorffennol*	
UNIGOL	LLUOSOG	UNIGOL	LLUOSOG
1 nacawn	nacaem	1 naceais	nacasom, *nacaon ni*
2 nacait, *nacaet*	nacaech	2 naceaist	nacasoch, *nacaoch*
3 nacâi	nacaent	3 nacaodd	nacasant, *nacaon nhw*

AMHERSONOL: naceid

AMHERSONOL: nacawyd

Gorchmynnol		*Dibynnol*	
UNIGOL	LLUOSOG	UNIGOL	LLUOSOG
1 —	nacawn	1 nacawyf	nacaom
2 nacâ	nacewch	2 naceych	nacaoch
3 nacaed	nacaent	3 nacao	nacaont
AMHERSONOL: nacaer		AMHERSONOL: nacaer	

nad·u	1 to howl	
	2 to hinder	
nadd·u	to carve	*Pres. 3 Unig.* nadd (ef/hi); *Gorch 2 Unig* nadd (di)
nawddog·i	to sponsor	
neges·a	to run errands	
negeseu·a	to run errands	
negydd·u	to negate	
neid·i·o	to jump	neidiaf etc. *Pres. 3 Unig* naid, neidia (ef/hi); *Gorch. 2 Unig.* naid, neidia (di)
neilltu·o	to put to one side	
nerth·u	to strengthen	
nesáu:nesu	to approach	

Presennol		*Gorberffaith*	
UNIGOL	LLUOSOG	UNIGOL	LLUOSOG
1 nesâf	nesawn	1 nesaswn	nesasem
2 nesei	nesewch	2 nesasit	nesasech
3 nesâ	nesânt	3 nesasai	nesasent
AMHERSONOL: neseir		AMHERSONOL: nesasid	

Amherffaith		*Gorffennol*	
UNIGOL	LLUOSOG	UNIGOL	LLUOSOG
1 nesawn	nesaem	1 neseais	nesasom, *nesaon ni*
2 nesait, *nesaet*	nesaech	2 neseaist	nesasoch, *nesaoch*
3 nesâi	nesaent	3 nesaodd	nesasant, *nesaon nhw*

AMHERSONOL: neseid

AMHERSONOL: nesawyd

	Gorchmynnol			*Dibynnol*	
UNIGOL	LLUOSOG		UNIGOL	LLUOSOG
1 —	nesawn		1 nesawyf	nesaom
2 nesâ	nesewch		2 neseych	nesaoch
3 nesaed	nesaent		3 nesao	nesaont
AMHERSONOL: nesaer			AMHERSONOL: nesaer	

newid	to change	
newid·i·		newidiaf etc.
newyn·u	to starve	
nith·i·o	to winnow	nithiaf etc.
niweid·i·o	to harm	niweidiaf etc.
niwtraleidd·i·o	to neutralize	niwtraleiddiaf etc.
nod·i	to note	
nodwedd·u	to characterize	
nodd·i	to patronize	*Pres. 3 Unig.* nawdd, nodda (ef/hi)
nof·i·o	to swim	*Pres. 3 Unig.* *nawf, nofia (ef/hi)
nog·i·o	to jib	nogiaf etc.
nôl	to fetch	Nid yw hon yn cael ei rhedeg.
nos·i	to become night	
noswyl·i·o	to rest at night	noswyliaf etc.
nych·u	to vex	
nydd·u	to spin (yarn)	
nyrs·i·o	to nurse	nyrsiaf etc.
nyth·u	to nest	

O

ochain	to sigh	Nid yw hon yn cael ei rhedeg.
ochneid·i·o	to sigh	ochneidiaf etc.
ochrgam·u	to side-step	
ochr·i	to side	
odl·i	to rhyme	
oed·i	to pause	
oel·i·o	to oil	oeliaf etc.
oer·i	to chill	
ofn·i	to become afraid	
offrym·u	to sacrifice	
oged·u	to harrow	
ordein·i·o	to ordain	ordeiniaf etc.

*ffurf hynafol, archaic form.

osgoi to avoid

Presennol

UNIGOL	LLUOSOG
1 osgoaf	osgown
2 osgoi	osgowch
3 osgo	osgônt

AMHERSONOL: osgoir

Amherffaith

UNIGOL	LLUOSOG
1 osgown	osgoem
2 osgoit, *osgoet*	osgoech
3 osgôi	osgoent

AMHERSONOL: osgoid

Gorchmynnol

UNIGOL	LLUOSOG
1 —	osgown
2 osgo	osgowch
3 osgoed	osgoent

AMHERSONOL: osgoer

Gorberffaith

UNIGOL	LLUOSOG
1 osgoeswn	osgoesem
2 osgoesit	osgoesech
3 osgoesai	osgoesent

AMHERSONOL: osgoesid

Gorffennol

UNIGOL	LLUOSOG
1 osgoais	osgoesom
2 osgoaist	osgoesoch
3 osgôdd	osgoesant, *osgoion nhw*

AMHERSONOL: osgowyd

Dibynnol

UNIGOL	LLUOSOG
1 osgowyf	osgôm
2 osgoech	osgoch
3 osgo	osgônt

AMHERSONOL: osgoer

P

---

pac·i·o	to pack
padl·o	to paddle
paff·i·o	to box
palfal·u	to grope

Sylwch ar y ffurfiau tra llenyddol:
palfeli; palfelir; palfelid; palfelych (di)

palmantu

Presennol

UNIGOL	LLUOSOG
1 palmantaf	palmantwn
2 palmenti	palmentwch, *palmantwch*
3 palmanta	palmantant

AMHERSONOL: palmentir

Gorberffaith

UNIGOL	LLUOSOG
1 palmantaswn	palmantasem
2 palmantasit	palmantasech
3 palmantasai	palmantasent

AMHERSONOL: palmantasid

Amherffaith

UNIGOL	LLUOSOG
1 palmantwn	palmantem
2 palmantit, *palmantet*	palmantech
3 palmantai	palmantent

AMHERSONOL: palmentid

Gorffennol

UNIGOL
1 palmentais, *palmantais*
2 palmentaist, *palmantaist*
3 palmantodd
AMHERSONOL: palmantwyd

LLUOSOG
palmantasom, *palmanton ni*
palmantasoch, *palmantoch*
palmantasant, *palmanton nhw*

	Gorchmynnol		*Dibynnol*
UNIGOL	LLUOSOG	UNIGOL	LLUOSOG
1 —	palmantwn	1 palmantwyf	palmantom
2 palmanta	palmentwch,	2 palmentych	palmantoch
	palmantwch		
3 palmanted	palmantent	3 palmanto	palmantont
AMHERSONOL: palmanter		AMHERSONOL: palmanter	

pal·u   to dig
pall·u   to refuse
papur·o   to paper
para   to last

parablu   to speak

paraf
paratoi   to prepare

Y duedd fyddai defnyddio ffurfiau cryno 'parhau' rhag cymysgu â ffurfiau 'peri'.

Sylwch ar y ffurfiau tra llenyddol:
parebli; pareblir; pareblid; pareblych (di)
gw. peri

	Presennol		*Gorberffaith*
UNIGOL	LLUOSOG	UNIGOL	LLUOSOG
1 paratôf,	paratown	1 paratoeswn	paratoesem
paratoaf			
2 paratoi	paratowch	2 paratoesit	paratoesech
3 paratô, *paratoa*	paratoant	3 paratoesai	paratoesent
AMHERSONOL: paratoir		AMHERSONOL: paratoesid	

Amherffaith

UNIGOL	LLUOSOG
1 paratown	paratoem
2 paratoit, *paratoet*	paratoech
3 paratôi, *paratoai*	paratoent
AMHERSONOL: paratoid	

Gorffennol

UNIGOL	LLUOSOG
1 paratois, paratoais	paratoesom, *paratoeon ni*
2 paratoist, paratoaist	paratoesoch, *paratoeoch*
3 paratôdd	paratoesant, *paratoeon nhw*
AMHERSONOL: paratowyd	

Gorchmynnol			*Dibynnol*	
UNIGOL	LLUOSOG		UNIGOL	LLUOSOG
1 —	paratown		1 paratowyf	paratôm
2 paratô	paratowch		2 paratoech	paratôch
3 paratoed	paratoent		3 paratô	paratônt
AMHERSONOL: paratoer			AMHERSONOL: paratoer	

parc·i·o to park   parciaf etc.
parc·o to park
parchu to respect

Presennol   Gorberffaith

UNIGOL	LLUOSOG		UNIGOL	LLUOSOG
1 parchaf	parchwn		1 parchaswn	parchasem
2 perchi, *parchi*	perchwch,		2 parchasit	parchasech
	parchwch			
3 *peirch, parcha	parchant		3 parchasai	parchasent
AMHERSONOL: perchir, parchir			AMHERSONOL: parchasid	

Amherffaith

UNIGOL	LLUOSOG
1 parchwn	parchem
2 parchit, *parchet*	parchech
3 parchai	parchent
AMHERSONOL: perchid, parchid	

Gorffennol

UNIGOL	LLUOSOG
1 perchais, *parchais*	parchasom, *parchon ni*
2 perchaist, *parchaist*	parchasoch, *parchoch*
3 parchodd	parchasant, *parchon nhw*
AMHERSONOL: parchwyd	

Gorchmynnol   Dibynnol

UNIGOL	LLUOSOG		UNIGOL	LLUOSOG
1 —	parchwn		1 parchwyf	parchom
2 parcha	parchwch		2 perchych	parchoch
3 parched	parchent		3 parcho	parchont
AMHERSONOL: parcher			AMHERSONOL: parcher	

parddu·o to blacken
parhau to continue

Presennol   Gorberffaith

UNIGOL	LLUOSOG		UNIGOL	LLUOSOG
1 parhaf	parhawn		1 parhaswn	parhasem

*ffurf hynafol, archaic form.

174

2 parhei	parhewch	2 parhasit	parhasech
3 parha, *pery,*	parhânt	3 parhasai	parhasent
para			

AMHERSONOL: parheir

AMHERSONOL: parhasid

Amherffaith

UNIGOL	LLUOSOG
1 parhawn	parhaem
2 parhait, *parhaet*	parhaech
3 parhâi	parhaent

AMHERSONOL: parheid

Gorffennol

UNIGOL	LLUOSOG
1 parheais	parhasom, *parhaon ni*
2 parheaist	parhasoch, *parhaoch*
3 parhaodd	parhasant, *parhaon nhw*

AMHERSONOL: parhawyd

Gorchmynnol

UNIGOL	LLUOSOG
1 —	parhawn
2 parha	parhewch
3 parhaed	parhaent

AMHERSONOL: parhaer

Dibynnol

UNIGOL	LLUOSOG
1 parhawyf	parhaom
2 parheych	parhaoch
3 parhao	parhaont

AMHERSONOL: parhaer

parlys·u	to paralyse	
pasgaf		gw. pesgi
pas·i·o	to pass	pasiaf etc.
past·i·o	to paste	pastiaf etc.
pech·u	to sin	
pedler·a	to peddle (goods)	
pedol·i	to shoe	
pefr·i·o	to sparkle	pefriaf etc.
peg·i·o	to peg	pegiaf etc.
peid·i·o	to cease	peidiaf etc.

Pres. 3 Unig paid (ef/hi); *Gorch. 2 Unig.* paid, peidia (di)

peill·i·o	to pollinate	peilliaf etc.
peint·i·o	to paint	peintiaf etc.
pelydr·u	to gleam	
pellhau	to recede	

Presennol

Gorberffaith

UNIGOL	LLUOSOG	UNIGOL	LLUOSOG
1 pellhaf	pellhawn	1 pellhaswn	pellhasem
2 pellhei	pellhewch	2 pellhasit	pellhasech
3 pellha	pellhânt	3 pellhasai	pellhasent

AMHERSONOL: pellheir

AMHERSONOL: pellhasid

175

UNIGOL	LLUOSOG
1 pellhawn	pellhaem
2 pellhait, *pellhaet*	pellhaech
3 pellhâi	pellhaent

AMHERSONOL: pellheid

Gorffennol

UNIGOL	LLUOSOG
1 pellheais	pellhasom, *pellhaon ni*
2 pellheaist	pellhasoch, *pellhaoch*
3 pellhaodd	pellhasant, *pellhaon nhw*

AMHERSONOL: pellhawyd

Gorchmynnol		*Dibynnol*	
UNIGOL	LLUOSOG	UNIGOL	LLUOSOG
1 —	pellhawn	1 pellhawyf	pellhaom
2 pellha	pellhewch	2 pellheych	pellhaoch
3 pellhaed	pellhaent	3 pellhao	pellhaont
AMHERSONOL: pellhaer		AMHERSONOL: pellhaer	

penderfyn·u to decide
pendron·i to puzzle over
pen·i·o to head (a ball) peniaf etc.
Sylwch: penni di; pennir; pennit ti; pennid

penlin·i·o to kneel penliniaf etc.
Sylwch: penlinni di; penlinnir; penlinnit ti; penlinnid

penn·u to determine pennaf etc.

Gorffennol		*Gorberffaith*	
LLUOSOG		UNIGOL	LLUOSOG
1 penasom, *pennon ni*		1 penaswn	penasem
2 penasoch, *pennoch*		2 penasit	penasech
3 penasant, *pennon nhw*		3 penasai	penasent
AMHERSONOL: pennwyd		AMHERSONOL: penasid	

penod·i to appoint
pentyrr·u to heap

Gorffennol		*Gorberffaith*	
LLUOSOG		UNIGOL	LLUOSOG
1 pentyrasom, *pentyrron ni*		1 pentyraswn	pentyrasem
2 pentyrasoch, *pentyrroch*		2 pentyrasit	pentyrasech
3 pentyrasant, *pentyrron nhw*		3 pentyrasai	pentyrasent
AMHERSONOL: pentyrrwyd		AMHERSONOL: pentyrasid	

perchenog·i   to own
pereidd·i·o   to sweeten   pereiddiaf etc.
perffeith·i·o   to perfect   perffeithiaf etc.
perfform·i·o   to perform   perfformiaf etc.
peri

Presennol		*Gorberffaith*	
UNIGOL	LLUOSOG	UNIGOL	LLUOSOG
1 paraf	parwn	1 paraswn	parasem
2 peri	perwch	2 parasit	parasech
3 pair, *pâr*	parant	3 parasai	parasent
AMHERSONOL: perir		AMHERSONOL: parasid, paresid	

Amherffaith	
UNIGOL	LLUOSOG
1 parwn	parem
2 parit, paret	parech
3 parai	parent
AMHERSONOL: perid	

Gorffennol	
UNIGOL	LLUOSOG
1 perais	parasom, *paron ni*
2 peraist	parasoch, *paroch*
3 parodd	parasant, *paron nhw*
AMHERSONOL: parwyd	

Gorchmynnol		*Dibynnol*	
UNIGOL	LLUOSOG	UNIGOL	LLUOSOG
1 —	parwn	1 parwyf	parom
2 pâr	perwch	2 perych	paroch
3 pared	parent	3 paro	paront
AMHERSONOL: parer		AMHERSONOL: parer	

perswad·i·o   to persuade   perswadiaf etc.
perthyn   to belong   *Pres. 3 Unig* perthyn (ef/hi); *Gorch. 2*
                                      Unig. perthyn (di)

perygl·u   to endanger
pesgi   to fatten

Presennol		*Gorberffaith*	
UNIGOL	LLUOSOG	UNIGOL	LLUOSOG
1 pasgaf	pasgwn	1 pasgaswn	pasgasem
2 pesgi	pesgwch	2 pasgasit	pasgasech
3 pasga	pasgant	3 pasgasai	pasgasent
AMHERSONOL: pesgir		AMHERSONOL: pasgasid	

UNIGOL	LLUOSOG
1 pasgwn	pasgem
2 pasgit, *pasget*	pasgech
3 pasgai	pasgent

AMHERSONOL: pesgid

Gorffennol

UNIGOL	LLUOSOG
1 pesgais	pasgasom, *pesgon ni*
2 pesgaist	pasgasoch, *pesgoch*
3 pasgodd	pasgasant, *pesgon nhw*

AMHERSONOL: pasgwyd

Gorchmynnol		*Dibynnol*	
UNIGOL	LLUOSOG	UNIGOL	LLUOSOG
1 —	pasgwn	1 pasgwyf	pasgom
2 pasga	pesgwch	2 pesgych	pasgoch
3 pasged	pasgent	3 pasgo	pasgont

AMHERSONOL: pasger   AMHERSONOL: pasger

peswch	to cough	
pesych·	pesychaf etc.	*Pres. 3 Unig.* peswch (ef/hi)
pesych·u	to cough	
petrus·o	to hesitate	
pib·o	to have diarrhoea	
piced·u	to picket	
pic·i·o	to hurry	piciaf etc.
picl·o	to pickle	
pig·o	to pick	
pil·i·o	to peel	piliaf etc.
pil·o	to peel	
pin·i·o	to pin	*Sylwch:* pinni di; pinnir; pinnit ti; pinnid
pins·i·o	to pinch	pinsiaf etc.
pis·o	to pee	
pistyll·i·o	to spout	pistylliaf etc.
pistyll·u	to spout	
pitï·o	to pity	*Sylwch:* mae pob un o'r ffurfiau yn cynnwys yr ï, felly pitïi; pitïir; pitïid etc.
plag·i·o	to plague	plagiaf etc.
plannu	to plant	

Presennol		*Gorberffaith*	
UNIGOL	LLUOSOG	UNIGOL	LLUOSOG
1 plannaf	plannwn	1 planaswn	planasem

178

2 plenni	plennwch,	2 plasnasit	planasech
	plannwch		
3 planna	plannant	3 planasai	planasent
AMHERSONOL: plennir		AMHERSONOL: planasid	

Amherffaith

UNIGOL	LLUOSOG
1 plannwn	plannem
2 plannit, *plannet*	plannech
3 plannai	plannent
AMHERSONOL: plennid	

Gorffennol

UNIGOL	LLUOSOG
1 plennais, *plannais*	planasom, *plansom,plannon ni*
2 plennaist, *plannaist*	planasoch, *plansoch, plannoch*
3 plannodd	planasant, *planson nhw,*
	plannon nhw
AMHERSONOL: plannwyd	

Gorchmynnol

UNIGOL	LLUOSOG	UNIGOL	LLUOSOG
1 —	plannwn	1 plannwyf	plannom
2 planna	plennwch	2 plennych	plannoch
3 planned	plannent	3 planno	plannont
AMHERSONOL: planner		AMHERSONOL: planner	

Dibynnol

plastr·o	to plaster	
pled·i·o	to plead	plediaf etc.
pleidleis·i·o	to vote	pleidleisiaf etc.
ples·i·o	to please	plesiaf etc.
plet·i·o	to pleat	pletiaf etc.
pleth·u	to plait	*Pres. 3 Unig* pleth (ef/hi)
plic·i·o	to peel	pliciaf etc.
plismon·a	to police	
pluf·i·o	to pluck (feathers)	plufiaf etc.
plu·o	to pluck (feathers)	
plyc·i·o	to tug	plyciaf etc.
plyg·u	to fold	*Pres. 3 Unig* plyg (ef/hi); *Gorch 2*
		Unig. plyg, plyga (di)
plym·i·o	to dive	plymiaf etc.
pob·i	to bake	
poblogeidd·i·o	to make popular	poblogeiddiaf etc.
poced·u	to pocket	
poen·i	to worry	
poenyd·i·o	to torture	poenydiaf etc.

poer·i	to spit	*Pres. 3 Unig* poer (ef/hi)
poeth·i	to heat	
pons·i·o	to muddle	ponsiaf etc.
pont·i·o	to bridge	pontiaf etc.
por·i	to graze	*Pres. 3 Unig.* *pawr, pora (ef/hi)
portread·u	to portray	
porth·i	to feed	
post·i·o	to post	postiaf etc.
potel·u	to bottle	
pot·i·o	to imbibe	potiaf etc.
pots·i·o	to poach	potsiaf etc.
powdr·o	to powder	
powl·i·o	to roll	powliaf etc.
pranc·i·o	to prance	pranciaf etc.
pregeth·u	to preach	
preifateidd·i·o	to privatize	preifateiddiaf etc.
prep·i·an	to gossip	prepiaf etc.
preswyl·i·o	to dwell	preswyliaf etc.
pridd·i·o	to earth (up)	priddiaf etc.
pridd·o	to earth (up)	
prif·i·o	to grow	prifiaf etc.
prinhau	to diminish	

Presennol

UNIGOL	LLUOSOG
1 prinhaf	prinhawn
2 prinhei	prinhewch
3 prinha	prinhânt

AMHERSONOL: prinheir

Gorberffaith

UNIGOL	LLUOSOG
1 prinhaswn	prinhasem
2 prinhasit	prinhasech
3 prinhasai	prinhasent

AMHERSONOL: prinhasid

Amherffaith

UNIGOL	LLUOSOG
1 prinhawn	prinhaem
2 prinhait, *prinhaet*	prinhaech
3 prinhâi	prinhaent

AMHERSONOL: prinheid

Gorffennol

UNIGOL	LLUOSOG
1 prinheais	prinhasom, *prinhaon ni*
2 prinheaist	prinhasoch, *prinhaoch*
3 prinhaodd	prinhasant, *prinhaon nhw*

AMHERSONOL: prinhawyd

*ffurf hynafol, archaic form.

	Gorchmynnol		*Dibynnol*	
UNIGOL	LLUOSOG	UNIGOL	LLUOSOG
1 —	prinhawn	1 prinhawyf	prinhaom
2 prinha	prinhewch	2 prinheych	prinhaoch
3 prinhaed	prinhaent	3 prinhao	prinhaont
AMHERSONOL: prinhaer		AMHERSONOL: prinhaer	

priod·i	to marry	
priodol·i	to attribute	
pris·i·o	to price	prisiaf etc.
proc·i·o	to poke	prociaf etc.
prof·i	1 to prove	*Pres. 3 Unig.* prawf, profa (ef/hi)
	2 to taste	
proffes·u	to profess	
proffwyd·o	to prophecy	
proses·u	to process	
pryder·u	to worry	
prydferth·u	to beautify	
pryfoc·i·o	to provoke	pryfociaf etc.
pryn·u	to buy	*Pres. 3 Unig.* *prŷn, pryn, pryna (ef/hi); Gorch. 2 Unig.* pryn, pryna (di)
prysur·o	to hurry	
pur·o	to purify	
pwd·u	to sulk	*Pres 3 Unig.* pwd, pwda (ef/hi); *Gorch 2 Unig.* pwd, pwda (di)
pwff·i·an	to puff	pwffiaf etc.
pwff·i·o	to puff	pwffiaf etc.
pwmp·i·o	to pump	pwmpiaf etc.
pwn·i·o	to hit	pwniaf etc. *Sylwch:* pwnni di; pwnnir; pwnnit ti; pwnnid
pwn·o	to hit	
pwrcas·u	to purchase	
pwyll·o	to steady	
pwynt·i·o	to point	pwyntiaf etc.
pwy·o	to batter	
pwysleis·i·o	to emphasize	pwysleisiaf etc.
pwys·o	to weigh	
pwyth·o	to stitch	
pydr·u	to rot	
pyl·u	to fade	
pync·i·o	to sing	pynciaf etc.

*ffurf hynafol, archaic form.

181

pysgot·a to fish
pystyl·ad to stamp pystylaf etc.

R
---

ras·i·o to race rasiaf etc.
record·i·o to record recordiaf etc.
rwdl·an:rwdl·ian to talk rubbish

Rh
---

rhacanu to rake

Presennol

UNIGOL	LLUOSOG
1 rhacanaf	rhacanwn
2 rhaceni,	rhacenwch,
rhacani	*rhacanwch*
3 rhacana	rhacanant

AMHERSONOL: rhacenir

Gorberffaith

UNIGOL	LLUOSOG
1 rhacanaswn	rhacanasem
2 rhacanasit	rhacanasech
3 rhacanasai	rhacanasent

AMHERSONOL: rhacanasid

Amherffaith

UNIGOL	LLUOSOG
1 rhacanwn	rhacanem
2 rhacanit, *rhacanet*	rhacanech
3 rhacanai	rhacanent

AMHERSONOL: rhacenid

Gorffennol

UNIGOL	LLUOSOG
1 rhacenais, *rhacanais*	rhacanasom, *rhacansom*, *rhacanon ni*
2 rhacenaist, *rhacanaist*	rhacanasoch, *rhacansoch*, *rhacanoch*
3 rhacanodd	rhacanasant, *rhacanson nhw*, *rhacanon nhw*

AMHERSONOL: rhacanwyd

Gorchmynnol

UNIGOL	LLUOSOG
1 —	rhacanwn
2 rhacana	rhacenwch, *rhacanwch*
3 rhacaned	rhacanent

AMHERSONOL: rhacaner

Dibynnol

UNIGOL	LLUOSOG
1 rhacanwyf	rhacanom
2 rhacenych	rhacanoch
3 rhacano	rhacanont

AMHERSONOL: rhacaner

rhaffu:rhaffo   to rope

Presennol		*Gorberffaith*	
UNIGOL	LLUOSOG	UNIGOL	LLUOSOG
1 rhaffaf	rhaffwn	1 rhaffaswn	rhaffasem
2 rheffi	rheffwch, *rhaffwch*	2 rhaffasit	rhaffasech
3 rhaffa	rhaffant	3 rhaffasai	rhaffasent
AMHERSONOL: rheffir		AMHERSONOL: rhaffasid	

Amherffaith

UNIGOL	LLUOSOG
1 rhaffwn	rhaffem
2 rhaffit, *rhaffet*	rhaffech
3 rhaffai	rhaffent
AMHERSONOL: rheffid	

Gorffennol

UNIGOL	LLUOSOG
1 rheffais, *rhaffais*	rhaffasom, *rhaffsom, rhaffon ni*
2 rheffaist, *rhaffaist*	rhaffasoch, *rhaffsoch, rhaffoch*
3 rhaffodd	rhaffasant, *rhaffson nhw,*
	rhaffon nhw
AMHERSONOL: rhaffwyd	

Gorchmynnol		*Dibynnol*	
UNIGOL	LLUOSOG	UNIGOL	LLUOSOG
1 —	rhaffwn	1 rhaffwyf	rhaffom
2 rhaffa	rheffwch, *rhaffwch*	2 rheffych	rhaffoch
3 rhaffed	rhaffent	3 rhaffo	rhaffont
AMHERSONOL: rhaffer		AMHERSONOL: rhaffer	

rhagdyb·i·o: to presuppose
rhagdyb·i·ed

rhagdybiaf etc.
Pres. 3 Unig. rhagdyb (ef/hi); *Gorch 2
Unig.* rhagdyb (di)

rhag·ddweud   to foretell
rhag·ddywed·

gw. dweud

rhagfyneg·i   to foretell
rhaglenn·u   to programme

Gorffennol		*Gorberffaith*	
LLUOSOG		UNIGOL	LLUOSOG
1 rhaglenasom, *rhaglensom,*		1 rhaglenaswn	rhaglenasem
rhaglennon ni			
2 rhaglenasoch, *rhaglensoch,*		2 rhaglenasit	rhaglenasech
rhaglennoch			
3 rhaglenasant, *rhaglenson,*		3 rhaglenasai	rhaglenasent
rhaglennon nhw			
AMHERSONOL: rhaglennwyd		AMHERSONOL: rhaglenasid	

rhagor·i   to excel
rhagrith·i·o   to be hypocritical   rhagrithiaf etc.
rhag-wel·d   to foresee   gw. gweld
rhannu   to share

Presennol		*Gorberffaith*	
UNIGOL	LLUOSOG	UNIGOL	LLUOSOG
1 rhannaf	rhannwn	1 rhanaswn	rhanasem
2 rhenni	rhennwch, rhannwch	2 rhanasit	rhanasech
3 rhan, *rhanna*	rhannant	3 rhanasai	rhanasent
AMHERSONOL: rhennir		AMHERSONOL: rhanasid	

Amherffaith	
UNIGOL	LLUOSOG
1 rhannwn	rhannem
2 rhannit, *rhannet*	rhannech
3 rhannai	rhannent
AMHERSONOL: rhennid	

Gorffennol	
UNIGOL	LLUOSOG
1 rhennais, *rhannais*	rhanasom, *rhansom, rhannon ni*
2 rhennaist, *rhannaist*	rhanasoch, *rhansoch, rhannoch*
3 rhannodd	rhanasant, *rhanson nhw, rhannon nhw*
AMHERSONOL: rhannwyd	

Gorchmynnol		*Dibynnol*	
UNIGOL	LLUOSOG	UNIGOL	LLUOSOG
1 —	rhannwn	1 rhannwyf	rhannom
2 rhanna	rhennwch, rhannwch	2 rhennych	rhannoch
3 rhanned	rhannent	3 rhanno	rhannont
AMHERSONOL: rhanner		AMHERSONOL: rhanner	

rhed·eg   to run   rhedaf etc.
    Pres. 3 Unig. rhed (ef/hi); *Gorch. 2 Unig.* rhed (di)
rheg·i   to swear   *Pres. 3 Unig.* rheg (ef/hi); *Gorch. 2 Unig* rheg (di)
rheib·i·o   to bewitch   rheibiaf etc.
rhent·u   to rent
rheol·i   to rule
rhestr·u   to list
rhesym·u   to reason
rhew·i   to freeze

rhidyll·u	to sieve	
rhif·o	to count	
rhinc·i·an	to gnash	rhinciaf etc.
rhoch·i·an	to grunt	rhochiaf etc.
rhod·i·o	to stroll	rhodiaf etc.
rhoddi	to give	

Presennol

UNIGOL	LLUOSOG
1 rhoddaf	rhoddwn
2 rhoddi	rhoddwch
3 rhydd	rhoddant
AMHERSONOL: rhoddir	

Gorberffaith

UNIGOL	LLUOSOG
1 rhoddaswn	rhoddasem
2 rhoddasit	rhoddasech
3 rhoddasai	rhoddasent
AMHERSONOL: rhoddasid	

Amherffaith

UNIGOL	LLUOSOG
1 rhoddwn	rhoddem
2 rhoddit, *rhoddet*	rhoddech
3 rhoddai	rhoddent
AMHERSONOL: rhoddid	

Gorffennol

UNIGOL	LLUOSOG
1 rhoddais	rhoddasom, *rhoddon ni*
2 rhoddaist	rhoddasoch, *rhoddoch*
3 *rhoddes, rhoddodd	rhoddasant, *rhoddon nhw*
AMHERSONOL: rhoddwyd	

Gorchmynnol

UNIGOL	LLUOSOG
1 —	rhoddwn
2 rho	rhoddwch
3 rhodded	rhoddent
AMHERSONOL: rhodder	

Dibynnol

UNIGOL	LLUOSOG
1 rhoddwyf	rhoddom
2 rhoddych	rhoddoch
3 rhoddo	rhoddont
AMHERSONOL: rhodder	

rhof·i·o	to shovel	rhofiaf etc.
rhoi	to give	

Presennol

UNIGOL	LLUOSOG
1 rhof	rhown
2 rhoi	rhowch
3 rhy	rhônt
AMHERSONOL: rhoir	

Gorberffaith

UNIGOL	LLUOSOG
1 rhoeswn	rhoesem
2 rhoesit	rhoesech
3 rhoesai	rhoesent
AMHERSONOL: rhoesid	

*ffurf hynafol, archaic form.

185

Amherffaith

UNIGOL	LLUOSOG
1 rhown	rhoem
2 rhoit, *rhoet*	rhoech
3 rhôi	rhoent

AMHERSONOL: rhoid

Gorffennol

UNIGOL	LLUOSOG
1 rhois	rhoesom, *rhoeon ni*
2 rhoist	rhoesoch, *rhoeoch*
3 rhoes, rhodd	rhoesant, *rhoeson nhw, rhoeon nhw*

AMHERSONOL: rhoddwyd, rhoed

Gorchmynnol		*Dibynnol*	
UNIGOL	LLUOSOG	UNIGOL	LLUOSOG
1 —	rhown	1 rhowyf	rhôm
2 rho	rhowch	2 rhoech	rhoch
3 rhoed	rhoent	3 rhô	rhônt
AMHERSONOL: rhoer		AMHERSONOL: rhoer	

rhol·i·o:

rhol·i·an	to roll	rholiaf etc.
rhost·i·o	to roast	rhostiaf etc.
rhudd·o	to scorch	
rhu·o	to roar	
rhus·i·o	to hinder	rhusiaf etc.
rhuthr·o	to rush	
rhwb·i·o	to rub	rhwbiaf etc.
rhwdu		gw. rhydu
rhwyd·o	to net	
rhwyf·o	to row (a boat)	
rhwyg·o	to tear	
rhwym·o	to bind	
rhwystr·o	to hinder	
rhybudd·i·o	to warn	rhybuddiaf etc.
rhychwant·u	to span	*Sylwch ar y ffurfiau tra llenyddol:* rhychwenti; rhychwentir; rhychwentid; rhychwentych (di)

rhyd·u	to rust
rhyddhau	to release

Presennol		*Gorberffaith*	
UNIGOL	LLUOSOG	UNIGOL	LLUOSOG
1 rhyddhaf	rhyddhawn	1 rhyddhaswn	rhyddhasem
2 rhyddhei	rhyddhewch	2 rhyddhasit	rhyddhasech

3 rhyddha   rhyddhânt   3 rhyddhasai   rhyddhasent
AMHERSONOL: rhyddheir   AMHERSONOL: rhyddhasid

Amherffaith

UNIGOL	LLUOSOG
1 rhyddhawn	rhyddhaem
2 rhyddhait, *rhyddhaet*	rhyddhaech
3 rhyddhâi	rhyddhaent

AMHERSONOL: rhyddheid

Gorffennol

UNIGOL	LLUOSOG
1 rhyddheais	rhyddhasom, *rhyddhaon ni*
2 rhyddheaist	rhyddhasoch, *rhyddhaoch*
3 rhyddhaodd	rhyddhasant, *rhyddhason nhw,* *rhyddhaon nhw*

AMHERSONOL: rhyddhawyd

Gorchmynnol

UNIGOL	LLUOSOG
1 —	rhyddhawn
2 rhyddha	rhyddhewch
3 rhyddhaed	rhyddhaent

AMHERSONOL: rhyddhaer

Dibynnol

UNIGOL	LLUOSOG
1 rhyddhawyf	rhyddhaom
2 rhyddheych	rhyddhaoch
3 rhyddhao	rhyddhaont

AMHERSONOL: rhyddhaer

rhyfedd·u	to wonder
rhyfel·a	to make war
rhyfyg·u	to dare
rhygn·u	to grate
rhygyng·u	to canter
rhyng·u bodd	to satisfy
rhynn·u	to shiver

rhynnaf etc.

Gorffennol

LLUOSOG
1 rhynasom, *rhynnon ni*
2 rhynasoch, *rhynnoch*
3 rhynasant, *rhynnon nhw*

AMHERSONOL: rhynnwyd

Gorberffaith

UNIGOL	LLUOSOG
1 rhynaswn	rhynasem
2 rhynasit	rhynasech
3 rhynasai	rhynasent

AMHERSONOL: rhynasid

rhyth·u   to stare

S

sad·i·o   to stabilize
saern·i·o   to fashion   *Sylwch*: ceir ï ym mhob ffurf ac eithrio saernii, saeniir, saerniid

saeth·u   to shoot
safaf   see sefyll
safon·i   to standardise
sangu: sengi   to tread

Presennol

UNIGOL	LLUOSOG
1 sangaf	sangwn
2 sengi	sengwch, *sangwch*
3 sang, *sanga*	sangant
AMHERSONOL: sengir	

Gorberffaith

UNIGOL	LLUOSOG
1 sangaswn	sangasem
2 sangasit	sangasech
3 sangasai	sangasent
AMHERSONOL: sangasid	

Amherffaith

UNIGOL	LLUOSOG
1 sangwn	sangem
2 sangit, *sanget*	sangech
3 sangai	sangent
AMHERSONOL: sengid	

Gorffennol

UNIGOL	LLUOSOG
1 sengais, *sangais*	sangasom, *sangon ni*
2 sengaist, *sangaist*	sangasoch, *sangoch*
3 sangodd	sangasant, *sangon nhw*
AMHERSONOL: sangwyd	

Gorchmynnol

UNIGOL	LLUOSOG
1 —	sangwn
2 sang, *sanga*	sengwch, *sangwch*
3 sanged	sangent
AMHERSONOL: sanger	

Dibynnol

UNIGOL	LLUOSOG
1 sangwyf	sangom
2 sengych	sangoch
3 sango	sangont
AMHERSONOL: sanger	

samon·a   to catch salmon
sancteidd·i·o   to sanctify   sancteiddiaf etc.
sarhau   to insult

Presennol

UNIGOL	LLUOSOG
1 sarhaf	sarhawn
2 sarhei	sarhewch
3 sarha	sarhânt
AMHERSONOL: sarheir	

Gorberffaith

UNIGOL	LLUOSOG
1 sarhaswn	sarhasem
2 sarhasit	sarhasech
3 sarhasai	sarhasent
AMHERSONOL: sarhasid	

Amherffaith

UNIGOL	LLUOSOG
1 sarhawn	sarhaem
2 sarhait, *sarhaet*	sarhaech
3 sarhâi	sarhaent

AMHERSONOL: sarheid

Gorffennol

UNIGOL	LLUOSOG
1 sarheais	sarhasom, *sarhaon ni*
2 sarheaist	sarhasoch, *sarhaoch*
3 sarhaodd	sarhasant, *sarhaon nhw*

AMHERSONOL: sarhawyd

Gorchmynnol		Dibynnol	
UNIGOL	LLUOSOG	UNIGOL	LLUOSOG
1 —	sarhawn	1 sarhawyf	sarhaom
2 sarha	sarhewch	2 sarheych	sarhaoch
3 sarhaed	sarhaent	3 sarhao	sarhaont
AMHERSONOL: sarhaer		AMHERSONOL: sarhaer	

sarnu   to spill

Presennol		Gorberffaith	
UNIGOL	LLUOSOG	UNIGOL	LLUOSOG
1 sarnaf	sarnwn	1 sarnaswn	sarnasem
2 serni, *sarni*	sernwch, *sarnwch*	2 sarnasit	sarnasech
3 sarn, *sarna*	sarnant	3 sarnasai	sarnasent
AMHERSONOL: sernir, *sarnir*		AMHERSONOL: sarnasid	

Amherffaith

UNIGOL	LLUOSOG
1 sarnwn	sarnem
2 sarnit, *sarnet*	sarnech
3 sarnai	sarnent

AMHERSONOL: sernid, sarnid

Gorffennol

UNIGOL	LLUOSOG
1 sernais, *sarnais*	sarnasom, *sarnon ni*
2 sernaist, *sarnaist*	sarnasoch, *sarnoch*
3 sarnodd	sarnasant, *sarnon nhw*

AMHERSONOL: sarnwyd

Gorchmynnol		Dibynnol	
UNIGOL	LLUOSOG	UNIGOL	LLUOSOG
1 —	sarnwn	1 sarnwyf	sarnom
2 sarn, *sarna*	sernwch, *sarnwch*	2 sernych	sarnoch
3 sarned	sarnent	3 sarno	sarnont
AMHERSONOL: sarner		AMHERSONOL: sarner	

sathru   to trample

<table>
<tr><td colspan="2" align="center">Presennol</td><td colspan="2" align="center">Gorberffaith</td></tr>
<tr><td>UNIGOL</td><td>LLUOSOG</td><td>UNIGOL</td><td>LLUOSOG</td></tr>
<tr><td>1 sathraf</td><td>sathrwn</td><td>1 sathraswn</td><td>sathrasem</td></tr>
<tr><td>2 sethri, sathri</td><td>sethrwch, sathrwch</td><td>2 sathrasit</td><td>sathrasech</td></tr>
<tr><td>3 sathr, sathra</td><td>sathrant</td><td>3 sathrasai</td><td>sathrasent</td></tr>
<tr><td colspan="2">AMHERSONOL: sethrir, sathrir</td><td colspan="2">AMHERSONOL: sathrasid</td></tr>
</table>

Amherffaith

UNIGOL	LLUOSOG
1 sathrwn	sathrem
2 sathrit, *sathret*	sathrech
3 sathrai	sathrent
AMHERSONOL: sethrid, sathrid	

Gorffennol

UNIGOL	LLUOSOG
1 sethrais, *sathrais*	sathrasom, *sathron ni*
2 sethraist, *sathraist*	sathrasoch, *sathroch*
3 sathrodd	sathrasant, *sathron nhw*
AMHERSONOL: sathrwyd	

<table>
<tr><td colspan="2" align="center">Gorchmynnol</td><td colspan="2" align="center">Dibynnol</td></tr>
<tr><td>UNIGOL</td><td>LLUOSOG</td><td>UNIGOL</td><td>LLUOSOG</td></tr>
<tr><td>1 —</td><td>sathrwn</td><td>1 sathrwyf</td><td>sathrom</td></tr>
<tr><td>2 sathr, sathra</td><td>sethrwch, sathrwch</td><td>2 sethrych</td><td>sathroch</td></tr>
<tr><td>3 sathred</td><td>sathrent</td><td>3 sathro</td><td>sathront</td></tr>
<tr><td colspan="2">AMHERSONOL: sathrer</td><td colspan="2">AMHERSONOL: sathrer</td></tr>
</table>

sawr·u	to smell	*Pres 3 Unig.* sawr (ef/hi); *Gorch 2 Unig.* sawr (di)
sbar·i·o	to spare	sbariaf etc.
sbeit·i·o	to spite	sbeitiaf etc.
sbi·o:sbï·o	to look	sbiaf: sbïaf etc.
sblas·i·o	to splash	sblasiaf etc.
sbonc·i·o	to bounce	sbonciaf etc.
sbrint·i·o	to sprint	sbrintiaf etc.
sbwyl·i·o	to spoil	sbwyliaf etc.
sebon·i	to soap	
secret·u	to secrete	
sefydl·u	to establish	
sefyll	to stand	

	Presennol			*Gorberffaith*
UNIGOL	LLUOSOG		UNIGOL	LLUOSOG
1 safaf	safwn		1 safaswn	safasem
2 sefi	sefwch, *safwch*		2 safasit	safasech
3 saif	safant		3 safasai	safasent
AMHERSONOL: sefir			AMHERSONOL: safasid	

Amherffaith

UNIGOL	LLUOSOG
1 safwn	safem
2 safit, *safet*	safech
3 safai	safent
AMHERSONOL: sefid	

Gorffennol

UNIGOL	LLUOSOG
1 sefais, *safais*	safasom, *safon ni*
2 sefaist, *safaist*	safasoch, *safoch*
3 safodd	safasant, *safon nhw*
AMHERSONOL: safwyd	

	Gorchmynnol			*Dibynnol*
UNIGOL	LLUOSOG		UNIGOL	LLUOSOG
1 —	safwn		1 safwyf	safom
2 saf	sefwch, *safwch*		2 sefych	safoch
3 safed	safent		3 safo	safont
AMHERSONOL: safer			AMHERSONOL: safer	

segur·a   to laze
sengi   gw. sangu
seicl·o   to cycle
seil·i·o   to base   seiliaf etc.
sein·i·o   to sound   seiniaf etc.
seisnigeidd·i·o   to anglicize   seisnigeiddiaf etc.
sel·i·o   to seal   seliaf etc.
serenn·u   to sparkle   serennaf etc.

	Gorffennol			*Gorberffaith*
LLUOSOG			UNIGOL	LLUOSOG
1 serenasom, *serennon ni*			1 serenaswn	serenasem
2 serenasoch, *serennoch*			2 serenasit	serenasech
3 serenasant, *serennon nhw*			3 serenasai	serenasent
AMHERSONOL: serennwyd			AMHERSONOL: serenasid	

serf·i·o   to serve
sgald·i·an:sgald·i·o   to scald   sgaldiaf etc.
sgeint·i·o   to sprinkle   sgeintiaf etc.

sgi·o	to ski	sgiaf etc.
		Sylwch: sgii di; sgiir; sgiid etc.
sgip·i·o	to skip	sgipiaf etc.
sglefr·i·o	to slide	sglefriaf etc.
sglefrhol·i·o	to rollerskate	sglefrholiaf etc.
sglein·i·o	to shine	sgleiniaf etc.
sgori: sgor·i·o	to score	sgoriaf etc.
sgrechain:		
sgrech·i·an	to scream	sgrechiaf etc.
sgribl(i)an	to scribble	sgribl(i)af
sgriw·i·o	to screw	sgriwiaf etc.
sgrwb·i·o	to scrub	sgrwbiaf etc.
sgwlc·an	to skulk	
sgwr·i·o	to scour	sgwriaf etc.
sgwrs·i·o	to chat	sgwrsiaf etc.
siaf·(i)·o	to shave	siaf(i)af etc.
sianel·u	to direct	
siap·(i)·o	to shape	siap(i)af etc.
siarad	to talk	

Presennol · Gorberffaith

UNIGOL	LLUOSOG	UNIGOL	LLUOSOG
1 siaradaf	siaradwn	1 siaradaswn	siaradasem
2 siaredi, *siaradi*	siaredwch, *siaradwch*	2 siaradasit	siaradasech
3 sieryd, *siarada*	siaradant	3 siaradasai	siaradasent
AMHERSONOL: siaredir, siaradir		AMHERSONOL: siaradasid	

Amherffaith

UNIGOL	LLUOSOG
1 siaradwn	siaradem
2 siaradit, *siaradet*	siaradech
3 siaradai	siaradent
AMHERSONOL: siaredid	

Gorffennol

UNIGOL	LLUOSOG
1 siaredais, *siaradais*	siaradasom, *siaradsom,* *siaradon ni*
2 siaredaist, *siaradaist*	siaradasoch, *siaradsoch,* *siaradoch*
3 siaradodd	siaradasant, *siaradson, siaradon nhw*
AMHERSONOL: siaradwyd	

Gorchmynnol · Dibynnol

UNIGOL	LLUOSOG	UNIGOL	LLUOSOG
1 —	siaradwn	1 siaradwyf	siaradom

2 siarad	siaredwch,	2 siaredych	siaradoch
	siaradwch		
3 siaraded	siaradent	3 siarado	siaradont
AMHERSONOL: siarader		AMHERSONOL: siarader	

siars·i·o   to warn

siarsiaf
Sylwch ar y ffurfiau tra llenyddol:
siersi; siersir; siersid; siersych (di)

sibrwd   to whisper
 sibryd·

sibrydaf *Pres. 3 Unig.* sibrwd (ef/hi);
Gorch. 2 Unig. sibrwd (di)

sicrhau   to ensure

Presennol		*Gorberffaith*	
UNIGOL	LLUOSOG	UNIGOL	LLUOSOG
1 sicrhaf	sicrhawn	1 sicrhaswn	sicrhasem
2 sicrhei	sicrhewch	2 sicrhasit	sicrhasech
3 sicrha	sicrhânt	3 sicrhasai	sicrhasent
AMHERSONOL: sicrheir		AMHERSONOL: sicrhasid	

Amherffaith	
UNIGOL	LLUOSOG
1 sicrhawn	sicrhaem
2 sicrhait, *sicrhaet*	sicrhaech
3 sicrhâi	sicrhaent
AMHERSONOL: sicrheid	

Gorffennol	
UNIGOL	LLUOSOG
1 sicrheais	sicrhasom, *sicrhaon ni*
2 sicrheaist	sicrhasoch, *sicrhaoch*
3 sicrhaodd	sicrhasant, *sicrhaon nhw*
AMHERSONOL: sicrhawyd	

Gorchmynnol		*Dibynnol*	
UNIGOL	LLUOSOG	UNIGOL	LLUOSOG
1 —	sicrhawn	1 sicrhawyf	sicrhaom
2 sicrha	sicrhewch	2 sicrheych	sicrhaoch
3 sicrhaed	sicrhaent	3 sicrhao	sicrhaont
AMHERSONOL: sicrhaer		AMHERSONOL: sicrhaer	

siffrwd   to rustle
 siffryd·

siffrydaf etc.
Pres 3 Unig. siffrwd (ef/hi); *Gorch 2
Unig.* siffrwd (di)

sigl·o   to shake

Pres. 3 Unig. sigl (ef/hi); *Gorch. 2
Unig.* sigl (di)

sig·o   to buckle

193

sillafu to spell

	Presennol		*Gorberffaith*
UNIGOL	LLUOSOG	UNIGOL	LLUOSOG
1 sillafaf	sillafwn	1 sillafaswn	sillafasem
2 sillefi, *sillafi*	sillefwch, *sillafwch*	2 sillafasit	sillafasech
3 sillafa	sillafant	3 sillafasai	sillafasent
AMHERSONOL: sillefir, *sillafir*		AMHERSONOL: sillafasid	

Amherffaith

UNIGOL	LLUOSOG
1 sillafwn	sillafem
2 sillafit, *sillafet*	sillafech
3 sillafai	sillafent
AMHERSONOL: sillefid, sillafid	

Gorffennol

UNIGOL	LLUOSOG
1 sillefais, *sillafais*	sillafasom, *sillafsom, sillafon ni*
2 sillefaist, *sillafaist*	sillafasoch, *sillafsoch, sillafoch*
3 sillafodd	sillafasant, *sillafson, sillafon nhw*
AMHERSONOL: sillafwyd	

	Gorchmynnol		*Dibynnol*
UNIGOL	LLUOSOG	UNIGOL	LLUOSOG
1 —	sillafwn	1 sillafwyf	sillafom
2 sillafa	sillefwch, *sillafwch*	2 sillefych	sillafoch
3 sillafed	sillafent	3 sillafo	sillafont
AMHERSONOL: sillafer		AMHERSONOL: sillafer	

simsan·u	to totter	*Pres. 3 Unig.* simsan (ef/hi)
		Sylwch ar y ffurfiau tra llenyddol:
		simseni; simsenir; simsenid;
		simsenych (di)
sïo: suo	to hum	*Sylwch:* ceir ï ym mhob ffurf ac eithrio
		sii, siir, siid
siom·i	to disappoint	
siop·a	to shop	
sip·i·an: sip·i·o	to sip	sipiaf etc.
siriol·i	to cheer	
sisial·	to whisper	sisialaf etc.
		Pres. 3 Unig. sisial (ef/hi)
sleif·i·o	to slide	sleifiaf etc.
slobr·an	to slobber	
slot·i·an:		
yslot·i·an	to tipple	slotiaf etc.
smal·i·o	to jest	smaliaf etc.

194

smwdd·i·o:		
ysmwdd·i·o	to iron	smwddiaf etc.
smygl·o	to smuggle	
smyg·u:ysmyg·u	to smoke	
sniff·i·an	to sniff	sniffiaf etc.
snwff·i·an	to sniff	snwffiaf etc.
sobreidd·i·o	to sober	sobreiddiaf etc.
sobr·i	to sober	
sodr·o	to solder	
sôn	to mention	
son·i·		soniaf etc.

Sylwch: sonni di; sonnir; sonnit ti; sonnid

sorr·i	to sulk	sorraf etc.

Gorffennol		*Gorberffaith*	
LLUOSOG		UNIGOL	LLUOSOG
1 sorasom, *sorron ni*		1 soraswn	sorasem
2 sorasoch, *sorroch*		2 sorasit	sorasech
3 sorasant, *sorron nhw*		3 sorasai	sorasent
AMHERSONOL: sorrwyd		AMHERSONOL: sorasid	

staen·i·o:staen·o	to stain	staeniaf etc.
stamp·i·o:stamp·o	to stamp	stampiaf etc.
steryll·u	to sterilize	
stiward·i·o	to keep watch	stiwardiaf etc.
stoc·i·o	to stock	stociaf etc.
stomp·i·o	to stamp	stompiaf etc.
stor·i·o	to store	storiaf etc.
stranc·i·o	to make a fuss	stranciaf etc.
strap·i·o	to strap	strapiaf etc.
streic·i·o	to go on strike	streiciaf etc.
stwff·i·o	to stuff	stwffiaf etc.
stwns·i·o: stwmp·o	to mash	stwnsiaf etc.
sudd·o	to sink	
sugn·o	to suck	
su·o	to hum	
sur·o	to sour	
swat·i·o	to crouch	swatiaf etc.
swcr·o	to succour	
swits·i·o	to switch	switsiaf etc.
swmp·o	to heft	
swn·an:swn·i·an	to grumble	swniaf etc.

Sylwch: swnni di; swnnir; swnnit ti; swnnid

swn·i·o:swn·o	to sound	swniaf etc.
		Sylwch: swnni di; swnnir; swnnit ti; swnnid
swpera·	to eat supper	swperaf etc.
swyn·o	to enchant	
syched·u	to thirst	
sych·u	to dry	*Pres 3 Unig.* sych (ef/hi); *Gorch. 2 Unig.* sych (di)
syfl·yd	to flinch	syflaf etc.
		Pres 3 Unig. syfl (ef/hi)
syfrdan·u	to stun	
sylfaen·u	to base	
sylweddol·i	to realize	
sylw·i	to notice	
syll·u	to stare	
symbyl·u	to stimulate	
symleidd·i·o	to simplify	
symud·	to move	symudaf etc.
synfyfyr·i·o	to meditate	synfyfyriaf etc.
synhwyr·o	to sense	
syn·i·ed:syn·i·o	to think	syniaf etc.
		Sylwch: synni di; synnir; synnit ti; synnid
synn·u	to surprise	

Gorffennol		*Gorberffaith*	
LLUOSOG		UNIGOL	LLUOSOG
1 synasom, *synnon ni*		1 synaswn	synasem
2 synasoch, *synnoch*		2 synasit	synasech
3 synasant, *synnon nhw*		3 synasai	synasent
AMHERSONOL: synnwyd		AMHERSONOL: synasid	

syrffed·u	to have a surfeit	
syrth·i·o	to fall	syrthiaf etc.
		Pres. 3 Unig. syrth (ef/hi)
syth·u	to benumb	

T

tac·i·o	to tack
tacl·o	to tackle
taclus·o	to tidy
tadog·i	to attribute

taenell·u	to sprinkle
taen·u	to spread
taer·u	to insist
taflu	to throw

Presennol

UNIGOL	LLUOSOG
1 taflaf	taflwn
2 tefli, *tafli*	teflwch, *taflwch*
3 teifl, *tafla*	taflant

AMHERSONOL: teflir

Gorberffaith

UNIGOL	LLUOSOG
1 taflaswn	taflasem
2 taflasit	taflasech
3 taflasai	taflasent

AMHERSONOL: taflasid

Amherffaith

UNIGOL	LLUOSOG
1 taflwn	taflem
2 taflit, *taflet*	taflech
3 taflai	taflent

AMHERSONOL: teflid

Gorffennol

UNIGOL	LLUOSOG
1 teflais, *taflais*	taflasom, *taflon ni*
2 teflaist, *taflaist*	taflasoch, *tafloch*
3 taflodd	taflasant, *taflon nhw*

AMHERSONOL: taflwyd

Gorchmynnol

UNIGOL	LLUOSOG
1 —	taflwn
2 tafla	teflwch, *taflwch*
3 tafled	taflent

AMHERSONOL: tafler

Dibynnol

UNIGOL	LLUOSOG
1 taflwyf	taflom
2 teflych	tafloch
3 taflo	taflont

AMHERSONOL: tafler

tafod·i	to scold
tafol·i	to weigh up
tag·u	to choke
talch·u	to clot, to shatter
talfyrr·u	to abbreviate

Gorffennol

LLUOSOG
1 talfyrasom, *talfyrsom, talfyrron ni*
2 talfyrasoch, *talfyrsoch, talfyrroch*
3 talfyrasant, *talfyrson, talfyrron nhw*

AMHERSONOL: talfyrrwyd

Gorberffaith

UNIGOL	LLUOSOG
1 talfyraswn	talfyrasem
2 talfyrasit	talfyrasech
3 talfyrasai	talfyrasent

AMHERSONOL: talfyrasid

talgrynn·u   to round-up (mathematically)

	Gorffennol		*Gorberffaith*
LLUOSOG		UNIGOL	LLUOSOG
1 talgrynasom, *talgrynsom,*		1 talgrynaswn	talgrynasem
talgrynnon ni			
2 talgrynasoch, *talgrynsoch,*		2 talgrynasit	talgrynasech
talgrynoch			
3 talgrynasant, *talgrynson,*		3 talgrynasai	talgrynasent
talgrynnon nhw			
AMHERSONOL: talgrynnwyd		AMHERSONOL: talgrynasid	

talu   to pay

	Presennol		*Gorberffaith*
UNIGOL	LLUOSOG	UNIGOL	LLUOSOG
1 talaf	talwn	1 talaswn	talasem
2 teli, *tali*	telwch, *talwch*	2 talasit	talasech
3 tâl, *tala*	talant	3 talasai	talasent
AMHERSONOL: telir		AMHERSONOL: talasid	

Amherffaith

UNIGOL	LLUOSOG
1 talwn	talem
2 talit, *talet*	talech
3 talai	talent
AMHERSONOL: telid	

Gorffennol

UNIGOL	LLUOSOG
1 telais, *talais*	talasom, *talon ni*
2 telaist, *talaist*	talasoch, *taloch*
3 talodd	talasant, *talon nhw*
AMHERSONOL: talwyd	

	Gorchmynnol		*Dibynnol*
UNIGOL	LLUOSOG	UNIGOL	LLUOSOG
1 —	talwn	1 talwyf	talom
2 tala	telwch, *talwch*	2 telych	taloch
3 taled	talent	3 talo	talont
AMHERSONOL: taler		AMHERSONOL: taler	

tanbeid·i·o	to flare	tanbeidiaf etc.
tanglodd·i·o	to undermine	tangloddiaf etc.
tan·i·o	to fire	taniaf etc.
		Sylwch: tanni di; tannir; tannit ti;
		tannid
tanlinell·u	to underline	

tann·u	to spread	tannaf etc.	

Gorffennol

LLUOSOG		UNIGOL	LLUOSOG
1 tanasom, *tansom, tannon ni*		1 tanaswn	tanasem
2 tanasoch, *tansoch, tannoch*		2 tanasit	tanasech
3 tanasant, *tanson, tannon nhw*		3 tanasai	tanasent
AMHERSONOL: tannir		AMHERSONOL: tanasid	

tanseil·i·o	to undermine	tanseiliaf etc.
tanysgrif·i·o	to subscribe	tanysgrifiaf etc.
tap·i·o	to tap	tapiaf etc.
tap·o	to sole (a boot)	
taran·u	to thunder	
tardd·u	to derive from	*Pres. 3 Unig.* tardd (ef/hi)
tarfu	to disturb	

Presennol

UNIGOL	LLUOSOG	UNIGOL	LLUOSOG
1 tarfaf	tarfwn	1 tarfaswn	tarfasem
2 terfi, *tarfi*	terfwch, *tarfwch*	2 tarfasit	tarfasech
3 *teirf, tarfa	tarfant	3 tarfasai	tarfasent
AMHERSONOL: terfir		AMHERSONOL: tarfasid	

Amherffaith

UNIGOL	LLUOSOG
1 tarfwn	tarfem
2 tarfit, *tarfet*	tarfech
3 tarfai	tarfent
AMHERSONOL: terfid	

Gorffennol

UNIGOL	LLUOSOG
1 terfais, *tarfais*	tarfasom, *tarfon ni*
2 terfaist, *tarfaist*	tarfasoch, *tarfoch*
3 tarfodd	tarfasant, *tarfon nhw*
AMHERSONOL: tarfwyd	

Gorchmynnol   *Dibynnol*

UNIGOL	LLUOSOG	UNIGOL	LLUOSOG
1 —	tarfwn	1 tarfwyf	tarfom
2 tarf, *tarfa*	terfwch, *tarfwch*	2 terfych	tarfoch
3 tarfed	tarfent	3 tarfo	tarfont
AMHERSONOL: tarfer		AMHERSONOL: tarfer	

*ffurf hynafol, archaic form.

taro to strike

Presennol

UNIGOL	LLUOSOG
1 trawaf	trawn
2 trewi, *trawi*	trewch, *trawch*
3 *tery, trawa	trawant

AMHERSONOL: trewir

Gorberffaith

UNIGOL	LLUOSOG
1 trawswn	trawsem
2 trawsit	trawsech
3 trawsai	trawsent

AMHERSONOL: trawsid

Amherffaith

UNIGOL	LLUOSOG
1 trawn	trawem
2 trawit, *trawet*	trawech
3 trawai	trawent

AMHERSONOL: trewid

Gorffennol

UNIGOL	LLUOSOG
1 trewais, *trawais*	trawsom, *trawon ni*
2 trewaist, *trawaist*	trawsoch, *trawoch*
3 trawodd	trawsant, *trawon nhw*

AMHERSONOL: trawyd

Gorchmynnol

UNIGOL	LLUOSOG
1 —	trawn
2 trawa	trewch
3 trawed	trawent

AMHERSONOL: trawer

Dibynnol

UNIGOL	LLUOSOG
1 trawyf	trawom
2 trewych	trawoch
3 trawo	trawont

AMHERSONOL: trawer

---

tasg·u to splash
tawaf gw. tewi
tawel·u to quieten
tebyg·u to liken
tecáu to become finer

Presennol

UNIGOL	LLUOSOG
1 tecâf	tecawn
2 tecei	tecewch
3 tecâ	tecânt

AMHERSONOL: teceir

Gorberffaith

UNIGOL	LLUOSOG
1 tecaswn	tecasem
2 tecasit	tecasech
3 tecasai	tecasent

AMHERSONOL: tecasid

Amherffaith

UNIGOL	LLUOSOG
1 tecawn	tecaem
2 tecait, *tecaet*	tecaech
3 tecâi	tecaent

AMHERSONOL: teceid

*ffurf hynafol, archaic form.

UNIGOL	LLUOSOG
1 teceais	tecasom, *tecaon ni*
2 teceaist	tecasoch, *tecaoch*
3 tecaodd	tecasant, *tecaon nhw*

AMHERSONOL: tecawyd

Gorchmynnol

UNIGOL	LLUOSOG
1 —	tecawn
2 tecâ	tecewch
3 tecaed	tecaent

AMHERSONOL: tecaer

Dibynnol

UNIGOL	LLUOSOG
1 tecawyf	tecaom
2 teceych	tecaoch
3 tecao	tecaont

AMHERSONOL: tecaer

teilwr·a	to tailor	
teilyng·u	to deserve	
teiml·o	to feel	
teip·i·o	to type	teipiaf etc.
teith·i·o	to travel	teithiaf etc.
teled·u	to televise	
telor·i	to warble	
temt·i·o	to tempt	temtiaf etc.
tend·i·o	to look after	tendiaf etc.
teneu·o	to thin	
terfyn·u	to terminate	
terfysg·u	to agitate	
tewhau	to get fat	

Presennol

UNIGOL	LLUOSOG
1 tewhaf	tewhawn
2 tewhei	tewhewch
3 tewha	tewhânt

AMHERSONOL: tewheir

Gorberffaith

UNIGOL	LLUOSOG
1 tewhaswn	tewhasem
2 tewhasit	tewhasech
3 tewhasai	tewhasent

AMHERSONOL: tewhasid

Amherffaith

UNIGOL	LLUOSOG
1 tewhawn	tewhaem
2 tewhait, *tewhaet*	tewhaech
3 tewhâi	tewhaent

AMHERSONOL: tewheid

Gorffennol

UNIGOL	LLUOSOG
1 tewheais	tewhasom, *tewhaon ni*
2 tewheaist	tewhasoch, *tewhaoch*
3 tewhaodd	tewhasant, *tewhaon nhw*

AMHERSONOL: tewhawyd

	Gorchmynnol		Dibynnol
UNIGOL	LLUOSOG	UNIGOL	LLUOSOG
1 —	tewhawn	1 tewhawyf	tewhaom
2 tewha	tewhewch	2 tewheych	tewhaoch
3 tewhaed	tewhaent	3 tewhao	tewhaont
AMHERSONOL: tewhaer		AMHERSONOL: tewhaer	

tewi to keep silent

	Presennol		Gorberffaith
UNIGOL	LLUOSOG	UNIGOL	LLUOSOG
1 tawaf	tawn	1 tawswn	tawsem
2 tewi	tewch	2 tawsit	tawsech
3 *tau, tawa	tawant	3 tawsai	tawsent
AMHERSONOL: tewir		AMHERSONOL: tawsid	

Amherffaith

UNIGOL	LLUOSOG
1 tawn	tawem
2 tawit, *tawet*	tawech
3 tawai	tawent
AMHERSONOL: tewid	

Gorffennol

UNIGOL	LLUOSOG
1 tewais, *tawais*	tawsom, *tawon ni*
2 tewaist, *tawaist*	tawsoch, *tawoch*
3 tawodd	tawsant, *tawon nhw*
AMHERSONOL: tawyd	

	Gorchmynnol		Dibynnol
UNIGOL	LLUOSOG	UNIGOL	LLUOSOG
1 —	tawn	1 tawyf	tawom
2 taw	tewch	2 tewych	tawoch
3 tawed	tawent	3 tawo	tawont
AMHERSONOL: tawer		AMHERSONOL: tawer	

tewych·u   to fatten

teyrnas·u   to rule

Sylwch ar y ffurfiau tra llenyddol:
teyrnesi; teyrnesir; teyrnesid;
teyrnesych (di)

tincial·   to tinkle

*ffurf hynafol, archaic form.

tindroi   to dawdle

Presennol

UNIGOL	LLUOSOG
1 tindrof, *tindroaf*	tindrown
2 tindroi	tindrowch
3 tindroa	tindrônt

AMHERSONOL: tyndroir

UNIGOL
1 tindrown
2 tindroit, *tindroet*
3 tindrôi

AMHERSONOL: tindroid

UNIGOL
1 tindrois
2 tindroist
3 tindrodd

AMHERSONOL: tindrowyd

Gorchmynnol

UNIGOL	LLUOSOG
1 —	tindrown
2 tindroa	tindrowch
3 tindroed	tindroent

AMHERSONOL: tindroer

Gorberffaith

UNIGOL	LLUOSOG
1 tindroeswn	tindroesem
2 tindroesit	tindroesech
3 tindroesai	tindroesent

AMHERSONOL: tindroesid

Amherffaith

UNIGOL	LLUOSOG
1 tindrown	tindroem
	tindroech
	tindroent

Gorffennol

UNIGOL	LLUOSOG
1 tindrois	tindroesom, *tindroeon ni*
2 tindroist	tindroesoch, *tindroeoch*
3 tindrodd	tindroesant, *tindroeon nhw*

Dibynnol

UNIGOL	LLUOSOG
1 tindrowyf	tindrôm
2 tindroech	tindroch
3 tindro	tindrônt

AMHERSONOL: tindroer

---

tip·i·an   to tick   tipiaf etc.
tir·i·o   to ground   tiriaf etc.
tis·i·an   to sneeze   tisiaf etc.
tiwn·i·o   to tune   tiwniaf etc.
todd·i   to melt   *Pres. 3 Unig* tawdd (ef/hi)
toi   to roof

Presennol

UNIGOL	LLUOSOG
1 toaf	town
2 toi	towch
3 toa	toant

AMHERSONOL: toir

UNIGOL
1 town
2 toit, *toet*
3 toai

AMHERSONOL: toid

Gorberffaith

UNIGOL	LLUOSOG
1 toeswn	toesem
2 toesit	toesech
3 toesai	toesent

AMHERSONOL: toesid

Amherffaith

UNIGOL	LLUOSOG
1 town	toem
	toech
	toent

UNIGOL
1 tois, *toais*
2 toist, *toaist*
3 toes, *toeodd*
AMHERSONOL: towyd

LLUOSOG
toesom, *toeon ni*
toesoch, *toeoch*
toesant, *toeon nhw*

Gorchmynnol

UNIGOL	LLUOSOG
1 —	town
2 toa	towch
3 toed	toent

AMHERSONOL: toer

Dibynnol

UNIGOL	LLUOSOG
1 towyf	tôm
2 toych, *toech*	toch
3 tô	tônt

AMHERSONOL: toer

tolach to fondle
tolc·i·o to dent
tolchenn·u to clot

Nid yw hon yn arfer cael ei rhedeg.
tolciaf etc.

Gorffennol

LLUOSOG
1 tolchenasom, *tolchensom,*
tolchennon ni
2 tolchenasoch, *tolchensoch,*
tolchennoch
3 tolchenasant, *tolchenson,*
tolchennon nhw
AMHERSONOL: tolchennir

Gorberffaith

UNIGOL	LLUOSOG
1 tolchenaswn	tolchenasem
2 tolchenasit	tolchenasech
3 tolchenasai	tolchenasent

AMHERSONOL: tolchenasid

tol·i·o to save
tonn·i to billow

toliaf etc.
tonnaf etc.

Gorffennol

LLUOSOG
3 tonasant, *tonson, tonnon nhw*
AMHERSONOL: tonnir

Gorberffaith

UNIGOL	LLUOSOG
3 tonasai	tonasent

AMHERSONOL: tonasid

top·i to but
torch·i to roll up
torheul·o to sunbathe
torr·i to break

torraf
Pres 3 Unig. tyr, tor (ef/hi); *Gorch 2*
Unig. tor, torra (di)

Gorffennol

LLUOSOG
1 torasom, *torron ni*
2 torasoch, *torroch*
3 torasant, *torron nhw*
AMHERSONOL: torrir

Gorberffaith

UNIGOL	LLUOSOG
1 toraswn	torasem
2 torasit	torasech
3 torasai	torasent

AMHERSONOL: torasid

torsyth·u	to swagger	
tost·i·o	to toast	tostiaf etc.
tostur·i·o	to pity	tosturiaf etc.
traddod·i	1 to commit (to trial)	
	2 to deliver (a lecture)	
traen·i·o	to drain	traeniaf etc.
traeth·u	to declaim	
trafael·u	to travel	
traflync·u	to devour	
trafod·	to discuss	trafodaf etc.
trafferth·u	to take trouble	
trallwys·o	to transfuse	
tramgwydd·o	to offend	
tramp·i·o	to tramp	trampiaf etc.
tramp·o	to tramp	
tramwy·o	to pass	
trap·i·o	to trap	trapiaf etc.
trawsacenn·u	to syncopate	trawsacennaf etc.
		Gw. 'acennu' am ei rhediad.
trawsblann·u	to transplant	trawsblannaf etc.
		Gw. 'plannu' am ei rhediad.
trawsglud·o	to transport	
trawsgyweir·i·o	to transpose	trawsgyweiriaf etc.
trebl·u	to treble	
trech·u	to defeat	
trefn·u	to arrange	
treng·i	to perish	
treidd·i·o	to pierce	treiddiaf etc.
		Pres 3 Unig. traidd, treiddia (ef/hi)
treigl·i·o	to roll	treigliaf etc.
		Pres 3 Unig treigl (ef/hi)
treigl·o	to mutate	
treill·i·o	to trawl	treilliaf etc.
trein·i·o	to train	treiniaf etc.
trei·o	to ebb	
treis·i·o	to rape	treisiaf etc.
trem·i·o	to observe	tremiaf etc.
trem·u	to observe	
tresbas·u	to trespass	Defnyddiwch 'tresmasu'.
tres·i·o	to thrash	tresiaf etc.
tresmas·u	to trespass	
treth·u	to tax	
treul·i·o	1 to spend	treuliaf etc.
	2 to digest	

trig·o	1 to dwell	*Pres. 3 Unig.* trig (ef/hı)
trim·i·o	2 to die to trim	trimiaf etc.
trin	to treat	

Presennol		*Gorberffaith*	
UNIGOL	LLUOSOG	UNIGOL	LLUOSOG
1 triniaf	triniwn	1 triniaswn	triniasem
2 trinni	triniwch	2 triniasit	triniasech
3 trin, trinia	triniant	3 triniasai	triniasent
AMHERSONOL: trinnir		AMHERSONOL: triniasid	

Amherffaith

UNIGOL	LLUOSOG
1 triniwn	triniem
2 trinnit, *triniet*	triniech
3 triniai	trinient
AMHERSONOL: trinnid	

Gorffennol

UNIGOL	LLUOSOG
1 triniais	triniasom, *trinion ni*
2 triniaist	triniasoch, *trinioch*
3 triniodd	triniasant, *trinion nhw*
AMHERSONOL: triniwyd	

Gorchmynnol		*Dibynnol*	
UNIGOL	LLUOSOG	UNIGOL	LLUOSOG
1 —	triniwn	1 triniwyf	triniom
2 trinia	triniwch	2 triniech	trinioch
3 trinied	trinient	3 trinio	triniont
AMHERSONOL: trinier		AMHERSONOL: trinier	

tristáu	to sadden

Presennol		*Gorberffaith*	
UNIGOL	LLUOSOG	UNIGOL	LLUOSOG
1 tristâf	tristawn	1 tristaswn	tristasem
2 tristei	tristewch	2 tristasit	tristasech
3 tristâ	tristânt	3 tristasai	tristasent
AMHERSONOL: tristeir		AMHERSONOL: tristasid	

Amherffaith

UNIGOL	LLUOSOG
1 tristawn	tristaem
2 tristait, *tristaet*	tristaech
3 tristâi	tristaent
AMHERSONOL: tristeid	

Gorffennol

UNIGOL	LLUOSOG
1 tristeais	tristasom, *tristaon ni*
2 tristeaist	tristasoch, *tristaoch*
3 tristaodd	tristasant, *tristaon nhw*
AMHERSONOL: tristawyd	

Gorchmynnol

UNIGOL	LLUOSOG
1 —	tristawn
2 tristâ	tristewch
3 tristaed	tristaent
AMHERSONOL: tristaer	

Dibynnol

UNIGOL	LLUOSOG
1 tristawyf	tristaom
2 tristeych	tristaoch
3 tristao	tristaont
AMHERSONOL: tristaer	

troch·i	1 to bathe
	2 to dirty
troed·i·o	to tread	troediaf etc.
troell·i	to spin
troi	to turn

Presennol

UNIGOL	LLUOSOG
1 troaf, trof	trown
2 troi	trowch
3 try	trônt
AMHERSONOL: troir	

Gorberffaith

UNIGOL	LLUOSOG
1 troeswn	troesem
2 troesit	troesech
3 troesai	troesent
AMHERSONOL: troesid	

Amherffaith

UNIGOL	LLUOSOG
1 trown	troem
2 troit, *troet*	troech
3 trôi, troai	troent
AMHERSONOL: troid	

Gorffennol

UNIGOL	LLUOSOG
1 trois, *troais*	troesom, *troeon ni*
2 troist, *troaist*	troesoch, *troeoch*
3 troes, *trodd*	troesant, *troeon nhw*
AMHERSONOL: trowyd	

Gorchmynnol

UNIGOL	LLUOSOG
1 —	trown
2 tro	trowch
3 troed	troent
AMHERSONOL: troer	

Dibynnol

UNIGOL	LLUOSOG
1 trowyf	trôm
2 troech	troch
3 tro	trônt
AMHERSONOL: troer	

trosedd·u	to break the law
trosglwydd·o	to transfer
tros·i	1 to translate
	2 to convert
trot·i·an	to trot	trotiaf etc.
trugarhau	to take pity

Presennol		*Gorberffaith*	
UNIGOL	LLUOSOG	UNIGOL	LLUOSOG
1 trugarhaf	trugarhawn	1 trugarhaswn	trugarhasem
2 trugarhei	trugarhewch	2 trugarhasit	trugarhasech
3 trugarha	trugarhânt	3 trugarhasai	trugarhasent
AMHERSONOL: trugarheir		AMHERSONOL: trugarhasid	

Amherffaith

UNIGOL	LLUOSOG
1 trugarhawn	trugarhaem
2 trugarhait, *trugarhaet*	trugarhaech
3 trugarhâi	trugarhaent
AMHERSONOL: trugarheid	

Gorffennol

UNIGOL	LLUOSOG
1 trugarheais	trugarhasom, *trugarhaon ni*
2 trugarheaist	trugarhasoch, *trugarhaoch*
3 trugarhaodd	trugarhasant, *trugarhaon nhw*
AMHERSONOL: trugarhawyd	

Gorchmynnol		*Dibynnol*	
UNIGOL	LLUOSOG	UNIGOL	LLUOSOG
1 —	trugarhawn	1 trugarhawyf	trugarhaom
2 trugarha	trugarhewch	2 trugarheych	trugarhaoch
3 trugarhaed	trugarhaent	3 trugarhao	trugarhaont
AMHERSONOL: trugarhaer		AMHERSONOL: trugarhaer	

trwc·o	to exchange
trwmp·o	to trump
trws·i·o	to mend	trwsiaf etc.
trwydded·u	to licence
trwyth·o	to steep
trych·u	to cut
trydan·u	to electrify
trydar	to chirp	Nid yw'n arfer cael ei rhedeg.
trysor·i	to treasure
trywanu	to pierce

Presennol		*Gorberffaith*	
UNIGOL	LLUOSOG	UNIGOL	LLUOSOG
1 trywanaf	trywanwn	1 trywanaswn	trywanasem

2 tryweni,	trywenwch,	2 trywanasit	trywanasech
trywani	*trywanwch*		
3 trywana	trywanant	3 trywanasai	trywanasent
AMHERSONOL: trywenir		AMHERSONOL: trywanasid	

Amherffaith

UNIGOL	LLUOSOG
1 trywanwn	trywanem
2 trywanit, *trywanet*	trywanech
3 trywanai	trywanent
AMHERSONOL: trywenid	

Gorffennol

UNIGOL	LLUOSOG
1 trywenais, *trywanais*	trywanasom, *trywansom,* *trywanon ni*
2 trywenaist, *trywanaist*	trywanasoch, *trywansoch,* *trywanoch*
3 trywanodd	trywanasant, *trywanson,* *trywanon nhw*
AMHERSONOL: trywanwyd	

Gorchmynnol		Dibynnol	
UNIGOL	LLUOSOG	UNIGOL	LLUOSOG
1 —	trywanwn	1 trywanwyf	trywanom
2 trywana	trywenwch, *trywanwch*	2 trywenych	trywanoch
3 trywaned	trywanent	3 trywano	trywanont
AMHERSONOL: trywaner		AMHERSONOL: trywaner	

tuedd·u	to tend to	
tur·i·o	to burrow	turiaf
turn·i·o	to turn (on a lathe)	turniaf etc.
tuth·i·o	to trot	tuthiaf etc.
twnel·u	to tunnel	
twr·i·o	to burrow	twriaf etc.
tws·i·an	to sneeze	twsiaf etc.
twt·i·o	to tidy	twtiaf etc.
twyll·o	to deceive	
twym·o	to heat	
tyb·i·ed	to suppose	tybiaf etc.
		Pres. 3 Unig. tyb, tybia (ef/hi)
tyb·i·o	to suppose	tybiaf etc.
		Pres. 3 Unig. tyb, tybia (ef/hi)

tycio	to succeed	Dim ond y ffurfiau canlynol a geir:	
Presennol	*Amherffaith*	*Gorffennol*	*Gorberffaith*
UNIGOL	UNIGOL	UNIGOL	UNIGOL
1 —	1 —	1 —	1 —
2 —	2 —	2 —	2 —
3 tycia	3 tyciai	3 tyciodd	3 tyciasai

tyf·u   to grow   *Pres. 3 Unig.* tyf (ef/hi); *Gorch. 2 Unig.* tyf, tyfa (di)

tyng·u   to swear   *Pres. 3 Unig.* *twng, tynga (ef/hi)

tylin·o   to knead

tyll·u   to dig holes

tymher·u   to temper

tyner·u   to make tender

tynhau   to tighten

Presennol

UNIGOL	LLUOSOG
1 tynhaf	tynhawn
2 tynhei	tynhewch
3 tynha	tynhânt
AMHERSONOL: tynheir	

Gorberffaith

UNIGOL	LLUOSOG
1 tynhaswn	tynhasem
2 tynhasit	tynhasech
3 tynhasai	tynhasent
AMHERSONOL: tynhasid	

Amherffaith

UNIGOL	LLUOSOG
1 tynhawn	tynhaem
2 tynhait, *tynhaet*	tynhaech
3 tynhâi	tynhaent
AMHERSONOL: tynheid	

Gorffennol

UNIGOL	LLUOSOG
1 tynheais	tynhasom, *tynhaon ni*
2 tynheaist	tynhasoch, *tynhaoch*
3 tynhaodd	tynhasant, *tynhaon nhw*
AMHERSONOL: tynhawyd	

Gorchmynnol

UNIGOL	LLUOSOG
1 —	tynhawn
2 tynha	tynhewch
3 tynhaed	tynhaent
AMHERSONOL: tynhaer	

Dibynnol

UNIGOL	LLUOSOG
1 tynhawyf	tynhaom
2 tynheych	tynhaoch
3 tynhao	tynhaont
AMHERSONOL: tynhaer	

*ffurf hynafol, archaic form.

tynn·u   to draw

tynnaf etc.
Pres. 3 Unig. tyn (ef/hi); *Gorch 2 Unig.* tyn, tynna. *Sylwch:* os yw 'tyn' yn treiglo mae'n troi yn 'dynn'.

	Gorffennol		*Gorberffaith*	
LLUOSOG		UNIGOL	LLUOSOG	
1 tynasom, *tynsom, tynnon ni*		1 tynaswn	tynasem	
2 tynasoch, *tynsoch, tynnoch*		2 tynasit	tynasech	
3 tynasant, *tynson, tynnon nhw*		3 tynasai	tynasent	
AMHERSONOL: tynnir		AMHERSONOL: tynasid		

tyrch·u   to burrow
tyrf·o   to thunder
tyrf·u   to thunder
tyrr·u   to crowd

tyrraf etc.
Pres. 3 Unig. twr (ef/hi); *Gorch. 2 Unig.* twr, tyrra (di)

	Gorffennol		*Gorberffaith*	
LLUOSOG		UNIGOL	LLUOSOG	
1 tyrasom, *tyrsom, tyrron ni*		1 tyraswn	tyrasem	
2 tyrasoch, *tyrsoch, tyrroch*		2 tyrasit	tyrasech	
3 tyrasant, *tyrson, tyrron nhw*		3 tyrasai	tyrasent	
AMHERSONOL: tyrrir		AMHERSONOL: tyrasid		

tyst·i·o   to testify
tystiolaeth·u   to testify
tywallt·   to pour
tywyll·u   to darken
tywynn·u   to shine

tystiaf etc.

Pres. 3 Unig. tywallt (ef/hi)

tywynnaf etc.

	Gorffennol		*Gorberffaith*	
LLUOSOG		UNIGOL	LLUOSOG	
1 tywynasom, *tywynsom, tywynnon ni*		1 tywynaswn	tywynasem	
2 tywynasoch, *tywynsoch, tywynnoch*		2 tywynasit	tywynasech	
3 tywynasant, *tywynson, tywynnon nhw*		3 tywynasai	tywynasent	
AMHERSONOL: tywynnir		AMHERSONOL: tywynasid		

U

ubain	to howl
ud·o	to wail
ufuddhau	to obey

Nid yw'n cael ei rhedeg.

Presennol

UNIGOL	LLUOSOG
1 ufuddhaf	ufuddhawn
2 ufuddhei	ufuddhewch
3 ufuddha	ufuddhânt

AMHERSONOL: ufuddheir

Gorberffaith

UNIGOL	LLUOSOG
1 ufuddhaswn	ufuddhasem
2 ufuddhasit	ufuddhasech
3 ufuddhasai	ufuddhasent

AMHERSONOL: ufuddhasid

Amherffaith

UNIGOL	LLUOSOG
1 ufuddhawn	ufuddhaem
2 ufuddhait, *ufuddhaet*	ufuddhaech
3 ufuddhâi	ufuddhaent

AMHERSONOL: ufuddheid

Gorffennol

UNIGOL	LLUOSOG
1 ufuddheais	ufuddhasom, *ufuddhaon ni*
2 ufuddheaist	ufuddhasoch, *ufuddhaoch*
3 ufuddhaodd	ufuddhasant, *ufuddhaon nhw*

AMHERSONOL: ufuddhawyd

Gorchmynnol

UNIGOL	LLUOSOG
1 —	ufuddhawn
2 ufuddha	ufuddhewch
3 ufuddhaed	ufuddhaent

AMHERSONOL: ufuddhaer

Dibynnol

UNIGOL	LLUOSOG
1 ufuddhawyf	ufuddhaom
2 ufuddheych	ufuddhaoch
3 ufuddhao	ufuddhaont

AMHERSONOL: ufuddhaer

uniaeth·u	to identify with
union·i	to straighten
un·o	to unite
urdd·o	to ordain

W

wad·o	to wallop	
wald·i·o	to thrash	waldiaf etc.
weind·i·o	to wind	weindiaf etc.
weir·i·o	to wire	weiriaf etc.

weir·o	to wire	
wfft·i·an	to dismiss	wfftiaf etc.
wfft·i·o	to dismiss	wfftiaf etc.
whad·o	to wallop	
winc·i·an	to wink	winciaf etc.
winc·i·o	to wink	winciaf etc.
wyl·o	to weep	
wyn·a	to lamb	
wyneb·u	to face	

Y

ychwaneg·u	to add	
yf·ed	to drink	*Pres. 3 Unig.* yf (ef/hi); *Gorch. 2 Unig.* yf (di)
yngan/ynganu	to pronounce	

Presennol

UNIGOL	LLUOSOG
1 ynganaf	ynganwn
2 yngeni	yngenwch, *ynganwch*
3 yngan, *yngana*	ynganant
AMHERSONOL: yngenir	

Gorberffaith

UNIGOL	LLUOSOG
1 ynganaswn	ynganasem
2 ynganasit	ynganasech
3 ynganasai	ynganasent
AMHERSONOL: ynganasid	

Amherffaith

UNIGOL	LLUOSOG
1 ynganwn	ynganem
2 ynganit, *ynganet*	ynganech
3 ynganai	ynganent
AMHERSONOL: yngenid	

Gorffennol

UNIGOL	LLUOSOG
1 yngenais, *ynganais*	ynganasom, *yngansom, ynganon ni*
2 yngenaist, *ynganaist*	ynganasoch, *yngansoch, ynganoch*
3 ynganodd	ynganasant, *ynganson, ynganon nhw*
AMHERSONOL: ynganwyd	

	Gorchmynnol		Dibynnol
UNIGOL	LLUOSOG	UNIGOL	LLUOSOG
1 —	ynganwn	1 ynganwyf	ynganom
2 yngana	yngenwch,	2 yngenych	ynganoch
	ynganwch		
3 ynganed	ynganent	3 yngano	ynganont
AMHERSONOL: ynganer		AMHERSONOL: ynganer	

ymadael   to leave

	Presennol		Gorberffaith
UNIGOL	LLUOSOG	UNIGOL	LLUOSOG
1 ymadawaf	ymadawn	1 ymadawswn	ymadawsem
2 ymadewi	ymadewch	2 ymadawsit	ymadawsech
3 ymedy,	ymadawant	3 ymadawsai	ymadawsent
ymadawa			
AMHERSONOL: ymadewir		AMHERSONOL: ymadawsid	

Amherffaith

UNIGOL	LLUOSOG
1 ymadawn	ymadawem
2 ymadawit, *ymadawet*	ymadawech
3 ymadawai	ymadawent
AMHERSONOL: ymadewid	

Gorffennol

UNIGOL	LLUOSOG
1 ymadewais, *ymadawais*	ymadawsom, *ymadawon ni*
2 ymadewaist, *ymadawaist*	ymadawsoch, *ymadawoch*
3 ymadawodd	ymadawsant, *ymadawon nhw*
AMHERSONOL: ymadawyd	

	Gorchmynnol		Dibynnol
UNIGOL	LLUOSOG	UNIGOL	LLUOSOG
1 —	ymadawn	1 ymadawyf	ymadawom
2 *ymâd, *ymado,	ymadewch	2 ymadewych	ymadawoch
ymadawa			
3 ymadawed	ymadawent	3 ymadawo	ymadawont
AMHERSONOL: ymadawer		AMHERSONOL: ymadawer	

ymaelod·i   to become a member
ymafael·   to grasp   ymafaelaf etc.
                           Pres. 3 Unig. ymafael (ef/hi)

*ffurf hynafol, archaic form.

ymaflyd   to grapple

Presennol

UNIGOL	LLUOSOG
1 ymaflaf	ymaflwn
2 ymefli	ymeflwch
3 ymeifl, *ymafla*	ymaflant

AMHERSONOL: ymeflir

Gorberffaith

UNIGOL	LLUOSOG
1 ymaflaswn	ymaflasem
2 ymaflasit	ymaflasech
3 ymaflasai	ymaflasent

AMHERSONOL: ymaflasid

Amherffaith

UNIGOL	LLUOSOG
1 ymaflwn	ymaflem
2 ymaflit, *ymaflet*	ymaflech
3 ymaflai	ymaflent

AMHERSONOL: ymeflid

Gorffennol

UNIGOL	LLUOSOG
1 ymeflais, *ymaflais*	ymaflasom, *ymaflon ni*
2 ymeflaist, *ymaflaist*	ymaflasoch, *ymafloch*
3 ymaflodd	ymaflasant, *ymaflon nhw*

AMHERSONOL: ymaflwyd

Gorchmynnol

UNIGOL	LLUOSOG
1 —	ymaflwn
2 ymafla	ymeflwch
3 ymafled	ymaflent

AMHERSONOL: ymafler

Dibynnol

UNIGOL	LLUOSOG
1 ymaflwyf	ymaflom
2 ymeflych	ymafloch
3 ymaflo	ymaflont

AMHERSONOL: ymafler

---

ymagor·   to yawn
ymarfer·   to practice
ymatal   to refrain

Pres. 3 Unig. ymegyr, ymagora (ef/hi)

Presennol

UNIGOL	LLUOSOG
1 ymataliaf	ymataliwn
2 ymateli	ymateliwch
3 ymatalia	ymataliant

AMHERSONOL: ymatelir

Gorberffaith

UNIGOL	LLUOSOG
1 ymataliaswn	ymataliasem
2 ymataliasit	ymataliasech
3 ymataliasai	ymataliasent

AMHERSONOL: ymataliasid

Amherffaith

UNIGOL	LLUOSOG
1 ymataliwn	ymataliem
2 ymatalit, *ymataliet*	ymataliech
3 ymataliai	ymatalient

AMHERSONOL: ymatelid

215

UNIGOL	LLUOSOG
1 ymateliais, *ymataliais*	ymataliasom, *ymatalion ni*
2 ymateliaist, *ymataliaist*	ymataliasoch, *ymatalioch*
3 ymataliodd	ymataliasant, *ymatalion nhw*
AMHERSONOL: ymataliwyd	

Gorchmynnol		*Dibynnol*	
UNIGOL	LLUOSOG	UNIGOL	LLUOSOG
1 —	ymataliwn	1 ymataliwyf	ymataliom
2 ymatalia	ymateliwch	2 ymataliech	ymatalioch
3 ymatalied	ymatalient	3 ymatalio	ymataliont
AMHERSONOL: ymatalier		AMHERSONOL: ymatalier	

ymateb to respond *Pres. 3 Unig.* ymetyb (ef/hi)
ymbalfalu to grope

Presennol		*Gorberffaith*	
UNIGOL	LLUOSOG	UNIGOL	LLUOSOG
1 ymbalfalaf	ymbalfalwn	1 ymbalfalswn	ymbalfalsem
2 ymbalfeli	ymbalfelwch	2 ymbalfalsit	ymbalfalsech
3 ymbalfala	ymbalfalant	3 ymbalfalsai	ymbalfalsent
AMHERSONOL: ymbalfelir		AMHERSONOL: ymbalfasid	

Amherffaith

UNIGOL	LLUOSOG
1 ymbalfalwn	ymbalfalem
2 ymbalfalit, *ymbalfalet*	ymbalfalech
3 ymbalfalai	ymbalfalent
AMHERSONOL: ymbalfelid	

Gorffennol

UNIGOL	LLUOSOG
1 ymbalfelais, *ymbalfalais*	ymbalfalasom, *ymbalfalsom*
2 ymbalfelaist, *ymbalfalaist*	ymbalfalasoch, *ymbalfalsoch*
3 ymbalfalodd	ymbalfalasant, *ymbalfalson nhw*
AMHERSONOL: ymbalfalwyd	

Gorchmynnol		*Dibynnol*	
UNIGOL	LLUOSOG	UNIGOL	LLUOSOG
1 —	ymbalfalwn	1 ymbalfalwyf	ymbalfalom
2 ymbalfala	ymbalfelwch	2 ymbalfelych	ymbalfaloch
3 ymbalfaled	ymbalfalent	3 ymbalfalo	ymbalfalont
AMHERSONOL: ymbalfaler		AMHERSONOL: ymbalfaler	

ymbil to plead
ymbil·i· ymbiliaf etc. *Pres. 3 Unig.* ymbil (ef/hi)
ymbinc·i·o to put on cosmetics ymbinciaf etc.

ymchwil·i·o	to research	ymchwiliaf etc.
ymdebyg·u	to resemble	
ymdeith·i·o	to march	ymdeithiaf etc.
ymdodd·i	to melt	*Pres. 3 Unig.* ymdawdd, ymdodda (ef/hi)
ymdop·i	to cope with	
ymdrech·u	to strive	
ymdreidd·i·o	to pervade	ymdreiddiaf etc.
ymdrin	to treat	
ymdrin·i·		ymdriniaf etc.
		Sylwch: ymdrinni (di); ymdrinnir; ymdrinnit ti; ymdrinnid
ymdroch·i	to swim	
ymdrybaedd·u	to wallow	
ymddangos·	to appear	*Pres. 3 Unig.* ymddengys (ef/hi)
ymddatod·	to dissolve	*Pres. 3 Unig.* ymddetyd (ef/hi)
ymddeol·	to resign	
ymddiddan	to converse	Nid yw hon yn cael ei rhedeg.
ymddihatru	to undress	

<table>
<tr><td colspan="2" align="center">Presennol</td><td colspan="2" align="center">Gorberffaith</td></tr>
<tr><td>UNIGOL</td><td>LLUOSOG</td><td>UNIGOL</td><td>LLUOSOG</td></tr>
<tr><td>1 ymddihatraf</td><td>ymddihatrwn</td><td>1 ymddihatraswn</td><td>ymddihatrasem</td></tr>
<tr><td>2 ymddihetri</td><td>ymddihetrwch</td><td>2 ymddihatrasit</td><td>ymddihatrasech</td></tr>
<tr><td>3 ymddihatra</td><td>ymddihatrant</td><td>3 ymddihatrasai</td><td>ymddihatrasent</td></tr>
<tr><td colspan="2">AMHERSONOL: ymddihetrir</td><td colspan="2">AMHERSONOL: ymddihatrasid</td></tr>
</table>

Amherffaith

UNIGOL	LLUOSOG
1 ymddihatrwn	ymddihatrem
2 ymddihatrit, *ymddihatret*	ymddihatrech
3 ymddihatrai	ymddihatrent
AMHERSONOL: ymddihetrid	

Gorffennol

UNIGOL	LLUOSOG
1 ymddihetrais, *ymddihatrais*	ymddihatrasom, *ymddihatron ni*
2 ymddihetraist, *ymddihatraist*	ymddihatrasoch, *ymddihatroch*
3 ymddihatrodd	ymddihatrasant, *ymddihatron nhw*
AMHERSONOL: ymddihatrwyd	

<table>
<tr><td colspan="2" align="center">Gorchmynnol</td><td colspan="2" align="center">Dibynnol</td></tr>
<tr><td>UNIGOL</td><td>LLUOSOG</td><td>UNIGOL</td><td>LLUOSOG</td></tr>
<tr><td>1 —</td><td>ymddihatrwn</td><td>1 ymddihatrwyf</td><td>ymddihatrom</td></tr>
<tr><td>2 ymddihatra</td><td>ymddihetrwch</td><td>2 ymddihatrech</td><td>ymddihatroch</td></tr>
<tr><td>3 ymddihatred</td><td>ymddihatrent</td><td>3 ymddihatro</td><td>ymddihatront</td></tr>
<tr><td colspan="2">AMHERSONOL: ymddihatrer</td><td colspan="2">AMHERSONOL: ymddihatrer</td></tr>
</table>

ymddiheur·o	to apologise	
ymddiried·	to trust	ymddiriedaf etc.
		Pres. 3 Unig. ymddiried (ef/hi)
ymddiswydd·o	to resign	
ymddwyn	to behave	Nid yw hon yn arfer cael ei rhedeg.
ymestyn	to extend	
ymestynn·		ymestynnaf etc.
		Pres. 3 Unig. ymestyn (ef/hi) Gw.
		'estyn' am ffurfiau *Gorffennol* a
		Gorberffaith.
ymfalch·ï·o	to pride oneself	*Sylwch:* Mae pob un o'r ffurfiau yn
		cynnwys ·ï·.
ymffrost·i·o	to boast	ymffrostiaf etc.
ymgecr·u	to quarrel	
ymgeledd·u	to succour	
ymgiprys	to contest	Nid yw'n arfer cael ei rhedeg.
ymgodym·u	to struggle	
ymgoll·i	to lose oneself	
ymgom·i·o	to converse	ymgomiaf etc.
ymgorffor·i	to embody	
ymgrein·i·o	to ingratiate	ymgreiniaf etc.
ymgroes·i	to make the sign of the cross	
ymgrym·u	to bow	
ymgudd·i·o	to conceal oneself	ymguddiaf etc.
ymgynghor·i	to consult	
ymgymryd	to undertake	
ymgymer·		ymgymeraf etc.
ymgynnull	to assemble	
ymgynull·i·		ymgynulliaf etc.
ymgysegr·u	to devote oneself	
ymhél	to meddle	Nid yw'n arfer cael ei rhedeg
ymhelaeth·u	to enlarge upon	
ymhyfryd·u	to take pride in	
ymlac·i·o	to relax	ymlaciaf etc.
ymladd		

	Presennol		*Gorberffaith*	
UNIGOL	LLUOSOG	UNIGOL	LLUOSOG
1 ymladdaf	ymladdwn	1 ymladdaswn	ymladdasem
2 ymleddi	ymleddwch,	2 ymladdasit	ymladdasech
	ymladdwch		
3 ymladda	ymladdant	3 ymladdasai	ymladdasent
AMHERSONOL: ymleddir		AMHERSONOL:ymladdasid	

Amherffaith

UNIGOL	LLUOSOG
1 ymladdwn	ymladdem

2 ymladdit, *ymladdet* ymladdech
3 ymladdai ymladdent
AMHERSONOL: ymleddid

Gorffennol

UNIGOL	LLUOSOG
1 ymleddais, *ymladdais*	ymladdasom, *ymladdon ni*
2 ymleddaist, *ymladdaist*	ymladdasoch, *ymladdoch*
3 ymladdodd	ymladdasant, *ymladdon nhw*
AMHERSONOL: ymladdwyd	

Gorchmynnol | | *Dibynnol* |

UNIGOL	LLUOSOG	UNIGOL	LLUOSOG
1 —	ymladdwn	1 ymladdwyf	ymladdom
2 ymladda	ymleddwch, *ymladdwch*	2 ymleddych	ymladdoch
3 ymladded	ymladdent	3 ymladdo	ymladdont
AMHERSONOL: ymladder		AMHERSONOL: ymladder	

ymlâdd	to grow tired	Nid yw hon yn arfer cael ei rhedeg.
ymlafn·i·o	to strive	ymlafniaf etc.
ymled·u	to spread	
ymlusg·o	to crawl	
ymlwybr·o	to make one's way	
ymochel·	to avoid	
ymofyn	to seek	
ymofynn·		ymofynnaf etc.
		Pres. 3 Unig. ymofyn (ef/hi)

Gorffennol | | *Gorberffaith* |

LLUOSOG	UNIGOL	LLUOSOG
1 ymofynasom, *ymofynsom, ymofynnon ni*	1 ymofynaswn	ymofynasem
2 ymofynasoch, *ymofynsoch, ymofynnoch*	2 ymofynasit	ymofynasech
3 ymofynasant, *ymofynson nhw, ymofynnon nhw*	3 ymofynasai	ymofynasent
AMHERSONOL: ymofynnwyd	*Amherffaith*: ymofynasid	

ymolch·i	to wash oneself	*Pres. 3 Unig.* ymolch (ef/hi)
ymollwng	to release	
ymollyng·		ymollyngaf
		Pres. 3 Unig. ymollwng (ef/hi)
ymorol	to seek	Nid yw'n cael ei rhedeg.
ymosod·	to attack	*Pres. 3 Unig.* *ymesyd (ef/hi), ymosoda

*ffurf hynafol, archaic form.

219

ymostwng	to bow	
ymostyng·		ymostyngaf etc.

Pres. 3 Unig. ymostwng (ef/hi); *Gorch. 2 Unig.* ymostwng (di)

ympryd·i·o	to fast	ymprydiaf etc.
ymresym·u	to reason	
ymrwym·o	to commit oneself	
ymryson	to compete	Nid yw'n arfer cael ei rhedeg.
ymson	to soliloquize	
ymsudd·o	to sink oneself	
ymun·o	to join	
ymweld	to visit	
ymwel·		

Pres. 3 Unig. ymwêl (ef/hi); *Gorch. 2 Unig.* ymwêl (di)

ymwneud	to deal with	Nid yw'n cael ei rhedeg.
ymwrthod·	to abstain	
ymyl·u	to border	
ymyrr·yd	to interfere	ymyrraf etc.

	Gorffennol			*Gorberffaith*

LLUOSOG		UNIGOL	LLUOSOG
1 ymyrasom, *ymyrron ni*		1 ymyraswn	ymyrasem
2 ymyrasoch, *ymyrroch*		2 ymyrasit	ymyrasech
3 ymyrasant, *ymyrron nhw*		3 ymyrasai	ymyrasent
AMHERSONOL: ymyrrwyd		*Amherffaith:* ymyrasid	

ynys·u	to isolate	
ysbadd·u	to castrate	
ysbeil·i·o	to despoil	
ysbïo	to espy	*Sylwch:* ceir ï ym mhob ffurf ac eithrio ysbii, ysbiir, ysbiid

ysbonc·i·o	to bounce	ysbonciaf etc.
ysbrydol·i	to inspire	
ysgafnhau	to lighten	

	Presennol			*Gorberffaith*	

UNIGOL	LLUOSOG	UNIGOL	LLUOSOG
1 ysgafnhaf	ysgafnhawn	1 ysgafnhaswn	ysgafnhasem
2 ysgafnhei	ysgafnhewch	2 ysgafnhasit	ysgafnhasech
3 ysgafnha	ysgafnhânt	3 ysgafnhasai	ysgafnhasent
AMHERSONOL: ysgafnheir		AMHERSONOL: ysgafnhasid	

Amherffaith

UNIGOL	LLUOSOG
1 ysgafnhawn	ysgafnhaem
2 ysgafnhait, *ysgafnhaet*	ysgafnhaech
3 ysgafnhâi	ysgafnhaent
AMHERSONOL: ysgafnheid	

UNIGOL	LLUOSOG
1 ysgafnheais	ysgafnhasom, *ysgafnhaon ni*
2 ysgafnheaist	ysgafnhasoch, *ysgafnhaoch*
3 ysgafnhaodd	ysgafnhasant, *ysgafnhaon nhw*

AMHERSONOL: ysgafnhawyd

Gorchmynnol		*Dibynnol*	
UNIGOL	LLUOSOG	UNIGOL	LLUOSOG
1 —	ysgafnhawn	1 ysgafnhawyf	ysgafnhaom
2 ysgafnha	ysgafnhewch	2 ysgafnheych	ysgafnhaoch
3 ysgafnhaed	ysgafnhaent	3 ysgafnhao	ysgafnhaont
AMHERSONOL: ysgafnhaer		AMHERSONOL: ysgafnhaer	

ysgaldan·u	to scald	*Sylwch ar y ffurfiau tra llenyddol:* ysgaldeni; ysgaldenir; ysgaldenid; ysgaldenych (di)
ysgarth·u	to muck out	*Sylwch ar y ffurfiau tra llenyddol:* ysgerthi; ysgerthir; ysgerthid; ysgerthych (di)
ysgeint·i·o	to scatter	ysgeintiaf etc.
ysglefr·i·o	to skate	ysglefriaf etc.
ysgog·i	to impel	
ysgraffin·i·o	to scratch	ysgraffiniaf etc. *Sylwch:* ysgraffinni di; ysgraffinnir; ysgraffinnit ti; ysgraffinnid
ysgrifenn·u	to write	ysgrifennaf etc.

LLUOSOG
1 ysgrifenasom, *ysgrifensom, ysgrifennon ni*
2 ysgrifenasoch, *ysgrifensoch, ysgrifennoch*
3 ysgrifenasant, *ysgrifenson, ysgrifennon nhw*
AMHERSONOL: ysgrifennwyd

Gorberffaith

UNIGOL	LLUOSOG
1 ysgrifenaswn	ysgrifenasem
2 ysgrifenasit	ysgrifenasech
3 ysgrifenasai	ysgrifenasent

AMHERSONOL: ysgrifenasid

ysgub·o	to sweep	
ysgwr·i·o	to scour	ysgwriaf etc.
ysgwyd	to shake	
ysgydw·		ysgydwaf etc. *Pres 3 Unig.* ysgwyd (ef/hi); *Gorch. 2 Unig.* ysgwyd (di)

221

ysgwydd·o	to shoulder	
ysgymun·o	to excommunicate	
ysgyrnyg·u	to snarl	
ysgythr·u	to etch	
ysig·o	to sprain	
yslot·i·an	to imbibe	
ysmwdd·i·o	to iron	ysmwddiaf etc.
ysmyg·u	to smoke	
ystelc·i·an	to skulk	ystelciaf etc.
ystum·i·o	to distort	ystumiaf etc.
ystwyr·i·an	to stir	ystwyriaf etc.
ystwyth·o	to flex	
ystyr·i·ed	to consider	ystyriaf etc.
ys·u	to crave	
yswir·i·o	to insure	yswiriaf etc.

Geirfa a Thrafodaeth

BERFENW: enw a roddir ar weithgarwch neu gyflwr o fodolaeth fel 'rhedeg' neu 'gweithio', 'bod' neu 'byw'. Mae'n cael ei alw'n 'ferfenw' oherwydd weithiau mae'n gallu gweithredu fel enw, e.e. *y canu da, y cerdded cyflym*; weithiau fel berf, e.e. *canu'n dda, cerdded yn gyflym*, ac weithiau fel enw a berf ar yr un pryd, e.e. *anodd yw canu'n dda.*

Sylwch: mae'r TO a geir o flaen y ferf Saesneg yn gynwysedig yn y berfenw Cymraeg, canu = TO sing, ac mae yna berygl gorddefnyddio 'i' o flaen berfenw dan ddylanwad y Saesneg, *to ask him to go* = gofyn iddo fynd NID gofyn iddo *i* fynd.

BERF: yw ffurf ar y **berfenw** sydd gan amlaf yn dweud PRYD y mae rhywbeth yn digwydd, ac yn aml iawn PWY sy'n gwneud rhywbeth, e.e. *gwelaf i*; *rhedodd John*; *disgwyliasom.*

GODDRYCH: yw'r enw ar y person neu'r peth sy'n cyflawni gweithred y ferf. Yn 'rhedodd John', 'cyfarthai'r ci' a 'gwelais', *John, y ci* a *fi* (sef yr 'i' ymhlyg yn *gwelais (i)*), yw'r tri goddrych.

GWRTHRYCH: yw'r enw (neu'r hyn a gewch yn lle enw) ar yr hyn y mae gweithred y ferf yn effeithio arno. Yn 'ciciodd John y bêl', *y bêl* yw'r gwrthrych, ac yn 'gwelais long', *llong* yw'r gwrthrych.

BERF ATBLYGOL: yw berf sy'n cyfeirio'r weithred yn ôl at y gweithredydd, h.y. yr un yw'r goddrych a'r gwrthrych. Crëir berfau atblygol yn Gymraeg trwy ddefnyddio'r rhagddodiad *ym-*, felly o 'golchi' ceir *ymolchi* sef golchi fy/dy/ei etc. hun; o 'gwisgo', *ymwisgo.*

Mae berfau yn gallu bod yn ferfau CYFLAWN ac yn ferfau ANGHYFLAWN.

BERF ANGHYFLAWN: yw berf sy'n mynegi gweithred ac sy'n gallu derbyn gwrthrych, neu sy'n gofyn am wrthrych i'w chwblhau, e.e. *darllenodd lyfr, canaf gân.*

BERF GYFLAWN: yw berf sy'n mynegi bodolaeth neu weithred, ac nad oes angen gwrthrych arni i'w chwblhau, neu nad yw'n gallu derbyn gwrthrych, e.e. *cysgodd y plentyn, edrychodd y dynion.*

Gall nifer o ferfau Cymraeg weithredu'n gyflawn ac yn anghyflawn. Ystyriwch 'caeodd y drws'; gall olygu *the door closed* (cyflawn), neu *he/she closed the door* (anghyflawn). Ystyriwch wedyn y gwahaniaeth rhwng 'y plismon a laddodd lleidr' *(the policeman whom a burglar killed)* a 'y plismon a laddodd leidr' *(the policeman who killed a burglar)*. Yn y frawddeg gyntaf defnyddir ystyr gyflawn 'lladd', tra defnyddir ei ystyr anghyflawn yn yr ail.

Gellir nodi nifer o wahanol agweddau ar y ferf:

AMSER: sy'n dangos PRYD y mae gweithred yn digwydd.

PERSON: sef PWY sy'n gweithredu. Yn draddodiadol rhestrir y rhain fel tri pherson unigol a thri pherson lluosog.

Unigol		*Lluosog*	
Person 1af	fi/i	*Person 1af*	ni
2il Berson	ti/di	*2il Berson*	chi/chwi
3ydd Person	ef/hi	*3ydd Person*	hwy/nhw

MODD: sef natur y cyflwyno. Mae'r MODD MYNEGOL yn mynegi ffaith neu weithred (*rhedaf, meddyliodd, eisteddem*). Mae'r MODD GORCH-MYNNOL yn gorchymyn, deisyf neu yn cyfarwyddo (*eisteddwch! canwn, meddylier*), a'r MODD DIBYNNOL yn sôn am bethau a all fod yn digwydd, ond nad oes sicrwydd yn eu cylch (*pe bawn i; gwae'r sawl a eisteddo*).

FFURF AMHERSONOL: y ffurf ar y ferf sy'n dweud PRYD mae neu oedd rhywbeth yn digwydd, ond heb ddweud PWY sy'n cyflawni'r weithred (e.e. *darllenir y newyddion am saith; dywedwyd wrtho am fynd*).

Yn Gymraeg, gellir cyflwyno ystyr y ferf mewn dwy ffordd:

Y FFURF GRYNO: yw'r ffurf a geir wrth 'redeg' y ferf, e.e. *canaf i, ceni di, cân ef/hi* etc.

Y FFURF GWMPASOG neu'r **FFURF BERIFFRASTIG**: yw'r ffordd hir sy'n defnyddio'r berfenw, e.e. *byddaf yn mynd; mae ef yn eistedd; yr oedd hi'n gadael; yr ydym ni wedi aros.*

AMSERAU'R FERF
Tra bod amserau traddodiadol yn labeli cryno, defnyddiol, gwelir oddi wrth y rhestr o ffurfiau cwmpasog (t.22) fod mwy i amserau'r ferf na'r labeli syml hyn. Cymhlethir pethau gan wahanol arferion yr iaith lafar a'r iaith lenyddol. Crybwyllir rhai o'r pwyntiau amlycaf yn y nodiadau canlynol.
    Am y gwahanol ffyrdd o ddefnyddio amserau'r ferf, dylid ymgynghori â Gramadeg safonol. Rhai pwyntiau yn unig a ystyrir yma.

PRESENNOL: Mewn Cymraeg llenyddol, gellir cyflwyno'r *Amser Presennol* trwy gyfrwng ffurfiau cryno'r ferf. Ar lafar, y ffordd gyffredin yw defnyddio'r ffurf gwmpasog, ac eithrio yn achos nifer bychan o ferfau (megis *gweld, clywed, gallu, gwybod, medru, coelio, credu*) y gellir defnyddio eu ffurfiau cryno ar lafar ac yn ysgrifenedig i gyflwyno ystyr *Bresennol*, e.e. *Elli di weld? Gallaf. Weli di'r bachgen? Gwelaf*. Hefyd, erys ystyr bresennol mewn ffurf gryno yn dilyn 'os', 'pan' a 'tra'.

Ystyr fwyaf arferol y ffurf gryno 'Presennol' ar lafar, yw naill ai *Dyfodol* pur, neu *Bresennol Arferiadol* (h.y. rhywbeth sy'n digwydd yn rheolaidd, nad yw'n cyfeirio'n benodol at y funud yma). E.e. mewn berfau gweithgarwch, y gwahaniaeth rhwng 'Rwy'n mynd i'r siop' ac 'Af i'r siop', yw bod y cyntaf yn cyfeirio at un digwyddiad yn unig, a'r ail yn cyfeirio at arferiad; yn Saesneg, y gwahaniaeth rhwng *I am driving a Ford* (nawr) a *I drive a Ford* (fy arfer). Nid yw'n bosibl gwneud y gwahaniaeth yma yn ystyr berfau 'meddyliol', e.e. *deallaf* a *rwy'n deall*.

Erys y ffyrdd yma o ddefnyddio'r *Presennol* yn yr iaith lenyddol hefyd.

Os defnyddir ffurfiau llafar mewn iaith ysgrifenedig, rhaid bod yn ymwybodol o'r newidiadau hyn. Gall *gwelant, dadleuant* etc. fod yn *Bresennol* pur, llenyddol, ond os defnyddir yn eu lle y ffurfiau llafar *fe welan nhw*, neu *fe ddadleuan nhw*, ystyr *Ddyfodol* sydd i'r ffurfiau hyn.

AMHERFFAITH: Cyfeirio at stad neu weithred a oedd yn parhau yn y *Gorffennol* neu a oedd yn arfer yn y *Gorffennol*, yw swyddogaeth yr amser *Amherffaith*, e.e. *safai mur* (parhad), *gweithiai fy nhad* (arfer), a dyma swyddogaeth y ffurfiau cryno llenyddol.

Ar lafar, yr arfer yw defnyddio'r gystrawen gwmpasog—*roedd mur yn sefyll;* *roedd fy nhad yn gweithio*—ac eithrio yn achos nifer bychan o ferfau megis *credu, gweld, clywed, gallu, medru, gwybod*.

Mae'r *Amherffaith* llenyddol hefyd yn gallu cyflwyno amser *Amodol*, sef rhywbeth a allai ddigwydd (neu beidio) pe cyflawnid rhyw amod, e.e. *pe cawn i ddigon o arian, mi brynwn i dŷ mawr*.

Ar lafar, cyflwynir yr ystyr *Amodol* yma trwy gyfrwng y *Modd Dibynnol* yn yr achosion (prin) hynny lle y mae'r *Amherffaith Dibynnol* yn wahanol i'r *Amherffaith Mynegol*.

Felly, ar lafar, y ffurfiau tafodieithol ar *elwn i, gwnelwn i* neu *delwn i* sy'n cyfateb i ystyr *Amodol* y ffurfiau llenyddol *awn i, gwnawn i* a *deuwn i*. Yn achos y berfau hynny y mae eu ffurfiau *Amherffaith Mynegol* ac *Amherffaith Dibynnol* yr un fath (sef y mwyafrif llethol o ferfau), defnyddir ffurfiau'r *Gorberffaith* ar lafar i gyflwyno ystyr *Amodol*, e.e. *mi faswn i'n mynd*.

GORFFENNOL: Defnyddir y ffurf gryno (yn llenyddol ac ar lafar) i gyfeirio at weithred sydd wedi digwydd a darfod erbyn sôn amdani. Dyma'r amser a ddefnyddir wrth adrodd hanes rhywbeth, e.e. *agorodd y drws, cerddodd i'r ystafell, gosododd ei bag ar y bwrdd* etc. Ceir yr un gystrawen hefyd ar lafar (ond gyda'r geirynnau rhagferfol, *mi agorodd y drws* neu *fe gerddodd i'r ystafell*). Un ffordd o'i ddisgrifio yw fel rhyw lun o'r *Presennol* ar waith yn y *Gorffennol* yn arbennig wrth adrodd hanes rhywbeth. O gofio hyn, un ffordd o adnabod yr amser *Gorffennol* yw gosod DYMA + rhagenw + yn + berfenw, e.e. *ciciais y bêl, dyma fi'n cicio'r bêl*.

Gall *bu imi godi; fe wnes i godi;* neu *ddaru imi godi,* weithredu megis ffurfiau cwmpasog ar y *Gorffennol.*

Mae gwahaniaeth rhwng yr amser yma a'r amser **PERFFAITH**, sef amser sy'n awgrymu bod y weithred wedi parhau hyd y *Presennol,* neu fod y *Presennol* yn dilyn yn ganlyniad iddo.

Dyma'r gwahaniaeth rhwng 'codais' *(Gorffennol)* a 'rwyf wedi codi' *(Perffaith).*

Mae ffurf gryno'r *Gorffennol* llenyddol yn gallu cynnig rhai ystyron *Perffaith (Cyrhaeddodd y llythyr o'r diwedd—The letter has arrived at last).* Un ffordd o benderfynu ai *Perffaith* ai *Gorffennol* yw'r ferf, yw trwy ddefnyddio'r gystrawen gwmpasog, e.e. yr un ystyr sydd i *cyrhaeddodd y llythyr o'r diwedd (Perffaith)* a *mae'r llythyr wedi cyrraedd o'r diwedd,* ond nid felly yn achos *ciciais y bêl (Gorffennol)* a *Rwyf fi wedi cicio'r bêl (Perffaith).*

GORBERFFAITH: Swyddogaeth arferol y *Gorberffaith* yw dynodi stad oedd eisoes yn y *Gorffennol* ar yr adeg (yn y *Gorffennol*) y sonnir amdani, e.e. *cyraeddasai cyn i neb feddwl.* Dyma ei ddefnydd llenyddol, ond ar lafar, defnyddir y ffurf gwmpasog ar gyfer yr ystyr yma, sef *yr oedd wedi cyrraedd cyn i neb feddwl.*

Fe'i defnyddir hefyd i gyflwyno ystyr *Amodol* yn y gorffennol, e.e. *Ni ddywedaswn hynny oni bai fy mod yn sicr,* yn cyfateb i'r Saesneg 'would have' neu 'could have'.

Fel y soniwyd uchod (gw. *Amherffaith*), yn achos y berfau hynny y mae eu ffurfiau *Amherffaith Mynegol* ac *Amherffaith Dibynnol* yr un fath, y duedd ar lafar yw defnyddio'r *Gorberffaith* yn lle'r *Amherffaith Amodol,* h.y. *'Tasech chi wedi gofyn, fe gawsech chi'r tŷ,* yw'r ffurf lafar sy'n cyfateb i *Pe baech chi wedi gofyn, fe gaech chi'r tŷ.*

Felly, o ddefnyddio'r ffurf lafar ·*sen nhw* yn derfyniad i'r *Gorberffaith,* try'r ystyr yn *Amherffaith Amodol* yn hytrach na *Gorberffaith.*

Glossary

VERB-NOUN is the name given to an activity or action. Sometimes the action is obvious as in *rhedeg* or *gweithio*, other times it is less obvious, e.g. *bod* or *byw*.

It is called a Verb-noun because although it normally corresponds to the Infinitive in English, e.g. 'rhedeg' = 'to run', 'gweithio' = 'to work', it can, in Welsh, also function as a Noun, e.g. *y canu da; y darllen gwael,* and even as a verb and a noun at the same time, e.g. *anodd yw canu'n dda.*

NB: the 'to' of the English infinitive is included in the Welsh Verb-noun, so *to ask him to go* = gofyn iddo fynd NOT gofyn iddo *i* fynd.

A VERB is a form of the Verb-noun which tells you WHEN a particular activity took place and usually WHO undertook such action, e.g. *gwelodd Dafydd; af i; bydd Mair yn hapus,* where 'gwelodd', 'af' and 'bydd' are Verbs.

The **PERSONAL** form of the Verb contains information about the person(s) who undertook a particular activity (as in the examples above). The **IMPERSONAL** form of the Verb only informs us of WHEN an action occurred (past, present, future etc.), it does not tell us anything about WHO undertook the action, e.g. *adroddir yn y papur; dywedwyd wrtho am adael; bydded hysbys.*

In Welsh the Verb occurs in two forms:

The **INFLECTED** or short form, e.g. *af i, ei di, a ef* etc. in which the WHEN and the WHO (with the exception of the Impersonal forms) are contained within the verb-ending, e.g. *af; gwnawn; dewch.*

The **PERIPHRASTIC** or long form uses a form of 'bod' + 'yn' + the Verb-noun, e.g. *byddaf yn mynd; yr ydym yn gwneud.*

The **SUBJECT**, i.e. who or what undertakes the action of the Verb.

Sometimes the Subject is named, e.g. *Enillodd Ifan y ras,* where *Ifan* is the Subject. However, in Welsh, the Subject may be contained in the Inflected form of the Verb, e.g. *Gwelais long ar y glas li,* where the Subject ('fi' or 'i' rather) is implicit in *Gwelais.*

The **OBJECT** of a Verb is the Noun (or that which takes the place of a Noun) affected by or in receipt of the action of the Verb.

In *Gwelodd John bêl; dawnsiais walts; rwy'n ei charu, pêl, walts* and *ei* are the respective Objects.

A **REFLEXIVE VERB** is one in which the action is turned back on the person who undertakes the action, in other words the Subject and the Object are one and the same. In Welsh, reflexive verbs use the prefix *ym-*. Thus from 'golchi' comes *ymolchi* to wash oneself, and from 'gwisgo', *ymwisgo* to dress oneself.

Verbs may be TRANSITIVE and INTRANSITIVE.

A **TRANSITIVE VERB** expresses action and can take an Object or may require an Object to complete its meaning, e.g. *darllenodd lyfr, canaf gân*.

An **INTRANSITIVE VERB** expresses a state of being or an action, and requires no Object to complete its meaning, indeed it may not be able to take an Object, e.g. *cysgodd y plentyn, edrychodd y dynion*.

Many Welsh verbs can function transitively and intransitively. *Caeodd y drws* could be translated as *the door closed* (intransitive) or *he/she closed the door* (transitive). Consider again the difference between 'y plismon a laddodd lleidr' *the policeman whom a burglar killed* and 'y plismon a laddodd leidr' *the policeman who killed a burglar*. The former uses *lladd* intransively, the latter uses *lladd* transitively.

TENSE indicates WHEN an action takes place.

PERSON tells WHO undertakes the action. Traditionally these are listed as three persons in the Singular and three in the Plural:

Singular		Plural	
1st Person	fi/i	1st Person	ni
2nd Person	ti/di	2nd Person	chi/chwi
3rd Person	ef/hi	3rd Person	hwy/nhw

MOOD indicates the nature of what is said. The INDICATIVE Mood (Modd Mynegol) is used to present facts or actions (*rhedaf; meddyliodd; eisteddem*). The IMPERATIVE Mood (Modd Gorchmynnol), to convey commands, instructions or an entreaty (*eisteddwch!; canwn; meddylier*) and the SUBJUNCTIVE Mood (Modd Dibynnol) to refer to things that may happen but about which there is no certainty (*pe bawn i'n mynd* (i.e. were I to go); *gwae'r sawl a eisteddo*).

The **IMPERSONAL** form of the verb only informs us of WHEN an action occurred (past, present, future etc.); it does not tell us anything about WHO undertook the action (e.g. *darllenir y newyddion am saith; dywedwyd wrtho am fynd*).

In Welsh the verb occurs in two forms:

The **INFLECTED** or short form, e.g. *canaf i, ceni di, cân ef/hi* etc.

The **PERIPHRASTIC** or long form which uses the verb-noun, e.g. *byddaf yn mynd; mae ef yn eistedd; yr oedd hi'n gadael; yr ydym ni wedi aros*.

228

TREIGL YR AMSERAU

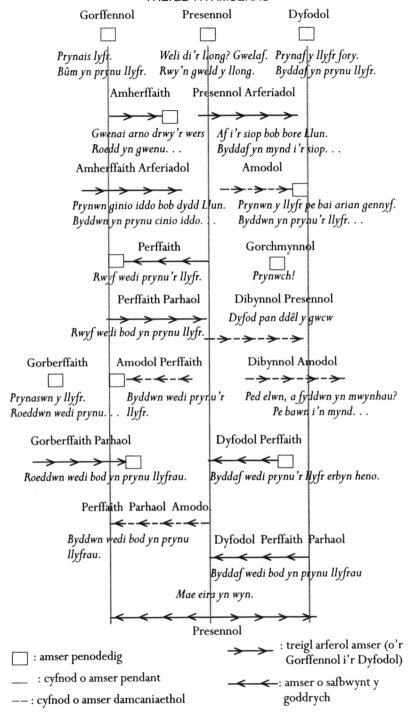

Gorffennol

☐

Prynais lyfr.
Bûm yn prynu llyfr.

Presennol

☐

Weli di'r llong? Gwelaf.
Rwy'n gweld y llong.

Dyfodol

☐

Prynaf y llyfr fory.
Byddaf yn prynu llyfr.

Amherffaith

→ → ☐

Gwenai arno drwy'r wers
Roedd yn gwenu. . .

Presennol Arferiadol

→ → →

Af i'r siop bob bore Llun.
Byddaf yn mynd i'r siop. . .

Amherffaith Arferiadol

→ →

Prynwn ginio iddo bob dydd Llun.
Byddwn yn prynu cinio iddo. . .

Amodol

─ →‑ →‑ → ☐

Prynwn y llyfr pe bai arian gennyf.
Byddwn yn prynu'r llyfr. . .

Perffaith

☐ ← ← ←

Rwyf wedi prynu'r llyfr.

Gorchmynnol

☐

Prynwch!

Perffaith Parhaol

→ → →

Rwyf wedi bod yn prynu llyfr.

Dibynnol Presennol

Dyfod pan ddêl y gwcw

→‑ →‑ →‑ →

Gorberffaith

☐

Prynaswn y llyfr.
Roeddwn wedi prynu. . .

Amodol Perffaith

☐ ←‑ ←‑ ←

Byddwn wedi prynu'r
. . . llyfr.

Dibynnol Amodol

→‑ →‑ →‑ →

Ped elwn, a fyddwn yn mwynhau?
Pe bawn i'n mynd. . .

Gorberffaith Parhaol

→ → → ☐

Roeddwn wedi bod yn prynu llyfrau.

Dyfodol Perffaith

← ← ← ☐

Byddaf wedi prynu'r llyfr erbyn heno.

Perffaith Parhaol Amodol

← ‑← ‑← ‑←

Byddwn wedi bod yn prynu
llyfrau.

Dyfodol Perffaith Parhaol

← ← ←

Byddaf wedi bod yn prynu llyfrau

Mae eira yn wyn.

← ← ← → → →

Presennol

☐ : amser penodedig

___ : cyfnod o amser pendant

── : cyfnod o amser damcaniaethol

→→ : treigl arferol amser (o'r
      Gorffennol i'r Dyfodol)

←← : amser o safbwynt y
      goddrych

FFURFIAU CRYNO
Berfau Arferol Rheolaidd heb ·i· yn eu bôn

Person	Pres	Amherff	Gorff	Gorb	Gorch	Dib
Unigol						
1 fi/i	·af	·wn	·ais	·aswn	—	·wyf
2 ti/di	·i	·it/·*et*	·aist	·asit	·a	·ych
3 ef/hi	·a	·ai	·odd	·asai	·ed	·o
Lluosog						
1 ni	·wn	·em	·asom/·*som*/·*on*	·asem	·wn	·om
2 chi	·wch	·ech	·asoch/·*soch*/·*och*	·asech	·wch	·och
3 hwy/*nhw*	·ant	·ent	·asant/·*son*/·*on*	·asent	·ent/·*en*	·ont
Amhers	·ir	·id	·wyd	·asid	·er	·er

Dangosir y terfyniadau anffurfiol cyfoes mewn print ysgafn.

gwenu bôn gwen·

Presennol

Unigol	*Lluosog*
1 gwenaf	gwenwn
2 gweni	gwenwch
3 gwena	gwenant

Amhersonol: gwenir

Gorberffaith

Unigol	*Lluosog*
1 gwenaswn	gwenasem
2 gwenasit	gwenasech
3 gwenasai	gwenasent

Amhersonol: gwenasid

Amherffaith

Unigol	*Lluosog*
1 gwenwn	gwenem
2 gwenit, *gwenet*	gwenech
3 gwenai	gwenent

Amhersonol: gwenid

Gorffennol

Unigol	*Lluosog*
1 gwenais	gwenasom, *gwensom, gwenon ni*
2 gwenaist	gwenasoch, *gwensoch, gwenoch*
3 gwenodd	gwenasant, *gwenson nhw, gwenon nhw*

Amhersonol: gwenwyd

Gorchmynnol

Unigol	*Lluosog*
1 —	gwenwn
2 gwena	gwenwch
3 gwened	gwenent, *gwenen nhw*

Amhersonol: gwener

Dibynnol

Unigol	*Lluosog*
1 gwenwyf	gwenom
2 gwenych	gwenoch
3 gweno	gwenont

Amhersonol: gwener

FFURFIAU CRYNO
Berfau Arferol Rheolaidd ag ·i· yn eu bôn

Person	Pres	Amherff	Gorff	Gorb	Gorch	Dib
Unigol						
1 fi/i	·iaf	·iwn	·iais	·iaswn	—	·iwyf
2 ti/di	·i	·it/·*iet*	·iaist	·iasit	·ia	·iech
3 ef/hi	·ia	·iai	·iodd	·iasai	·ied	·io
Lluosog						
1 ni	·iwn	·iem	·iasom/·*ion*	·iasem	·iwn	·iom
2 chi	·iwch	·iech	·iasoch/·*ioch*	·iasech	·iwch	·ioch
3 hwy/*nhw*	·iant	·ient	·iasant/·*ion*	·iasent	·ient/·*ien*	·iont
Amhers	·ir	·id	·iwyd	·iasid	·ier	·ier

Dangosir y terfyniadau anffurfiol cyfoes mewn print ysgafn.

cofio bôn cof·i·

	Presennol		*Gorberffaith*
Unigol	*Lluosog*	*Unigol*	*Lluosog*
1 cofiaf	cofiwn	1 cofiaswn	cofiasem
2 cofi	cofiwch	2 cofiasit	cofiasech
3 cofia	cofiant	3 cofiasai	cofiasent
Amhersonol: cofir		*Amhersonol*: cofiasid	

	Amherffaith
Unigol	*Lluosog*
1 cofiwn	cofiem
2 cofit, *cofiet*	cofiech
3 cofiai	cofient
Amhersonol: cofid	

	Gorffennol
Unigol	*Lluosog*
1 cofiais	cofiasom, *cofion ni*
2 cofiaist	cofiasoch, *cofioch*
3 cofiodd	cofiasant, *cofion nhw*
Amhersonol: cofiwyd	

	Gorchmynnol		*Dibynnol*
Unigol	*Lluosog*	*Unigol*	*Lluosog*
1 —	cofiwn	1 cofiwyf	cofiom
2 cofia	cofiwch	2 cofiech	cofioch
3 cofied	cofient, *cofien nhw*	3 cofio	cofiont
Amhersonol: cofier		*Amhersonol*: cofier	

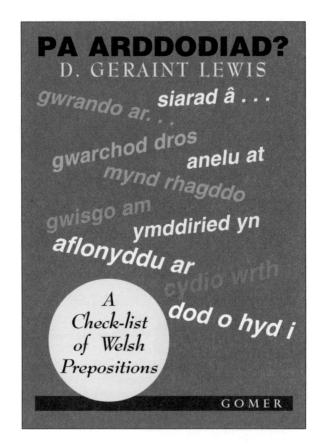

PA ARDDODIAD?

D. GERAINT LEWIS

gwrando ar. . .

siarad â . . .

gwarchod dros

anelu at

mynd rhagddo

gwisgo am

ymddiried yn

aflonyddu ar

cydio wrth

A Check-list of Welsh Prepositions

dod o hyd i

GOMER

*Os yw'r arddodiaid yn faen tramgwydd i chi,
dyma gymorth hawdd troi ato sy'n cynnwys:*

rhestr gynhwysfawr, yn nhrefn yr wyddor o'r berfau
hynny sy'n cael eu defnyddio gydag arddodiaid;

rhai o'r priod-ddulliau mwyaf cyfarwydd sy'n cynnwys
arddodiaid; y prif arddodiaid wedi eu rhedeg.

£5.99

ISBN 978 1 85902 764 6

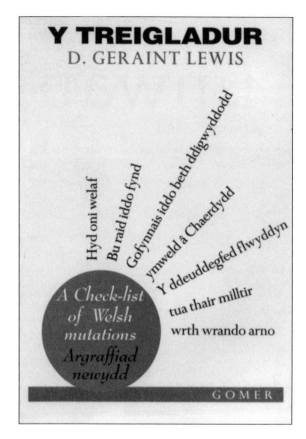

*Os yw'r treigliadau yn faen tramgwydd i chi,
dyma gymorth hawdd troi ato sy'n cynnwys:*

rhestr gynhwysfawr, yn nhrefn yr wyddor, o'r holl
eiriau Cymraeg sy'n achosi treiglad;

crynodeb o'r prif reolau (a'r eithriadau)
yn ymwneud â'r treigladau;

eglurhad o'r termau gramadegol sy'n cael eu
defnyddio yn y rhestr rheolau

£7.99

ISBN 1 85902 480 7

Os ydych chi wedi meddwl, beth yw ystyr yr enw yna, neu sut y mae sillafu enw'r lle yma'n gywir, dyma'r llyfr i chi. Ynddo fe gewch: yr enw Cymraeg mewn ffurf gydnabyddedig; at beth mae'r enw yn cyfeirio – *afon, mynydd, lle, llyn* etc.; lleoliad yn ôl yr hen siroedd (cyn 1974); lleoliad yn ôl siroedd wedi 1996; esboniad ar ystyr yr elfennau a geir yn yr enw (yn Gymraeg); esboniad cyfatebol yn Saesneg; ffurf Saesneg ar yr enw; cyfeiriad map yn ôl grid OS.

Ar ben hynny ceir: mapiau – hanesyddol a chyfoes; ymdriniaeth ddwyieithog; enwau rhai o'r 'gwledydd' cyn dyfodiad y Normaniaid; y cantrefi; y cymydau ; er mwyn tynnu sylw at hen arfer Gymraeg o adnabod rhywun yn ôl enw ei gartref, rhestr o gartrefi enwocaf Cymru

£17.99   ISBN 978 1 84323 735 8

Gomer

Y LLYFR ANSODDEIRIAU
A check-list of Welsh adjectives

D. GERAINT LEWIS

Os yw ansoddeiriau yn faen tramgwydd i chi, dyma gymorth hawdd troi ato sy'n cynnwys rhestr gynhwysfawr o ansoddeiriau gyda'u cyfystyron Saeneg; rhybudd ynglŷn â pha ansoddeiriau y mae modd eu cymharu a'r rhai nad ydynt yn arfer cael eu cymharu; yr ansoddeiriau wedi'u cymharu gan ddefnyddio'r dull *mor, mwy, mwyaf*, hefyd y dull *—ed, —ach, —af* (e.e. coched, cochach cochaf), ynghyd â'r ffurfiau afreolaidd; rhestr o'r ffurfiau benywaidd a lluosog ; penawd annibynnol ar gyfer ffurfiau dieithr sy'n ymddangos wrth gymharu rhai ansoddeiriau yn Gymraeg
(e.e gwlyped; blong. llofr; amddifaid etc.)

£6.99

ISBN 1 84323 239 1

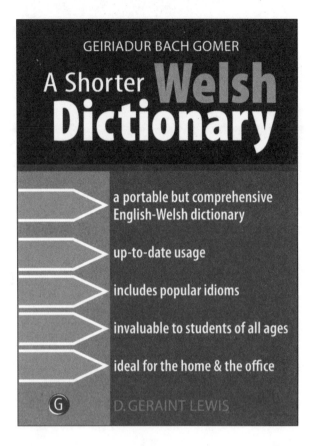

GEIRIADUR BACH GOMER

A Shorter **Welsh**
Dictionary

a portable but comprehensive
English-Welsh dictionary

up-to-date usage

includes popular idioms

invaluable to students of all ages

ideal for the home & the office

D. GERAINT LEWIS

This invaluable dictionary contains an extensive vocabulary with con-
temporary interpretations. It also includes phrases and idioms plus
newly coined terms now in everyday use. Also included as an appen-
dix is a list of the names of the countries of the world.

This is an ideal handy dictionary for:
the student in a bilingual learning environment
those who use the Welsh language in their place of work
general use in the home.

£6.99

ISBN 1 84323 099 2